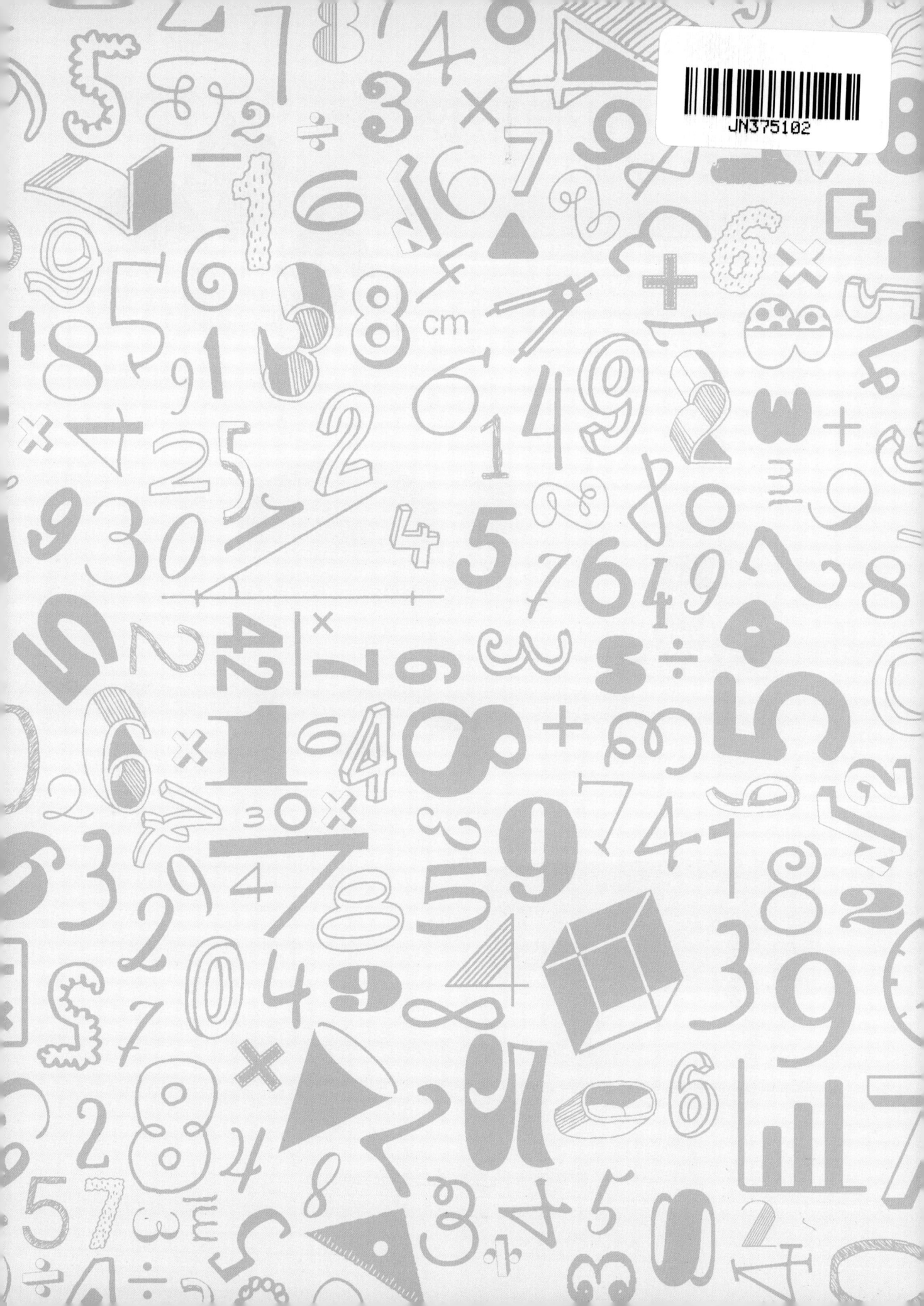

우리 주변에서 신기한 숫자와 도형을 찾아보세요

혹시 수학이 교과서에만 있다고 생각하나요?
수학은 밤하늘의 별자리나 자주 사용하는 동전,
매일 걷는 횡단보도와 가위바위보처럼 생활 곳곳에 숨어 있답니다.
복잡해 보이는 계산도 원리를 알면 재미있는 놀이가 될 거예요.
종이를 잘라 만들어 보기도 하고, 일상에서 숫자를 발견해 보세요.
수학과 친해질 기회가 아주 많답니다.

수를 나타내는 말 테트라·트리·옥타 • 28쪽

칙칙폭폭 기차에 몇 명씩 나누어 앉을까요? • 64쪽

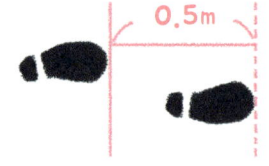

곱셈구구에 무지개가 나타난다고요? • 103쪽

줄자 없이 100m를 재요 • 38쪽

직선을 늘여서 놀아요 • 133쪽

20×20과 21×19 중 어느 쪽이 더 클까요? • 105쪽

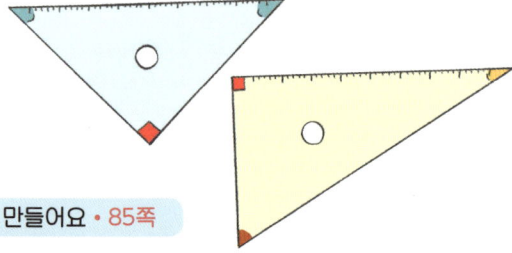

삼각자로 여러 가지 각도를 만들어요 • 85쪽

토너먼트 시합 수는 모두 몇 번 열릴까요? • 56쪽

누가 가위바위보를 잘할까요? • 61쪽

롤러코스터가 떨어지지 않는 이유 • 34쪽

벌집은 왜 육각형일까요? • 50쪽

한 사람이 하루에 쓰는 물의 양은? • 67쪽

종이를 계속 접으면 달까지 닿을까요? • 39쪽

삼각 팽이를 만들어요 • 94쪽

입체 4컷 만화를 만들어요 • 65쪽

SANSU-ZUKI NA KO NI SODATSU TANOSHII OHANASHI 365

Copyright © 2016 by Japan Society of Mathmatical Education
All rights reserved.
Original Japanese edition published by Seibundo Shinkosha Publis
This Korean edition is published by arrangement with Seibundo
in care of Tuttle-Mori Agency, Inc., Tokyo through BC Agency, S
Korean Translation Copyright © 2018 BONUS Publishing Co.

이 책의 한국어판 저작권은 BC 에이전시를 통한 저작권자와의 독점 계약으로 보누스출판사에 있습니다.
저작권법에 의해 보호를 받는 저작물이므로 무단전재와 무단복제를 금합니다.

초등학생을 위한 수학실험 365 2학기

개념과 원리를 바로잡는 수학 사전

수학교육학회연구부 지음 | 천성훈 감수 | 김소영 옮김

우리 주변의 숫자와 도형이
신기한 수학 체험의 장으로 변해요

정사각형 색종이가 아닌 마름모꼴 종이로 학을 접어 본 적 있나요? 저는 '학을 정말 접을 수 있을까?', '어떤 학이 나올까?' 하는 기대감으로 직접 접어 본 적 있어요. 그랬더니 머리와 꼬리가 길거나, 두 날개가 커다란 학 등 생각지도 못한 모양이 나왔습니다. 재미있게도 처음에 어떤 형태의 종이를 접느냐에 따라 완성된 모습이 달라졌지요.

 그다음에는 "왜일까?" 하고 원인이 궁금해졌어요. 다 만든 학을 펼쳐 접힌 부분을 보면서 "아, 대각선 길이 때문이구나!" 하고 새로운 사실을 깨달았습니다. 대각선 길이가 똑같은 정사각형으로 종이접기를 했을 때는 몰랐지만, 마름모꼴 종이로 종이접기를 했을 때는 대각선 부분이 학의 머리나 꼬리, 날개 부분이 되었어요.

 이어서 '정사각형이나 마름모와 마찬가지로 대각선이 수직으로 만나는 연꼴은 어떨까?' 하고 또 새로운 호기심이 생겨났습니다. 곧 저도 모르게 '아마 머리나 꼬리가 아주 긴 학이나 날개가 한쪽만 긴 학이 될 거야.' 하고 예상하면서 연꼴 종이로 직접 접어 확인해 보고 있더군요. '거 봐, 그렇지!' 하며 눈으로 확인했을 때 느꼈던 감동은 지금도 기억이 난답니다. 더 나아가 '그럼 직사각형이면?', '삼각형이면?', '원이면?' 하고 한밤중에 두근거리는 마음으로 종이접기에 몰두했어요.

 이 책은 수학교육학회연구부의 전문가들이 '수학을 좋아하는 어린이가 많아졌으면 좋겠다'는 마음을 담아 펴냈습니다. 수학을 좋아하려면 먼저 가까운 곳에서 신기한 규칙이나 도형을 찾는 것이 중요해요. 제가 종이접기를 하며 도형을 깨우쳤듯이 말이지요. 예를 들어 달력을 볼 때나 슈퍼에서 과자를 계산할 때, 게임을 하며 주사위를 던질 때도 수학을 떠올려 보세요. 다양한 곳에 숨어 있는 수학을 발견하고, 실험하듯이 직접 탐구 활동에 열중하다 보면 수학이 재미있어질 거예요.

    이 책에는 하루에 하나씩 366가지(2월 29일 포함) 수학 이야기를 담았습니다. 주제를 골고루 담아 각각 1월부터 6월까지와 7월부터 12월까지로 나누었습니다. 마치 교과서에 1학기, 2학기 책이 있는 것처럼 말입니다. 날짜별 이야기는 하루에 10분이면 쉽게 읽어 나갈 수 있는 분량입니다. 하지만 날짜에 얽매이지 말고, 궁금하거나 좋아하는 수학 이야기를 먼저 찾아 읽어도 좋습니다.

    초등학교 저학년도 즐길 수 있지만, 수학의 본질을 바탕으로 한 내용은 수준이 높아서 어른과 아이 모두 충분히 즐길 수 있습니다. 어른이 아이에게 이 책을 읽어준다면 이야기보따리를 하나하나 풀 듯이 읽어 주기도 하고, 혹은 노트와 연필을 손에 들고 함께 고민해 보세요. 수학 이야기에 재미를 붙인 아이가 커서도 수학을 좋아하는 학생으로 자라나리라 장담합니다.

    수학은 지식만을 전달하는 과목이 아닙니다. 지금까지 익혔던 지식을 연결하면 새로운 사실을 발견하거나 창조해 낼 수 있는 신기한 학문이지요. 그 사실을 깨우치는 데 이 책이 도움이 되리라 믿습니다. 잔잔한 호수에 돌을 던져 물결이 점점 퍼져 나가듯이, 한 가지 이야기를 계기로 수학으로 생각하는 즐거움이 커지고 깊어지길 바랍니다.

호소미즈 야스히로
일본수학교육학회 상임이사

2학기 차례

이 책을 읽는 여러분께 2
이 책을 활용하는 법 12

7월

1. 여러 가지 물건으로 선물 세트를 만들어요 16
2. 1년의 정확히 가운데 날은 몇 월 며칠? 17
3. 피라미드 높이를 어떻게 측정했을까요? 18
4. 뺄셈이 쉬워지도록 수를 바꿔요 19
5. 발자국 리듬 놀이의 발자국은 몇 개일까요? 20
6. 신호등의 LED 전구 수는 몇 개일까요? 21
7. 하늘에 떠 있는 삼각형 이야기 22
8. 모든 사람의 정답이 같아지는 계산 23
9. 천재 뉴턴은 계산의 달인이었대요 24
10. 불공평한 바구니 게임은 싫어요 25
11. 정사각형에서 신기한 도형이 나타나요 26
12. 수를 나타내는 말 테트라·트리·옥타 28
13. 원의 중심은 어떻게 움직일까요? 29
14. 7의 배수 알아내기 30
15. 게릴라성 집중 호우는 어느 정도? 31
16. 여러 가지 아이스크림 고르기 32
17. 돈의 크기와 무게를 살펴봐요 33
18. 롤러코스터가 떨어지지 않는 이유 34
19. 1초보다 짧은 시간을 어떻게 표시할까요? 35
20. 숫자 링 퍼즐 36
21. 변신하는 신기한 고리 37
22. 줄자 없이 100m를 재요 38
23. 종이를 계속 접으면 달까지 닿을까요? 39
24. 소리가 늦게 들리는 이유는? 40
25. 뺄셈 다음은 덧셈? 41
26. 카메라 삼각대는 왜 다리가 세 개? 42
27. 일본 오키나와에서는 몸무게가 줄어드나요? 43
28. 종이비행기가 나는 시간은? 44
29. 물을 세 종류 통으로 나눠 담아 보세요 45
30. 바다에서는 뜨기 쉬울까요? 46
31. 한 자릿수로 100을 만드는 계산은? 47

물에 가라앉는 신기한 얼음 48

8월

1. 벌집은 왜 육각형일까요? 50
2. 날짜와 단어에 숨은 숫자를 찾아라 51
3. 속담과 사자성어에 숨은 숫자를 찾아라 52
4. 상자를 높게 쌓아올려요 53
5. 하계 올림픽이 열리는 해 구분법 54
6. 3으로 나누어떨어지는 수는? 55
7. 토너먼트 시합은 모두 몇 번 열릴까요? 56
8. 주판으로 1부터 순서대로 더하면? 57
9. 마라톤 거리 42.195km를 재는 법 58
10. 비둘기 숨바꼭질 퍼즐 59
11. 공기 때문에 나무젓가락이 부러진다고요? 60
12. 누가 가위바위보를 잘할까요? 61
13. 가위나 테이프를 쓰지 않고 정사면체를 만들어요 62

- 14 칙칙폭폭 기차에 몇 명씩 나누어 앉을까요? 64
- 15 입체 4컷 만화를 만들어요 65
- 16 곱셈구구표에서 홀수와 짝수 중 더 많은 것은? 66
- 17 한 사람이 하루에 쓰는 물의 양은? 67
- 18 둥그스름한 뢸로 삼각형 68
- 19 휴대전화 번호를 알 수 있는 신기한 계산 69
- 20 자꾸 불어나는 쌀알 70
- 21 옛날 계산 도구 '네이피어의 뼈' 71
- 22 정사각형이나 직사각형으로 변신시켜 볼까요? 72
- 23 친구들이 좋아하는 스포츠를 표로 만들어요 73
- 24 관객 수는 딱 5만 명? 74
- 25 십진법으로 나타낸 수를 이진법으로 바꿔 봐요 75
- 26 탱그램과 비슷하지만 다른 '지혜의 판' 76
- 27 망가진 계산기로도 계산할 수 있다고요? 77
- 28 주사위 퍼즐을 만들어요 78
- 29 반드시 6174가 되는 계산 79
- 30 어느 종이컵을 고를까요? 80
- 31 0은 어떻게 생겨났을까요? 81

수학으로 만든 미술 작품 갤러리 82

9월

- 1 '나누기 9'의 나머지를 바로 알 수 있어요 84
- 2 삼각자로 여러 가지 각도를 만들어요 85
- 3 땅의 단위 '평'을 들어 본 적 있나요? 86
- 4 정삼각형으로 늘어놓은 바둑돌의 개수는? 87
- 5 가장 빠른 마라톤 선수의 기록은? 88
- 6 정사각형 안의 정사각형 넓이 구하기 89
- 7 무게를 잴 수 있을까요? 90
- 8 피자를 다른 모양으로 변신시켜요 91
- 9 곱셈구구로 끝말잇기를 해요 92
- 10 선생님도 깜짝 놀라게 한 계산 천재 가우스 93
- 11 삼각 팽이를 만들어요 94
- 12 평균으로 정확히 비교할 수 있을까요? 96
- 13 아무도 풀 수 없는 세 가지 문제 97
- 14 달력은 왜 1월부터 12월까지 있을까요? 98
- 15 달은 얼마나 클까요? 99
- 16 곱셈구구표에 등장하는 수는? 100
- 17 직각삼각형 4개로 정사각형을 만들어요 101
- 18 각도기로 여러 가지 별 모양 만들기 102
- 19 곱셈구구에 무지개가 나타난다고요? 103
- 20 육상 경기에서 코스는 선수마다 달라요 104
- 21 20×20과 21×19 중 어느 쪽이 더 클까요? 105
- 22 신기한 입체 도형 정다면체 106
- 23 소책자의 쪽수에 숨은 비밀 107
- 24 어떤 피자의 넓이가 가장 넓을까요? 108
- 25 가을철 밤하늘에 빛나는 페가수스의 사각형 109
- 26 두 가지 색 테이프를 이어 하나로 만들려면? 110
- 27 정육면체는 모두 몇 개일까요? 111
- 28 가을의 시작은 어떻게 정했을까요? 112
- 29 곱셈구구표에서 사라진 수는 무엇일까요? 113
- 30 야구공과 쇠공 중에 빨리 떨어지는 것은? 114

10월

1. 답이 반드시 1089가 되는 계산이 있대요 116
2. 주사위 눈과 보이지 않는 면의 진실 117
3. 사각형은 끝없이 이어져요 118
4. 앞에서 읽어도 거꾸로 읽어도 같은 숫자 120
5. 두 번째로 무거운 귤은 어느 것일까요? 121
6. 마방진에는 신비로운 힘이 있다고요? 122
7. 정사각형 속 삼각형의 넓이를 비교해요 123
8. 자전거 톱니바퀴의 톱니 개수 124
9. 옛날 곱셈구구는 오늘날 곱셈구구의 절반? 125
10. 눈의 착각일까요? 신기한 도형 126
11. 쿠키 5개를 둘이서 먹으려면? 127
12. 연속하는 수 100개의 덧셈에 도전해 보세요 128
13. 리터를 찾아봐요 129
14. 한 면만 더 있으면 주사위 모양? 130
15. 숫자를 바꿔 넣어도 답이 같아요? 131
16. 신기한 16번째 수 132
17. 직선을 늘여서 놀아요 133
18. 어떤 순서로 줄을 섰는지 맞혀 보세요 134
19. 가장 많이 쓰는 수는 몇일까요? 135
20. 시각과 시간은 어떻게 구분할까요? 136
21. 이 세상에 숫자가 3개뿐이라면? 137
22. 화성 행차 행렬의 길이는? 138
23. 똑똑하게 장도 보고 거스름돈도 받아요 139
24. 정육면체의 점에서 점까지 연결해요 140
25. 저울로 무게를 재서 가짜 동전을 찾아라! 141
26. 1부터 6까지 수로 나누어떨어지는 수 142
27. 셋이 모이면 몇 살일까요? 143
28. 삼각형 내각의 크기는? 144
29. 다른 계산을 해도 답은 같을까요? 145
30. 같을까요, 다를까요? 146
31. 그래프를 그리면 여러 가지 사실이 보여요 147

수가 가진 신비로운 힘 148

11월

1. 연하장을 사러 가요 150
2. 학교 운동장은 얼마나 넓을까요? 151
3. 더해서 1이 되는 분수 계산 152
4. 종이를 접은 선의 개수는? 153
5. 인도에서 온 편리한 계산 '삼수법' 154
6. 상자 안에 들어갈 물의 양은? 155
7. 바둑돌 문제로 나머지를 알아봐요 156
8. 물건에 붙은 바코드에 많은 정보가 있어요 157
9. 곱셈구구 퍼즐을 해요 158
10. 분모를 배로 하면 영원히 이어지는 모양 160
11. 숫자 피라미드를 만들어요 161
12. 하노이의 탑 퍼즐에 도전해요 162
13. 4등분한 크기는 얼마만큼일까요? 163
14. 주사위를 펼치려면? 164
15. 거짓일까? 진실일까? 알 수 없는 패러독스 165
16. UFO로 신기한 표 계산을 해요 166
17. 롤러코스터는 생각만큼 빠르지 않아요? 167

- 18 늘어나는 정사각형 퍼즐 **168**
- 19 대각선 수는 몇 개일까요? **169**
- 20 나눗셈에서 '0 떼기'는 무슨 말일까요? **170**
- 21 정사각형 2개를 겹치면? **171**
- 22 낙타를 나누려면 분수가 필요해요 **172**
- 23 감추면 어긋나 보이는 착시의 함정 **173**
- 24 ○☆△◎◇□는 1부터 9 중에 어떤 숫자일까요? **174**
- 25 이집트 계산은 오른쪽부터 해요 **175**
- 26 결투로 목숨을 잃은 천재 수학자 갈루아 **176**
- 27 단순하지만 심오한 계산 퍼즐 '메이크텐' **177**
- 28 때로는 넓게, 때로는 좁게 느껴져요 **178**
- 29 9를 네 개 가지고 1~9 만들기 **179**
- 30 1부터 9까지 숫자가 들어 있는 사자성어 **180**

12월

- 1 자동차 타이어 이야기 **182**
- 2 직선으로 곡선을 그려 봐요 **183**
- 3 오늘은 3만 일 중의 하루 **184**
- 4 정2.4각형이 뭘까요? **185**
- 5 주차장 요금, 어느 쪽이 이득일까요? **186**
- 6 고깔모자를 만들어요 **187**
- 7 판 초콜릿 게임을 해요 **188**
- 8 판 초콜릿 게임에서 반드시 이기는 방법 **190**
- 9 숫자가 없던 먼 옛날 양을 어떻게 셌을까요? **191**
- 10 하트 퍼즐을 하며 놀아요 **192**
- 11 돈의 탄생과 물건의 가치 **193**
- 12 둘레 길이가 12cm인 넓이 **194**
- 13 한붓그리기로 모든 칸을 지나요 **195**
- 14 하루의 시작은 언제일까요? **196**
- 15 솔방울과 나뭇가지 수에 숨은 피보나치수열 **197**
- 16 자축인묘 진사오미 신유술해는 십이지 **198**
- 17 평행일까요? 아닐까요? **199**
- 18 100원 동전을 빙 돌리면? **200**
- 19 숫자 3개 중 신기한 가운데 수 **201**
- 20 겨울철 밤하늘에 떠 있는 다이아몬드 **202**
- 21 짝수와 홀수 중 어느 쪽이 더 많을까요? **203**
- 22 변의 길이를 2배로 늘리면? **204**
- 23 나라마다 써서 계산하는 방법이 달라요 **205**
- 24 케이크의 크기 '~호'가 뭘까요? **206**
- 25 크리스마스는 무슨 날일까요? **207**
- 26 승차율이 뭘까요? **208**
- 27 자르고 붙이기 퍼즐 **209**
- 28 긴 시간은 어떻게 표현할까요? **210**
- 29 나라마다 시간이 달라서 생기는 시차 **211**
- 30 1층부터 6층까지 몇 분? **212**
- 31 제야의 종은 원래 108번 쳤대요 **213**

찾아보기 214

1학기 차례

1월

1. 주위를 둘러보면 여기에도 1, 저기에도 1 **18**
2. +, −, ×, ÷는 어떻게 만들어졌을까요? **19**
3. 시곗바늘은 왜 오른쪽으로 돌까요? **20**
4. 계산이 즐거워지는 상자 닫기 게임 **21**
5. 길이를 몸으로 표현해 봐요 **22**
6. 스키 점프의 점수를 공평하게 채점하는 방법은? **23**
7. 엄지공주의 키는 얼마일까요? **24**
8. 짝수일까요? 홀수일까요? **25**
9. 어디가 밖이에요? 뫼비우스의 띠 **26**
10. 0이란 무엇일까요? **28**
11. 1×1, 11×11…로 나타낼 수 있는 아름다운 산 **29**
12. 사극에서 봤다고요? 조선 시대의 시각 **30**
13. 곱셈구구에 별 모양이 숨어 있어요 **31**
14. 같은 모양으로 신기한 작품 만들기 **32**
15. 고대 마야인은 어떻게 숫자를 표현했을까요? **33**
16. 생일 맞히기 퀴즈 **34**
17. 짝수를 곱하면 짝수 답이 나와요 **35**
18. 장수를 기원하는 말은 몇 살을 나타낼까요? **36**
19. 답이 바뀌지 않는 나눗셈의 법칙 **37**
20. 한붓그리기를 할 수 있나요? **38**
21. 쾨니히스베르크 마을의 7개 다리 **39**
22. 코끼리와 고래는 몇 톤인지 비교해 볼까요? **40**
23. 생일을 어떻게 알아맞혔을까요? **41**
24. 같은 물건인데 다르게 세요 **42**
25. 25의 어마어마한 힘 **43**
26. 옛날에는 무엇으로 계산했을까요? **44**
27. 무늬에 숨겨진 이런저런 수학 **45**
28. 받아내림 있는 뺄셈을 간단히 풀어요 **46**
29. 종이 오리기로 눈 결정을 만들어요 **47**
30. 반드시 이기는 돌 줍기 게임 **48**
31. 곱셈구구표에 숨은 일의 자릿수의 비밀 **49**

주변의 숫자에 관심을 기울여요 **50**

2월

1. 21번째 모양은 무엇일까요? **52**
2. 달과 날의 숫자가 서로 같은 날의 규칙 **53**
3. 곱셈에 마법을 부리는 암산 **54**
4. 연필 12자루를 바꿔 불러요 **55**
5. 여러 나라의 돈 종류와 모양 **56**
6. 수 배열표에서 특별한 규칙 찾기 **57**
7. 바닥재로 정사각형을 만들어요 **58**
8. 서울특별시의 인구는 많을까요? 적을까요? **59**
9. 곱셈구구에서 여러 가지 모양 찾기 **60**
10. 강수량은 밀리미터로 표현해요 **61**
11. 보지 않고도 트럼프 카드의 숫자를 맞혀요 **62**
12. 아르키메데스가 목욕하다가 알아낸 것은? **63**
13. 튼튼한 상자를 만들어 봐요 **64**
14. 초콜릿을 어떻게 나눌까요? **66**
15. 여러 가지 수 세기 **67**
16. 남은 성냥개비 수는? **68**
17. 라디오 주파수의 비밀 **69**

- ⑱ 자가 없어도 길이를 잴 수 있어요 70
- ⑲ 옛날에는 수학을 다르게 불렀대요 71
- ⑳ 칠교놀이로 여러 가지 모양을 만들어요 72
- ㉑ 1부터 10까지 덧셈을 뚝딱 해치워요 73
- ㉒ 계산기를 사용하는 재미난 덧셈 2220 74
- ㉓ 코끼리 무게는 어떻게 잴까요? 75
- ㉔ 숫자 맞히기 게임 '히트 앤드 블로' 76
- ㉕ 아름다운 황금 직사각형 77
- ㉖ 우리나라 전통 수학의 슈퍼스타 홍정하 78
- ㉗ 도로에 쓰여 있는 글자는 왜 가늘고 길까요? 79
- ㉘ 암호 풀기 도전! 간너식너은너 푸너딩너 80
- ㉙ 윤년은 왜 있을까요? 81

여러 가지 주사위 모양 82

3월

- ① 용돈을 전날보다 2배씩 더 받는다면? 84
- ② 접으면 딱 겹쳐지는 도형은? 85
- ③ 지구 33번지는 어디일까요? 86
- ④ 삼각 타일로 모양 만들기 87
- ⑤ 1미터는 어떻게 정했을까요? 88
- ⑥ 수 배열표로 게임을 해요 89
- ⑦ 가짜 금화가 가득 찬 자루를 찾아라! 90
- ⑧ 나이만 알면 띠도 맞힐 수 있어요 91
- ⑨ 모눈종이를 사용하여 수직인 직선을 그어 봐요 92
- ⑩ 우유팩이 변신을 해요 94
- ⑪ 숨겨진 숫자는 몇일까요? 95
- ⑫ 돌 잡기 놀이 96
- ⑬ 오리고 비튼 다음 붙여요 97
- ⑭ 오늘은 원주율의 날 98
- ⑮ 성냥개비를 움직여 정사각형 수를 바꿔요 99
- ⑯ 단위에 익숙해지는 신기한 주문 100
- ⑰ 칼은 왜 썰 수 있을까요? 101
- ⑱ 지구에 밧줄을 두르면? 102
- ⑲ 우리나라 초등학생이 모두 한 줄로 서면? 103
- ⑳ 옛날에는 어떤 계산기를 썼을까요? 104
- ㉑ 천둥은 어디에 있을까요? 105
- ㉒ 갈릴레이는 대발명가? 106
- ㉓ 신호등 크기는 얼마만 할까요? 107
- ㉔ 평소 사용하는 종이에도 비밀이 있어요 108
- ㉕ 숫자를 나타내는 한자는 어떻게 생겼을까요? 109
- ㉖ 음료수는 mL로 표시할까요, g으로 표시할까요? 110
- ㉗ 여러 도형으로 만드는 아름다운 무늬 111
- ㉘ 맨홀 뚜껑은 왜 동그랗게 생겼을까요? 112
- ㉙ 한 손으로 몇까지 셀 수 있을까요? 113
- ㉚ 바둑돌을 전부 주울 수 있을까요? 114
- ㉛ 인도에서는 십구단 곱셈까지 외운대요 115

칼레이도 사이클을 만들어 봐요 116

4월

1. 10을 읽으면 십일까요, 열일까요? **118**
2. 측정용 자와 커팅용 자는 다른가요? **119**
3. 사다리 타기를 어떻게 만들까요? **120**
4. 숫자 4로 1부터 5까지 만들기 **121**
5. 사탕을 등분해 봐요 **122**
6. 장난감 빠르기는 어떻게 비교할까요? **123**
7. 달력으로 자를 만들어요 **124**
8. 조 다음은 무엇일까요? 큰 수 이야기 **125**
9. 뻥 뚫린 축구공을 만들어요 **126**
10. 생물 중에서는 누가 누가 클까요? **128**
11. 수학으로 많은 사람을 구한 나이팅게일 **129**
12. 어느 것이 삼각형일까요? **130**
13. 이집트의 밧줄 측량사 **131**
14. 컴퍼스로 동그랗게 원을 그려요 **132**
15. 우리나라 인구는 많나요? 적나요? **133**
16. 나눗셈이 대체 뭐예요? **134**
17. 의외로 친숙한 외국 단위 **135**
18. 테이블 둘레에 몇 명이 앉을 수 있을까요? **136**
19. 가장 작은 숫자는 0이 아니라고요? **137**
20. 목적에 맞게 간단히 지도를 그려요 **138**
21. 로마 숫자로 표현하기 **139**
22. 동전의 크기와 무게 이야기 **140**
23. 고대 이집트에서 분수가 만들어졌다고요? **141**
24. 두루미와 거북은 몇 마리일까요? **142**
25. 정사각형을 막대기 몇 개로 만들 수 있을까요? **143**
26. 보는 위치를 바꾸면 어떻게 보일까요? **144**
27. 불국사에 수학이 숨어 있다고요? **145**
28. 두루마리 휴지 심을 잘라서 펼쳐 보면? **146**
29. 마방진으로 하는 수학 게임 **147**
30. 축제에 나온 사람들은 어떻게 셀까요? **148**

5월

1. 사다리 타기 가로선의 비밀 **150**
2. 1보다 작은 수는 어떻게 읽어요? **151**
3. 제비뽑기에서 당첨되려면? **152**
4. 우리나라에서 가장 높은 건물은? **153**
5. 친구가 좋아하는 과일을 맞혀요 **154**
6. 분할 퍼즐로 정사각형을 변신시켜요 **156**
7. 유도 체급의 비밀 **157**
8. 위에서 보고 옆에서 보면 달라요 **158**
9. 지갑에 동전이 몇 개 있을까요? **159**
10. 전통 시장에서 쓰는 옛날 부피 단위 홉·되·말 **160**
11. 없지만 있다고 생각하면 계산이 쉬워져요 **161**
12. 이쑤시개로 정삼각형을 만들어요 **162**
13. 백두산 정상에서 어디까지 보일까요? **163**
14. 가로수 길의 거리를 구해요 **164**
15. 1L는 1mL의 몇 배일까요? **165**
16. 그림과 식을 바꾸어 생각해요 **166**
17. 각설탕 둘레를 도는 로봇 경비원을 속여라 **167**
18. 1부터 5까지 사용한 덧셈 **168**
19. 경상북도와 서울 크기의 비밀 **169**
20. 나라마다 건물 층수를 부르는 방법이 달라요 **170**

- 21 시력 1.0과 0.1 측정법의 원리 **171**
- 22 주사위 모양 그리기 **172**
- 23 찐빵을 둘이서 나눠요 **173**
- 24 4색으로 모든 지도를 나누어 칠할 수 있어요? **174**
- 25 □5×□5 계산을 쓰지 않고 푸는 법 **175**
- 26 도형을 사용해서 모양을 그려요 **176**
- 27 강의 폭을 헤엄치지 않고 재려면? **177**
- 28 숫자 카드로 덧셈하며 놀아요 **178**
- 29 신기한 반사판 파라볼라 안테나 **179**
- 30 스피드 계산 게임의 비밀 **180**
- 31 숨어 있는 사각형을 찾아봐요 **181**

여러분의 우산은 몇 각형인가요? **182**

6월

- 1 실제 모양 맞히기 **184**
- 2 대동여지도의 축척은 얼마일까요? **185**
- 3 유령의 키는? **186**
- 4 우리 주변에서 정다각형을 찾아요 **187**
- 5 받아올림 있는 덧셈을 쉽게 풀어요 **188**
- 6 옛날 길이 단위를 아나요? **189**
- 7 어떤 상자가 싸여 있었을까요? **190**
- 8 왜 '몫'이라고 할까요? **191**
- 9 정삼각형으로 입체도형을 만들어요 **192**
- 10 시계는 어떻게 생겨났을까요? **194**
- 11 시곗바늘의 길이가 같다면? **195**
- 12 무게 단위 킬로그램의 탄생 **196**
- 13 기호에 숨은 알쏭달쏭 규칙을 찾아봐요 **197**
- 14 막대로 각도를 만들어요 **198**
- 15 무거운 것을 들어 올리는 지렛대의 균형 원리 **199**
- 16 0보다 크고 1보다 작은 소수는 왜 필요할까요? **200**
- 17 어떻게 계산해도 반드시 495가 된대요 **201**
- 18 숨어 있는 정삼각형을 찾아보세요 **202**
- 19 태어난 달이 같은 사람은 반드시 있어요 **203**
- 20 숫자 카드로 뺄셈하며 놀아요 **204**
- 21 몇 가지 방법으로 색칠할 수 있을까요? **205**
- 22 계단처럼 이어지는 연속된 수의 덧셈 **206**
- 23 되를 사용해서 측정해요 **207**
- 24 가장 멀리 돌아가는 길은? **208**
- 25 최소한 몇 표를 얻으면 당선될까요? **209**
- 26 돼지고기 1근과 상추 1근의 무게는 같을까요? **210**
- 27 뉴턴을 어깨에 올린 거인 케플러 **211**
- 28 피타고라스학파가 이름 붙인 완전수의 정체는? **212**
- 29 어떻게 합체할까요? 변신하는 폴리오미노 **213**
- 30 방향을 바꿔서 생각해 봐요 **214**

찾아보기 **215**

이 책을 활용하는 법

분야별 아이콘

초등학교 수학 교육 과정의 주요 영역인 '수와 연산', '측정', '도형', '규칙성', '확률과 통계'를 다루면서 아이들이 수학을 친근하게 여길 수 있도록 여러 가지 이야기와 놀이를 함께 다루었습니다.

핵심 용어

교육 과정과 연계했을 때 알아 두면 좋을 핵심 용어를 강조해 설명했습니다.

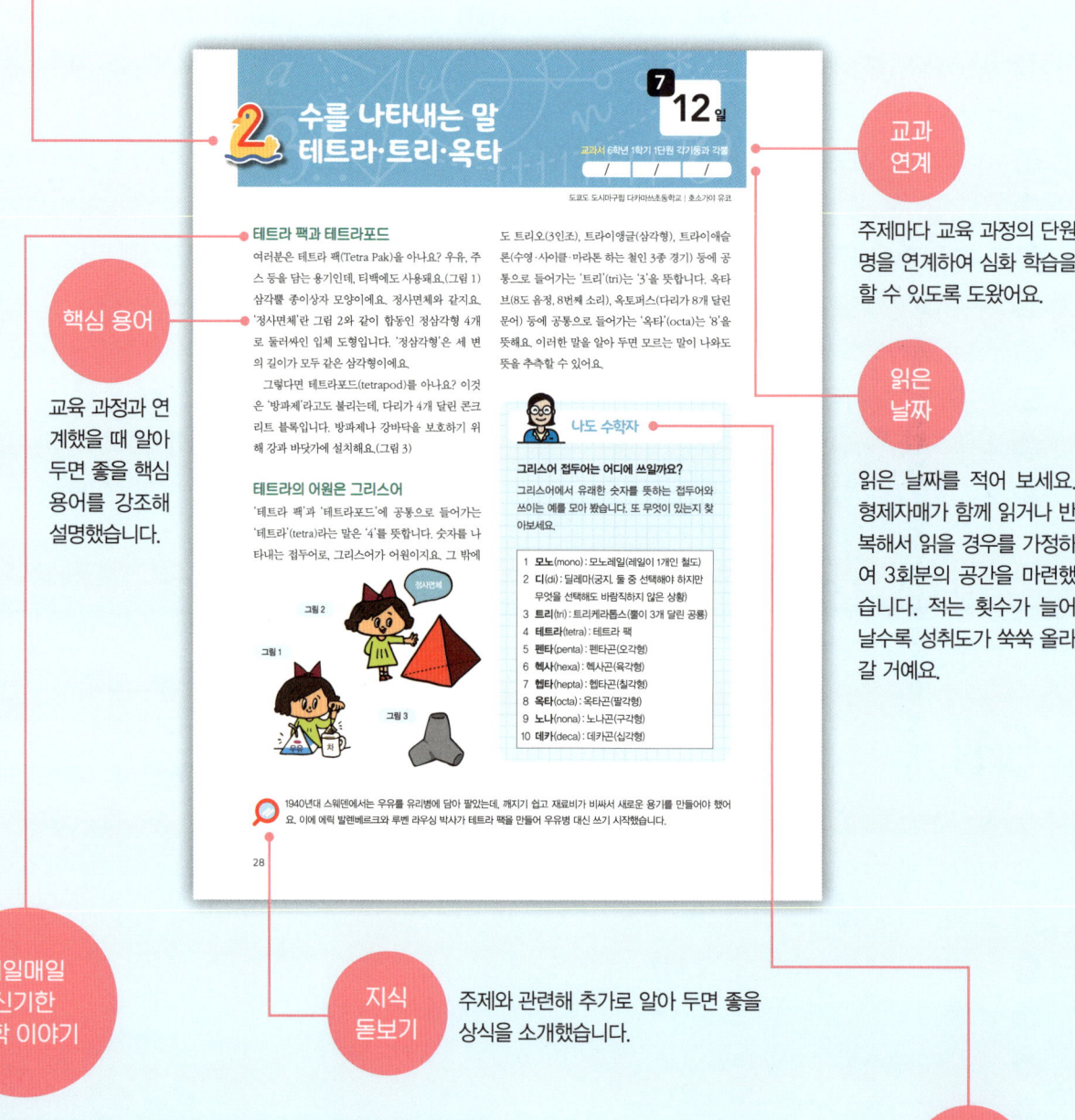

교과 연계

주제마다 교육 과정의 단원 명을 연계하여 심화 학습을 할 수 있도록 도왔어요.

읽은 날짜

읽은 날짜를 적어 보세요. 형제자매가 함께 읽거나 반복해서 읽을 경우를 가정하여 3회분의 공간을 마련했습니다. 적는 횟수가 늘어 날수록 성취도가 쑥쑥 올라 갈 거예요.

매일매일 신기한 수학 이야기

초등학교 현장에서 아이들을 가르치는 선생님들이 모여 수학 이야기를 재미있게 풀어냈습니다. 교육 과정에서 중요하게 다루는 영역을 다루는 한편, 수학을 친근하게 여길 수 있도록 '수학의 역사'와 '생활 수학', '수학 위인' 이야기를 함께 실었습니다. 무엇보다 몸을 움직이며 익힌 개념은 기억에 쏙쏙 남지요. '수학 놀이', '숫자·도형 만들기'를 하며 '수와 도형'의 개념을 재미있게 깨칠 수 있어요.

지식 돋보기

주제와 관련해 추가로 알아 두면 좋을 상식을 소개했습니다.

나도 수학자

하나의 주제마다 어린이들이 수학과 관련한 활동을 직접 해 볼 수 있도록 도움말을 마련했습니다. 어린이들이 수학자가 된 것처럼 참여하고 체험할 수 있어요.

분야별 아이콘

수와 연산
수의 표현 방법이나 뜻, 계산 방법이나 법칙과 관련된 이야기입니다. 초등학교 수학에서는 '수와 연산' 영역에 해당합니다.

단위·측정
길이나 무게 등 친숙한 단위와 측정법에 관한 이야기입니다. 초등학교 수학에서는 '측정' 영역에 해당합니다.

규칙 찾기
그래프 사용법, 변화하는 수나 양을 보고 법칙을 찾거나 생각하는 이야기입니다. 초등학교 수학에서는 '규칙성', '확률과 통계' 영역에 해당합니다.

도형
삼각형이나 사각형, 주사위 같은 정육면체나 흔히 볼 수 있는 상자 같은 사물의 형태까지 모두 포함한 이야기입니다. 초등학교 수학에서는 '도형' 영역에 해당합니다.

수학의 역사
수나 계산에 대해 조상들은 어떻게 생각했을까요? 수학이 어떻게 발전되어 왔는지 알 수 있어요.

생활 수학
일상생활 속에서 볼 수 있는 친숙한 일들을 수학적으로 생각해 봅니다.

수학 위인
수학 역사상 알아 둬야 할 위인이나 에피소드를 소개합니다. 역사상 훌륭한 인물들이 수학을 이용해 어떤 일이나 연구를 했는지 알 수 있어요.

수학 놀이
게임이나 마술 등을 통해 즐겁게 놀면서 수나 도형의 재미를 직접 느낄 수 있습니다. 종이나 연필, 트럼프나 계산기를 손에 들고 읽어 보세요.

숫자·도형 만들기
만들기를 하면서 수나 도형의 재미를 몸소 체험할 수 있습니다. 종이와 가위, 풀이나 투명 테이프 등을 준비하세요.

일러두기

- 이 책은 우리나라 독자를 위해 몇몇 꼭지의 내용을 대부분 또는 일부 변경하였습니다. 우리나라 교과 과정에 맞춰 내용을 변경한 경우라도 주제 제공의 공을 생각해 원저술자의 이름과 소속을 변경하지 않았습니다.
- 현행 우리나라 학기제에 따라 '1학기'와 '2학기'로 나누되, 시기별로 찾아보기 쉽도록 각각 1월부터 6월까지, 7월부터 12월까지로 나누고 각 권을 날짜별로 구성했습니다.
- 주제마다 연계한 단원명은 2018년에 개정된 초등학교 교과서를 기준으로 하였습니다.
- 이 책에 참여한 전문가들의 소속과 이름을 모두 밝혀 두었습니다.

7월

친구들이 열 명쯤 모여 바구니를 둘러싸고 섰어요. 이제 바구니에 공을 던져 많이 넣은 사람이 이기는 바구니 게임을 할 거랍니다. 그런데 이런! 친구들이 둘러싸는 코트 모양을 직사각형으로 했더니 바구니에서 거리가 먼 사람이 생기네요. 코트 모양을 어떻게 해야 공평한 게임이 될까요? 도형을 알면 아이들 모두 공정하게 게임을 할 수 있어요.

➜ 7월 10일 25쪽

여러 가지 물건으로 선물 세트를 만들어요

7 / 1일

교과서 3학년 1학기 3단원 나눗셈

가나가와현 가와사키시립 쓰치하시초등학교 | 야마모토 나오

명절에 파는 선물 세트

추석이나 설날에는 고마운 사람들에게 선물을 보내는 풍속이 있습니다. 그런 시기가 되면 가게에서는 선물용으로 여러 가지 상품을 세트로 묶어서 판매해요. 원래 파는 물건을 세트로 묶으면 여러 가지로 조합할 수 있겠네요.

세트는 몇 개 만들 수 있을까요?

어느 가게에서 수건 3장과 휴지 4상자, 비누 5개를 묶어서 세트로 만들려고 합니다. 창고를 보니 세 종류 모두 50개씩 남아 있어요. 이때 세트는 몇 개 만들 수 있을까요?

먼저 수건입니다. 3장씩 넣으면 50÷3=16 나머지 2로 16세트 만들고 2개가 남습니다. 다음으로 휴지는 4상자씩 넣어야 하니까 50÷4=12 나머지 2이므로 12세트밖에 만들 수 없습니다. 그리고 비누는 5개씩 넣어야 하니까 50÷5=10으로 나누어떨어지므로 딱 10세트 만들 수 있습니다. 그러면 세 종류를 모두 넣은 조합은 10세트밖에 만들 수 없겠네요. 수건이나 휴지는 남았지만 이때는 비누 개수에 맞춰야 하지요.

나도 수학자

물건의 개수를 딱 맞추려면?

창고에 하나도 남지 않도록 하려면 무엇을 몇 개 추가해야 할까요? 먼저 수건은 16세트 만들어도 2장이 남습니다. 따라서 원래 있던 50장에 1장을 추가하여 51장으로 17세트 만들면 전부 없어지네요. 그러면 휴지나 비누도 17세트를 만들 만큼 더 필요합니다. 휴지는 4×17이므로 68상자, 비누는 5×17이므로 85개 필요하겠네요. 원래 50개씩 있었으니 휴지는 8상자, 비누는 35개를 추가하면 17세트가 생겨서 세 종류 모두 남지 않습니다.

정말 유용해.

감사의 마음을 전합니다.

'나도 수학자'에서 나온 수건 51, 휴지 68, 비누 85라는 수는 모두 17로 나누어떨어집니다.

1년의 정확히 가운데 날은 몇 월 며칠?

교과서 3학년 1학기 3단원 나눗셈

7월 2일

오차노미즈여자대학 부속초등학교 | 오카다 히로코

1년의 가운데 날은?

1년을 365일이라고 했을 때, 정확히 가운데 날은 몇 월 며칠일까요? 1년은 12개월이니까 6월 30일 부근일까요? 정확히 가운데 날은 몇 월 며칠인지 계산해 보세요.

365일을 2로 나누면 365÷2=182 나머지 1입니다. 따라서 183일째 되는 날이 가운데 날에 해당합니다. 183일째 되는 날은 몇 월 며칠일까요?

'이사 욕구 시민'이란?

1월부터 순서대로 날짜 수를 더해서 183일째 되는 날을 찾으면 되겠네요. 그런데 각 달이 30일까지 있는지 31일까지 있는지 잘 모르겠지요. 그래서 편리하게 외울 수 있는 방법을 준비했습니다.

1개월이 31일이 아닌 달을 외우는 말인데, '이사 욕구 시민'이라고 합니다. 이=2, 사=4, 욕(육)=6, 구=9월은 알겠지요? 그럼 시민은 몇 월일까요? 시민은 영어로 Civil입니다. 시빌=십일, 발음이 비슷하지요? 그래서 11월입니다.

1월부터 6월까지 일수를 더하면,

31(1월)+28(2월)+31(3월)+30(4월)+31(5월)+30(6월)
=181

6월 30일이 181일째 되는 날이니까 7월 1일이 182일째, 7월 2일이 183일째, 즉 1년의 가운데 날이라는 사실을 알 수 있지요. 7월 2일 정오가 1년의 한가운데 시각이겠네요.

월과 일의 각 자릿수를 더해 보세요. 예를 들어 12월 3일의 각 자릿수를 더하면 1+2+3=6입니다. 가장 작은 수가 되는 날은 1월 1일이고요.(1+1=2) 그럼 가장 큰 수가 되는 날은 몇 월 며칠일까요? 힌트는 각 숫자를 더하면 20이 되는 날입니다. 충분히 생각해 보았다면 답을 알려 줄게요. 답은 9월 29일입니다.(9+2+9=20)

피라미드 높이를 어떻게 측정했을까요?

교과서 6학년 2학기 2단원 비례식과 비례배분

이와테현 구지시 교육위원회 | 고모리 아쓰시

처음 측정한 사람은 탈레스

이집트에 있는 피라미드는 먼 옛날 사람들이 돌을 쌓아 올려 만든 거대한 유적입니다. 피라미드가 만들어진 후 2,000년 동안 피라미드의 높이를 측정하지 못했습니다. 처음으로 높이를 잰 사람은 '탈레스'라는 사람이에요. 약 2,500년 전의 일이지요.

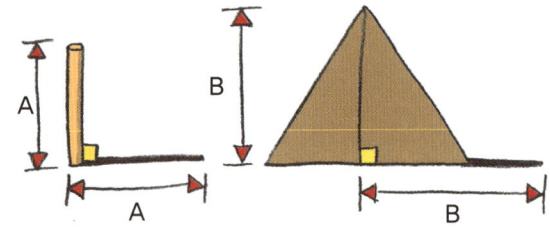

어떻게 측정했나요?

탈레스는 피라미드의 높이를 측정하기 위해 막대기 하나를 준비했습니다. 그리고 그 막대기를 땅에 직각으로 세운 다음 막대기 길이와 막대기 그림자 길이가 똑같아지는 순간에 피라미드의 그림자 길이를 쟀습니다. 태양의 위치가 같을 때 막대기 길이와 막대기 그림자 길이가 같다면 피라미드의 높이와 피라미드 그림자의 길이도 같다는 사실을 알아챈 것입니다. 당시 왕이나 주변 사람들은 탈레스가 한 발견에 깜짝 놀랐다고 합니다.

나도 수학자

건물이나 나무를 재 보세요

탈레스와 같은 방법으로 학교 건물 높이나 교정에 있는 나무 높이를 잴 수 있어요. 준비물은 50cm 정도 되는 막대기, 큰 삼각자와 줄자입니다. 그림을 보고 친구와 함께해 보세요.

삼각자

막대기 길이와 막대기 그림자 길이가 같아진 순간에 줄자로 재요.

 처음으로 피라미드의 높이를 잰 탈레스는 기원전 624년경~546년경에 살았던 그리스의 철학자입니다.

뺄셈이 쉬워지도록 수를 바꿔요

7 4일

교과서 3학년 1학기 1단원 덧셈과 뺄셈

도쿄도 스기나미구립 다카이도 제3초등학교 | 요시다 에이코

간단히 계산할 수 있는 지혜

뺄셈 계산을 해 볼까요?

$$67 - 30$$

'식은 죽 먹기죠!' 하는 소리가 들리는 것 같네요. 정답은 37입니다. 그럼 다음 뺄셈은 어떨까요?

$$72 - 29$$

이번에는 시간이 좀 걸렸겠지요? 받아내림이 있으니까요. 하지만 이 뺄셈도 조금만 머리를 쓰면 간단한 계산으로 변신합니다. 29는 1만 더하면 30입니다. 빼는 수가 0으로 끝나면 계산이 간단해져요. 그러니 빼는 수를 30으로 하면 어떨까요?

$$72 - 30 = 42$$

그런데 사실은 29였으니까 1을 더 뺀 셈이 되지요. 따라서 42에 1을 더하면 맞는 정답이 됩니다. 정답은 42+1이므로 43입니다. 그렇다면? 맞습니다. 조금만 더 생각해 볼까요?

더 탐구해 볼까요?

72-29의 빼는 수인 29에 1을 더해 30으로 만들어서 계산한 다음 나온 수에 아까 뺀 1을 더했으니, 처음부터 빼지는 수에도 1을 더하면 어떨까요?(그림 1) 73-30도 정답은 43입니다. 두 식 모두 정답은 같네요.

$$72 - 29 = 73 - 30$$

이렇게 됩니다. 모두 정답이 같은 43이므로 '='(등호)로 연결할 수 있습니다. 그럼 54-21은 어떨까요? 두 수에서 각각 1을 빼서 53-20으로 계산해도 정답은 똑같습니다.

이처럼 뺄셈에서는 빼지는 수와 빼는 수에 같은 수를 더하거나 빼도 정답은 바뀌지 않습니다. 이 성질을 이용하면 어려워 보이는 계산도 간단하게 바꿀 수 있겠네요. 193-68도 풀어 보세요.

그림 1

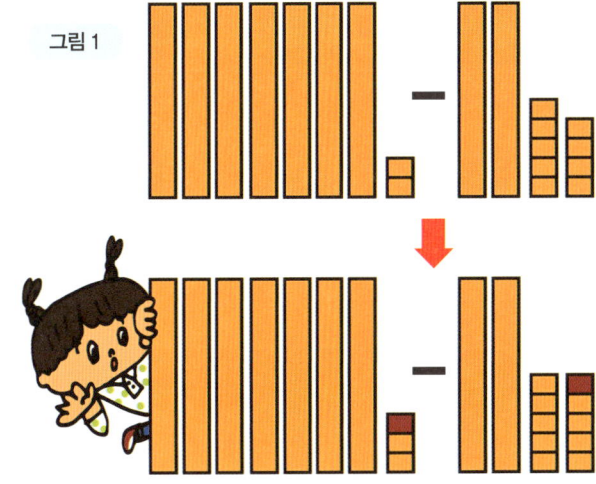

 빼는 수를 십의 배수(10, 20, 30 …)로 만들면 큰 수의 뺄셈도 간단히 계산할 수 있어요.

발자국 리듬 놀이의 발자국은 몇 개일까요?

교과서 1학년 2학기 6단원 규칙 찾기

7일 5일

후쿠오카현 다가와군 가와사키초립 가와사키초등학교 | 다카세 다이스케

발자국을 그림으로 그려 보세요

'발자국 리듬 놀이'를 해 볼까요? 여러분 다음과 같은 리듬을 들어 본 적이 있나요?

'쿵쿵짝, 쿵쿵짝, 쿵짝, 쿵짝, 쿵쿵짝'

발로 이 리듬에 맞춰 균형을 잡으면서 이동하는 것이 이 놀이의 재미입니다. 그러면 이 리듬 놀이로 바닥에 찍히는 발자국은 몇 개일까요? 리듬에 맞춰 손뼉을 치면서 확인해 보세요. '13'이라고 답한 친구, '18'이라고 답한 친구도 있겠지요.

머리로만 생각해서 정확하지 않을 때는 그림을 그려 보는 것이 좋습니다. 이 리듬에 맞는 발자국을 나타내면 그림 1과 같습니다. 이때 발자국을 더 간단하게 동그라미로 나타냈다는 점도 중요합니다.

그림을 식으로 나타내 보세요

그림 1을 식으로 나타내면 어떤 식이 될까요? 다음과 같이 몇 가지 식으로 나타낼 수 있습니다.

$4+4+3+3+4$

$2+2+2+2+3+3+2+2$

$2×6+3×2$

$4×3+3×2$

같은 그림에서도 동그라미를 어떤 묶음으로 보느냐에 따라 관점이나 식이 달라지네요.

리듬을 조금 바꾸면 발자국은 몇 개가 될까요? 그림 2를 보세요. 이들 식에서 동그라미를 어떤 묶음으로 보고 있는지 알 수 있나요? □ 표시를 하면서 생각해 보세요. 이처럼 실제로 보이지 않는 발자국도 그림이나 식으로 나타내면 21개라는 사실이 한눈에 보여요.

그림 1

쿵=한 발, 짝=두 발

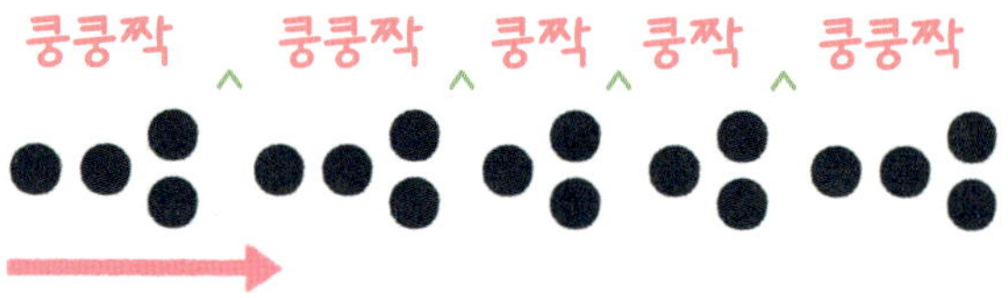

쿵쿵짝 쿵쿵짝 쿵짝 쿵짝 쿵쿵짝

그림 2

| 리듬 | 쿵짝짝 쿵짝짝 쿵짝 쿵짝 쿵짝짝 |

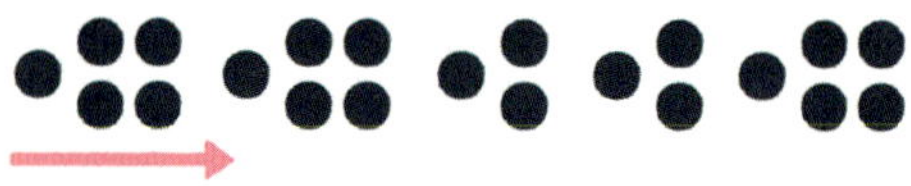

식으로 나타내면:
$3+2+3+2+3+3+3+2$
$5+5+3+3+5$
$5×3+3×2$
$4×3+3×2+3$

 같은 수나 같은 그림을 눈여겨보고 묶음을 표시해서 생각하면 이해하기 쉬워요.

신호등의 LED 전구 수는 몇 개일까요?

7월 6일

교과서 5학년 1학기 5단원 다각형의 넓이

/ / /

아오모리현 산노헤초립 산노헤초등학교 | 다네이치 요시타케

신호등 속의 전구를 살펴봐요

신호가 빨강일 때 기다리면서 신호등을 자세히 본 적 있나요? 맨 아래 신호등 사진을 자세히 보면 LED 전구가 여러 개 모여서 만들어졌어요. 이 신호등에는 LED 전구가 몇 개 정도 쓰였을까요?

자료 : 포토 라이브러리

세는 방법을 두 가지 소개할게요

그림 1을 보고 생각해 보세요. LED 전구가 질서정연하게 늘어서 있다는 사실을 이용하면 여러 가지 방법이 보입니다.

그림 1   그림 2

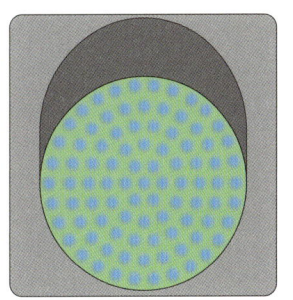 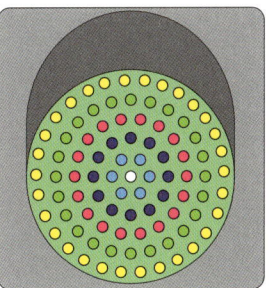

- **첫 번째 : 불꽃놀이처럼 보기**

    LED 전구가 불꽃놀이의 불꽃이 퍼지듯이 늘어선 것처럼 보이네요.(그림 2) 가운데에서 바깥쪽으로 원둘레마다 전구 개수를 세어 볼까요? 다음과 같이 1+6+12+18+24+30=91이라는 식으로 구할 수 있습니다. 식에 나열된 수를 보면 6의 단 곱셈구구가 보이네요.

그림 3   그림 4

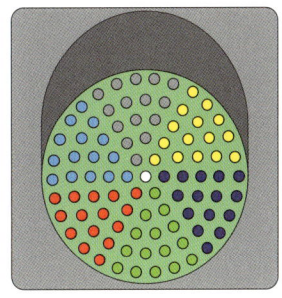 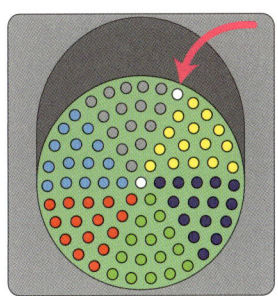

- **두 번째 : 삼각형으로 나누기**

    한가운데의 1개를 남기고 삼각형으로 나눕니다.(그림 3) 그러면 삼각형마다 1+2+3+4+5=15. 삼각형 6개의 전구 수에 가운데의 1을 더하면 구할 수 있겠네요.

실제 신호등은 가장 바깥쪽 테두리의 전구 수가 30+1이므로 모두 92개입니다.

 LED 전구의 수는 신호등 제조사에 따라 차이가 있습니다. 92개뿐만 아니라 191개인 신호등도 있어요.

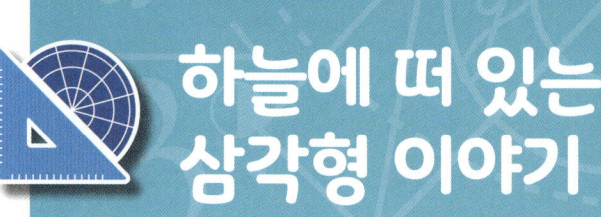

하늘에 떠 있는 삼각형 이야기

교과서 2학년 1학기 2단원 여러 가지 도형

7월 7일

시마네현 이이난초립 시시초등학교 | 무라카미 유키토

여름 밤하늘을 보세요

삼각자나 트라이앵글 등 우리 주변에는 삼각형이 많지요. 밤하늘에서도 삼각형을 찾을 수 있답니다. 봄철에 밝은 별을 3개 찾아서 연결하면 거대한 삼각형이 되지요. 지금도 보일까요? 맑은 날 밤하늘에서 찾아보세요.

남동쪽 방향을 보세요. 그러면 밝은 별이 3개 보입니다. 커다란 삼각형이 만들어졌네요. 그런데 봄에 보이는 삼각형과는 조금 다른 느낌이에요. 별의 밝기, 삼각형 모양, 주변 별들의 위치가 조금씩 다르답니다. 맞아요. 여름철 밤하늘에 보이는 삼각형은 봄에 보이는 '봄철 대삼각형'과는 달라요. 다른 별들로 바뀌어 있기 때문이지요.

아름다운 여름철 대삼각형

아래 그림의 별 3개는 거문고자리의 일등성인 베가, 독수리자리의 일등성인 알타이르, 백조자리의 일등성인 데네브입니다. 이들을 연결해서 생기는 삼각형을 '여름철 대삼각형'이라 부릅니다. 하나의 직선 위에 있지 않은 점 3개를 가만히 보고 있으면 자연스레 삼각형이 보여요.

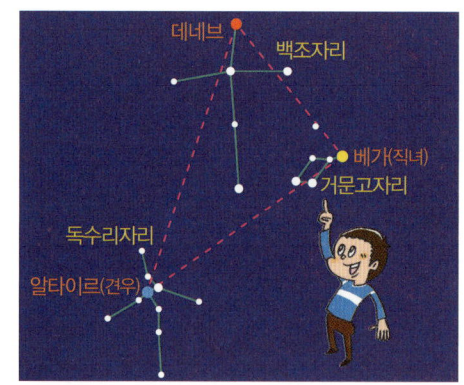

 **나도 수학자**

칠석날 밤하늘에 빛나는 별은?

위 그림에서 '여름철 대삼각형'을 이루는 알타이르와 베가는 각각 '견우'와 '직녀'입니다. 그래요. 오늘은 7월 7일 칠석입니다. 깜깜한 밤하늘에서는 견우와 직녀 사이에 흐르는 은하수가 보일 거예요.

 밤하늘에 반짝이는 별은 평면 위에 빛나는 듯 보이지만, 지구에서 떨어진 거리는 크게 차이 납니다.

모든 사람의 정답이 같아지는 계산

교과서 6학년 2학기 6단원 여러 가지 문제

도쿄학예대학부속 고가네이초등학교 | 다카하시 다케오

마술 같은 계산을 해 보세요

같이 게임하는 모든 친구의 정답이 같아지는 신기한 계산을 소개하겠습니다. 그림 1을 보고 해 보세요. 여러분의 정답은 3이 될 것입니다. 게임에 참가한 친구들 한 사람씩 정답을 듣다 보면, 모두 정답이 같은 것이 우연은 아니라는 사실을 알아차리고 깜짝 놀랄 거예요. 중간에 더하는 6을 다른 수로 바꾸면 마지막에 나오는 정답을 바꿀 수 있습니다. 다 같이 도전해 보세요.

왜 똑같은 답이 나올까요?

어떻게 같은 답이 나오는지 설명하겠습니다. 지금까지 설명한 계산을 식으로 정리하면 '(고른 수×2+6)÷2−고른 수'가 됩니다. 이 식을 계산해 보세요.(그림 2)

처음에 고른 수와 상관없이 마지막에는 3이 나오는 계산이라는 사실을 알 수 있어요.

그림 1

① 1부터 9까지 중에서 하나를 고르세요.
② 고른 수에 2를 곱하세요.
③ 2를 곱한 수에 6을 더하세요.
④ 그 수(③에서 나온 수)를 2로 나누세요.
⑤ 그 수(④에서 나온 수)에서 ①에서 고른 수를 빼세요.
⑥ 얼마가 나왔나요?

그림 2

(고른 수×2+6)÷2−고른 수
=(고른 수×2÷2)+(6÷2)−고른 수
=(고른 수×1)+3−고른 수
=고른 수+3−고른 수
=3

계산 순서나 괄호를 잘 사용하면 재미있는 마술을 만들 수 있어요. 여러분도 생각해 보세요.

천재 뉴턴은 계산의 달인이었대요

교과서 6학년 1학기 4단원 비와 비율

7월 9일

메이세이대학 객원교수 | 호소미즈 야스히로

수학을 아주 좋아하는 소년

나무에서 떨어지는 사과를 보고 위대한 발견을 한 사람은 여러분이 잘 아는 뉴턴입니다. 아이작 뉴턴(1642~1727년)은 영국 울즈소프라는 작은 마을에서 태어나고 자랐습니다. 친구 사귀기를 어려워해서 늘 혼자 책을 읽거나 나무로 여러 가지 모형을 만드는 것을 좋아했대요.

18살이 된 뉴턴은 유명한 케임브리지 대학에 입학했어요. 그런데 대학에서 배우는 것들이라곤 오래된 학문뿐이었습니다. 흥미 있었던 수학이나 물리 수업은 없었어요. 그래서 뉴턴은 새로운 과학이나 수학 책을 읽고 혼자 연구를 시작했습니다. 직접 도구를 만들고 여러 가지 실험을 했지요. 아이디어나 의문점이 떠오르면 노트에 적어서 답을 연구했습니다. 수학 노트를 도형이나 수식으로 가득 채우곤 했답니다.

'만유인력'을 발견했어요

그쯤 런던에서 전염병이 퍼지는 바람에 대학교가 문을 닫았습니다. 뉴턴은 고향인 울즈소프로 돌아가 자기 집에서 연구를 하기로 했어요. 좋아하던 수학을 연구하던 뉴턴은 불규칙한 모양을 한 도형의 넓이나 곡선 길이를 구하는 계산 방법을 발견했습니다. 당시에 계산기가 있을 리 없지요. 모두 머리를 써서 몇 십 자릿수나 되는 계산을 한 것입니다.

그러던 어느 날, 뉴턴은 정원의 사과나무를 바라보며 생각했습니다. '사과가 아래로 떨어지는 이유는 지구에 중력이 작용하기 때문이다. 그렇다면 왜 달은 사과처럼 떨어지지 않을까? 그것은 지구와 달이 서로 끌어당기며 균형을 이루고 있기 때문이다. 그리고 이 신기한 힘은 우주 곳곳에서 비슷하게 작용할지도 모른다.'

이 생각은 훗날 '만유인력의 법칙'으로 널리 알려졌습니다. 이렇게 뉴턴은 울즈소프에서 보낸 1년 반 동안 역사에 남을 위대한 발견을 몇 가지나 했습니다.

한국표준과학연구원에는 뉴턴의 생가에 있었다고 하는 사과나무의 4대 자손이 자라고 있습니다. 영국왕립학회에서는 사과를 보고 숨은 원리를 추측해 내는 뉴턴의 이야기가 기록된 회고록을 공개했어요. 이를 보면 뉴턴의 사과 이야기는 사실일 가능성이 높아 보여요.

불공평한 바구니 게임은 싫어요

7월 10일

교과서 3학년 1학기 2단원 평면도형

후쿠오카현 다가와군 가와사키초립 가와사키초등학교 | 다카세 다이스케

바구니에 가까운 사람, 먼 사람

바구니 게임을 해 볼까요? 바구니 주위에서 공을 던져 많이 넣은 사람이 이기는 게임입니다.(그림 1)

그런데 게임을 시작했더니 곧 친구들의 볼멘소리가 터져 나왔습니다.

"불공평해! 골이랑 가까운 사람만 좋잖아."
"골까지 거리를 똑같이 해야지."

아무래도 게임을 하는 코트 모양이 좋지 않은 듯합니다. 그래서 어떤 모양으로 할지 의논했습니다.

"정사각형이나 정삼각형으로 하자. 아무 데서나 던져도 중앙에 있는 골까지 거리가 같을 거야."

그래서 코트 모양을 정사각형으로 바꾸고 게임을 다시 했습니다. 그래도 여전히 불만이 나왔어요.

"이것도 불공평해."

코트의 어느 부분에 있던 친구가 가장 불만이 심했을까요? 그것은 코트의 네 귀퉁이에 있던 친구들입니다. 다른 곳보다 중심에 있는 골까지 거리가 긴 모양입니다. 정삼각형으로 바꿔도 역시 세 귀퉁이에서 골까지 거리가 멀지요.(그림 2)

원은 모든 친구들에게 공평한 모양?

대체 어떤 모양으로 해야 아무 데서나 던져도 거리가 같도록 공평한 코트를 만들 수 있을까요?

"동그랗게 하면 어디서든 골까지 거리가 같아."
"모두 평등해."

친구들의 불만이 모두 사라졌습니다. 그리고 사이좋게 바구니 게임을 했습니다. 이렇게 일정한 점에서 같은 거리에 있는 점들을 이어 만든 동그라미를 '원'이라고 합니다. 원은 모든 친구들에게 공평한 모양이군요.(그림 3)

그림 1

그림 2

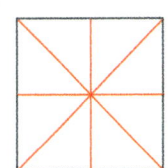 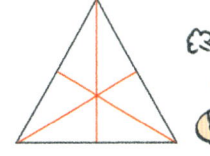 

그림 3

 원의 중심에서 원 위에 있는 한 점까지의 거리를 원의 '반지름'이라고 합니다. 한 원에서 반지름과 지름은 수없이 많이 잴 수 있습니다.

정사각형에서 신기한 도형이 나타나요

교과서 2학년 1학기 2단원 여러 가지 도형

홋카이도교육대학부속 삿포로초등학교 | 다키가 히라유시

정사각형 색종이를 삼각형으로 접어서 꼭대기를 가위로 자르면 신기한 도형이 나타나요. 게다가 접는 횟수를 달리하면 나타나는 도형이 바뀝니다. 어떤 모양이 나타날지 직접 해 볼까요?

준비물
▶ 색종이
▶ 가위

접고 접고 자르기

먼저 색종이를 반으로 접어 삼각형을 만듭니다. 그 삼각형을 한 번 더 반으로 접어요. 이번에는 삼각형의 직각 부분을 잘라 보세요.

한라산처럼 봉우리를 납작하게 잘라요.

어떤 모양이 될지 맞춰 보세요.

'접고 접고 접고 접고 자르기', 이렇게 네 번 접기에도 도전해 볼까요? 삼각형이 더 작아져서 두꺼우니 자를 때는 어른에게 부탁하세요.

'접고 접고 자르기' 그다음 펼쳐 보면?

그럼 펼쳐 볼까요?

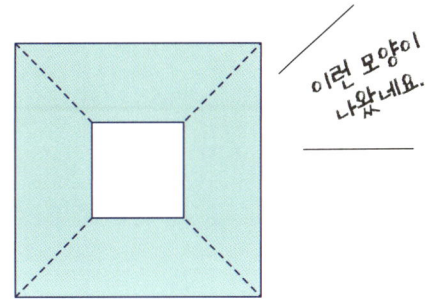

접고 접고 접고 자르기

이번에는 삼각형을 세 번 접어 보세요.

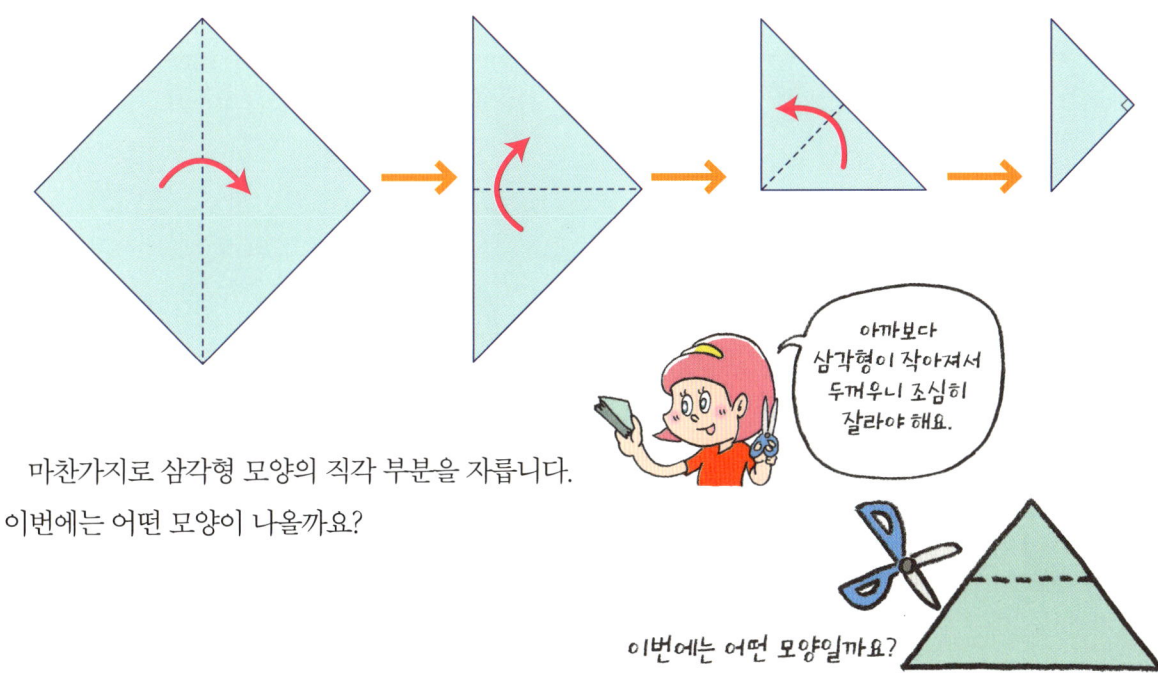

마찬가지로 삼각형 모양의 직각 부분을 자릅니다.
이번에는 어떤 모양이 나올까요?

정답은 이 안에 있어요

정답은 이 네 가지 모양 중에 있습니다. 어떤 모양인지 골라 보세요.

수를 나타내는 말 테트라·트리·옥타

7월 12일

교과서 6학년 1학기 1단원 각기둥과 각뿔

도쿄도 도시마구립 다카마쓰초등학교 | 호소가야 유코

테트라 팩과 테트라포드

여러분은 테트라 팩(Tetra Pak)을 아나요? 우유, 주스 등을 담는 용기인데, 티백에도 사용돼요.(그림 1) 삼각뿔 종이상자 모양이에요. 정사면체와 같지요. '정사면체'란 그림 2와 같이 합동인 정삼각형 4개로 둘러싸인 입체 도형입니다. '정삼각형'은 세 변의 길이가 모두 같은 삼각형이에요.

그렇다면 테트라포드(tetrapod)를 아나요? 이것은 '방파제'라고도 불리는데, 다리가 4개 달린 콘크리트 블록입니다. 방파제나 강바닥을 보호하기 위해 강과 바닷가에 설치해요.(그림 3)

테트라의 어원은 그리스어

'테트라 팩'과 '테트라포드'에 공통으로 들어가는 '테트라'(tetra)라는 말은 '4'를 뜻합니다. 숫자를 나타내는 접두어로, 그리스어가 어원이지요. 그 밖에도 트리오(3인조), 트라이앵글(삼각형), 트라이애슬론(수영·사이클·마라톤 하는 철인 3종 경기) 등에 공통으로 들어가는 '트리'(tri)는 '3'을 뜻합니다. 옥타브(8도 음정, 8번째 소리), 옥토퍼스(다리가 8개 달린 문어) 등에 공통으로 들어가는 '옥타'(octa)는 '8'을 뜻해요. 이러한 말을 알아 두면 모르는 말이 나와도 뜻을 추측할 수 있어요.

나도 수학자

그리스어 접두어는 어디에 쓰일까요?

그리스어에서 유래한 숫자를 뜻하는 접두어와 쓰이는 예를 모아 봤습니다. 또 무엇이 있는지 찾아보세요.

1. **모노**(mono) : 모노레일(레일이 1개인 철도)
2. **디**(di) : 딜레마(궁지. 둘 중 선택해야 하지만 무엇을 선택해도 바람직하지 않은 상황)
3. **트리**(tri) : 트리케라톱스(뿔이 3개 달린 공룡)
4. **테트라**(tetra) : 테트라 팩
5. **펜타**(penta) : 펜타곤(오각형)
6. **헥사**(hexa) : 헥사곤(육각형)
7. **헵타**(hepta) : 헵타곤(칠각형)
8. **옥타**(octa) : 옥타곤(팔각형)
9. **노나**(nona) : 노나곤(구각형)
10. **데카**(deca) : 데카곤(십각형)

그림 1 / 그림 2 정사면체 / 그림 3

1940년대 스웨덴에서는 우유를 유리병에 담아 팔았는데, 깨지기 쉽고 재료비가 비싸서 새로운 용기를 만들어야 했어요. 이에 에릭 발렌베르크와 루벤 라우싱 박사가 테트라 팩을 만들어 우유병 대신 쓰기 시작했습니다.

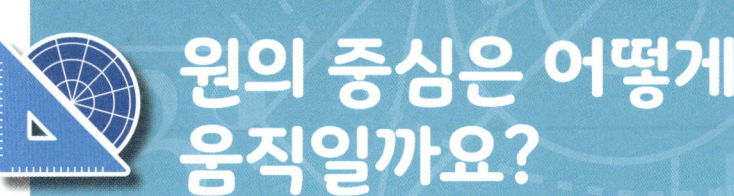

원의 중심은 어떻게 움직일까요?

교과서 2학년 1학기 2단원 여러 가지 도형

학습원 초등과 | 오오사와 다카유키

원을 굴려 봐요

도화지에 원을 그려서 잘라 낸 다음 중앙에 작은 구멍을 뚫습니다. 그 구멍에 연필심을 끼워 넣고 그림 1처럼 상자 주변에서 굴려 보세요. 어떤 선을 그릴 수 있을까요? 각진 모양인가요? 둥근 모양인가요? 한번 해 보세요.(그림 2)

그렇습니다. 그림 2의 오른쪽 그림처럼 둥근 모양으로 그려집니다. 둥근 부분은 마치 컴퍼스로 그린 듯하네요. 그러면 이번에는 상자 안쪽에 컴퍼스를 넣어 선을 그려 보세요. 마찬가지로 모서리는 둥그렇게 될까요?(그림 3)

이번에는 왼쪽과 같이 각진 모양이 되었습니다. 재미있네요. 상자 바깥쪽과 안쪽을 그려 봤는데, 그 밖에도 삼각형, 원 등 여러 모양으로 그려 보세요.

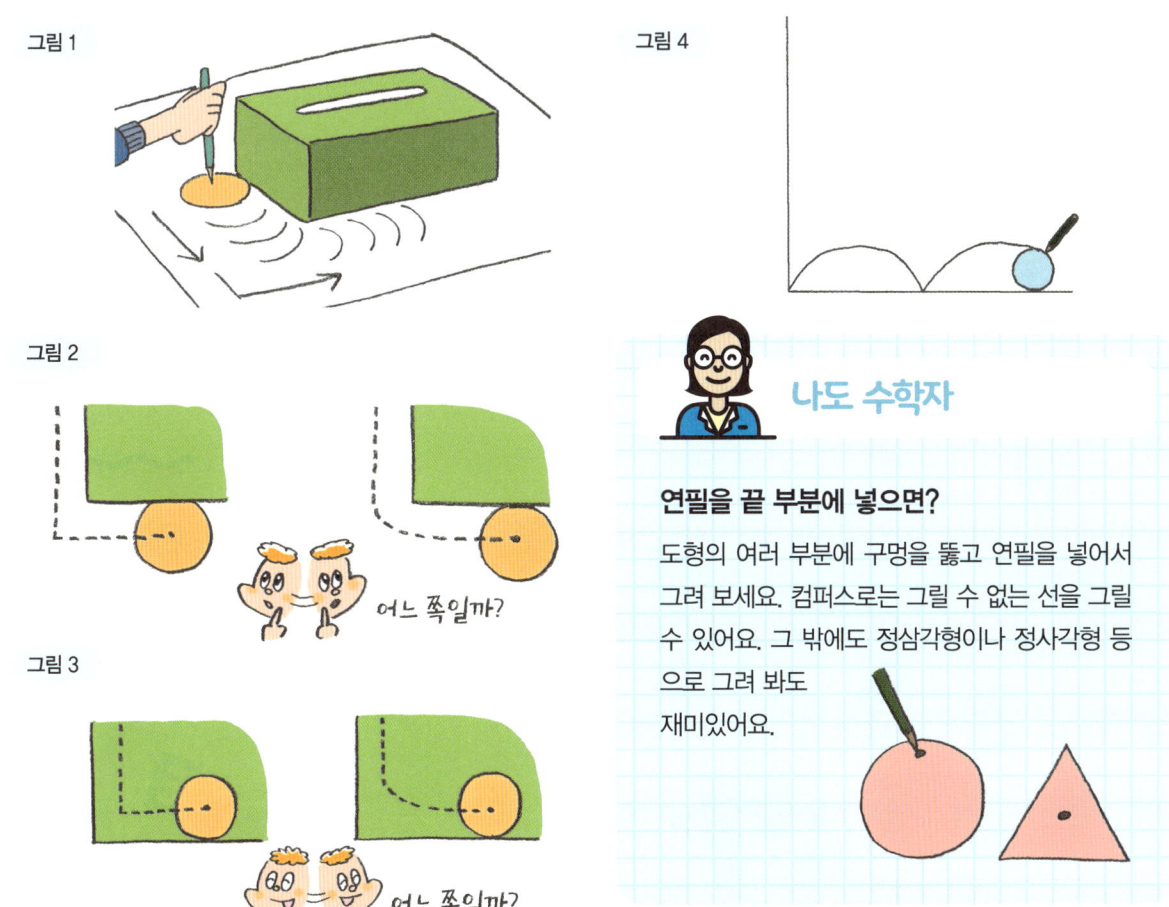

나도 수학자

연필을 끝 부분에 넣으면?

도형의 여러 부분에 구멍을 뚫고 연필을 넣어서 그려 보세요. 컴퍼스로는 그릴 수 없는 선을 그릴 수 있어요. 그 밖에도 정삼각형이나 정사각형 등으로 그려 봐도 재미있어요.

 원의 중심이나 끝이 아니라 그림 4와 같이 원둘레 위에 연필을 고정해서 원이 굴러가도록 움직였을 때 그릴 수 있는 선을 '사이클로이드 곡선'이라고 합니다.

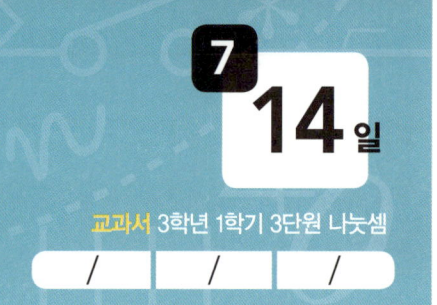

7의 배수 알아내기

교과서 3학년 1학기 3단원 나눗셈

도쿄학예대학부속 고가네이초등학교 | 다카하시 다케오

이 수는 7의 배수일까요?

오늘은 7의 배수를 알아내는 법을 설명하겠습니다. 세 자릿수일 때 어떻게 알아보는지 소개할게요. 세 자릿수가 7의 배수인지 알아보기 위해서는 7의 배수인 두 자릿수를 아는 것이 중요합니다. 두 자릿수에서 7의 배수를 기억하나요?

곱셈구구 범위인 63까지는 여러분도 잘 알지요. 이어서 70, 77, 84, 91, 98을 정확히 기억해 두세요. 세 자릿수에서 7의 배수를 알아내는 법은 그림 1과 같습니다.

계산해서 확인해 보세요

예를 들어 861은 어떨지 보겠습니다. 861에서 백의 자릿수는 '8'이고, 뒤의 두 자릿수는 '61'입니다. 먼저 8×2를 계산하면 16입니다. 이 16과 뒤의 두 자릿수인 '61'을 더하면 16+61=77이 되고, 77이 7의 배수이기 때문에 861도 7의 배수라는 사실을 이 방법으로 알아낼 수 있습니다.(그림 2)

실제로 계산해 보면 861÷7=123이고, 정확히 7로 나누어떨어지기 때문에 7의 배수입니다.

그럼 이번에는 798을 보세요. 백의 자릿수×2+아래 두 자릿수를 계산하면 7×2+98=14+98이므로 112입니다. 이때는 다시 한 번 식에 넣어야 합니다. 그러면 1×2+12=14가 됩니다.(그림 3)

실제로 계산해 보면 798÷7=114이므로 7로 나누어떨어집니다.

그림 1

7의 배수 알아내기

[(백의 자릿수)×2+(뒤의 두 자릿수)]가 7의 배수일 때, 그 수는 7의 배수

그림 2

[(백의 자릿수)×2+(뒤의 두 자릿수)]

861
×2↓ ↓
16+61=77

77은 7의 배수

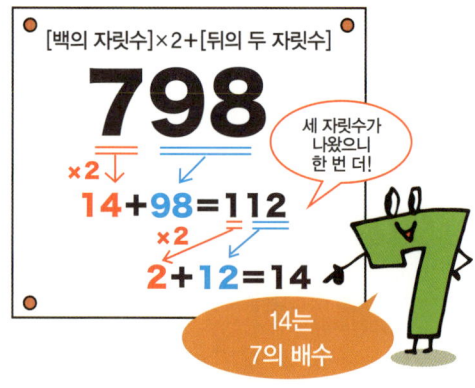

그림 3

[백의 자릿수]×2+[뒤의 두 자릿수]

798
×2↓ ↓
14+98=112
×2↓ ↓
2+12=14

세 자릿수가 나왔으니 한 번 더!

14는 7의 배수

네 자릿수도 앞의 두 자리와 뒤의 두 자리로 나눠서 위의 방법으로 계산하면 7의 배수인지 알 수 있어요.

게릴라성 집중 호우는 어느 정도?

7월 15일

교과서 3학년 2학기 5단원 들이와 무게

도쿄학예대학부속 고가네이초등학교 | 다카하시 다케오

페트병으로 몇 개 정도 될까요?

'게릴라성 집중 호우'라는 말을 여러분도 들어 본 적이 있겠지요? 게릴라성 집중 호우는 1시간 이내의 강수량이 100mm를 넘는 장대비를 말합니다. 강수량은 1시간에 한 변이 1m(100cm)인 정사각형 모양 땅에 내리는 비의 양을 가리킵니다.

'게릴라성 집중 호우'의 기준 강수량 100mm는 여러분 주변에 있는 500mL짜리 페트병으로 몇 개 정도 되는 양일까요?

놀랍게도 500mL짜리 페트병으로 따졌을 때 200개나 됩니다. 그렇게 많은 양의 비가 불과 수십 분 만에 내린다니, 여러 지역에서 큰 피해를 입는 것도 이해가 되지요.

강수량 100mm는 물 100L

이 강수량을 조금 더 알아볼까요? 한 변이 1m인 투명한 네모 상자에 비가 쌓이는 모습을 상상해 보세요. 1시간 동안 강수량이 100mm라는 것은 물의 깊이가 100mm, 즉 10cm 쌓인다는 뜻입니다.

1L짜리 상자는 한 변이 10cm로 주사위 모양을 하고 있기 때문에 이 상자가 좌우로 10개씩, 즉 100개가 늘어서 있는 것과 마찬가지입니다. 강수량이 100mm라는 것은 1시간 동안 $1m^2$ 범위에 100L 내렸다는 뜻입니다. 강수량이 1mm라고 해도 1L가 내렸다고 할 수 있겠지요.

1시간 동안 내리는 비의 양

 주변 여기저기에 있는 단위가 어떤 원리로 만들어졌는지 알아보면 재미있어요.

여러 가지 아이스크림 고르기

교과서 6학년 2학기 6단원 여러 가지 문제

홋카이도교육대학부속 삿포로초등학교 | 다키가 히라유시

아이스크림을 사러 가요

무더운 여름에는 아이스크림 생각이 간절히 나지요. 오늘은 맛있는 아이스크림을 사러 왔습니다. 그런데 이게 웬 떡인가요? 두 가지 맛을 세트로 주문해도 된다고 하네요. 가게에 진열된 아이스크림 종류는 그림 1처럼 다섯 가지입니다.

이 중에서 두 가지 맛을 골라 주문한다면 몇 가지 방법이 있을까요? 먼저 두 가지 맛 중 하나를 딸기로 골랐다고 생각해 보세요. 딸기 외에 네 가지 맛이 있습니다. 딸기와 나머지 네 가지 맛 중 하나를 조합한 네 가지 방법이 있겠네요.(그림 2)

마찬가지로 두 가지 맛 중 하나를 바닐라로 골랐을 경우에도 역시 다른 네 가지 맛과 조합하는 네 가지 방법이 있습니다. 초콜릿, 민트, 소다맛도 마찬가지니 각각 네 가지씩 생기겠네요. 따라서 4가지씩 5개이니 4×5=20, 모두 20가지 방법이 있습니다.(그림 3)

같은 아이스크림 조합에 주목해요

그럼 두 가지씩 고른 아이스크림 20종류를 잘 보세요. 여러분, 눈치챘나요? 이미 같은 맛 아이스크림 조합이 있어요. 빨간 네모로 표시한 부분이에요.(그림 4) 따라서 이 조합은 같은 세트로 보고 20종류에서 빼야 합니다. 그러면 다 합쳐 10종류가 되네요. 처음에 생각했던 20종류의 딱 절반이 나왔습니다.

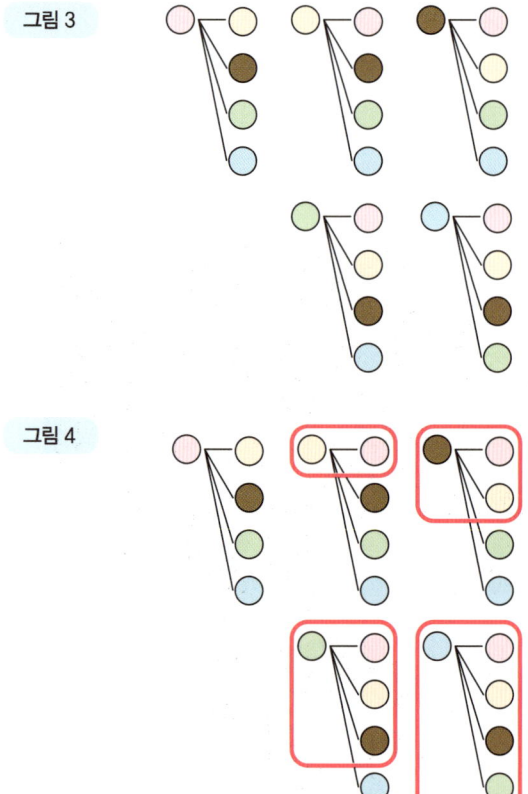

 아이스크림을 콘에 올려 담을 때는 초콜릿 위에 바닐라, 바닐라 위에 초콜릿처럼 쌓는 순서에 차이가 생깁니다. 이 두 가지 경우가 다르다고 친다면 20종류라고 생각할 수도 있어요.

돈의 크기와 무게를 살펴봐요

교과서 6학년 1학기 5단원 원의 넓이

오차노미즈여자대학 부속초등학교 | 구가야 아키라

10원 동전의 지름은?

기습 질문입니다. 10원 동전의 지름은 몇 mm일까요?(그림 1) 정답을 다음 보기 중에서 고르세요. 자, 몇 mm일까요?

① 18mm ② 20mm ③ 24mm

정답은 ①번 18mm입니다. 실제로 재서 확인해 보세요. 오늘은 우리 주변에 있는 돈의 크기나 무게에 대해 이야기하겠습니다.

10원 동전과 1만 원 지폐 비교

다음 질문입니다. 10원 동전과 1만 원 지폐 중에서는 어느 쪽이 무거울까요?(그림 2) 정답은 '10원이 약간 더 무겁다'입니다. 10원 동전은 1.22g이 되도록 만들어졌습니다. 1만 원 지폐는 약 1g이니 10원이 약간 더 무겁네요. 돈의 가치로 따지면 10원 동전이 1천 개 있어야 1만 원 지폐로 바꿀 수 있는데 무게는 다르지요?

한편 지폐는 세로 길이를 전부 같게 만들었대요. 기계로 돈을 세거나 지갑의 규격을 정할 때 편의를 위해서라고 하네요.

그림1

지름 ?mm

그림2

어느 쪽이 무거울까?

나도 수학자

지폐가 찢어졌다면?

한국은행에서는 돈이 찢어지거나 불에 탔을 때, 남은 면적에 따라 새 지폐와 교환해 줍니다.

① 원래 크기의 $\frac{3}{4}$ 이상 남았다면 같은 금액으로 교환.

② 원래 크기의 $\frac{2}{5}$ 이상 남았다면 반액으로 교환.

③ 원래 크기의 $\frac{3}{5}$ 미만 남았다면 교환 불가.

 동전은 모양을 알아보기 어려울 정도로 손상되었거나 진위 여부를 판별하기 어려울 때 빼고는 새것으로 바꿀 수 있습니다.

2 롤러코스터가 떨어지지 않는 이유

7월 18일

교과서 6학년 2학기 2단원 비례식과 비례배분

도쿄도 도시마구립 다카마쓰초등학교 | 호소가야 유코

양동이 안의 물이 쏟아지지 않아요?

물이 든 양동이를 빙빙 돌려 본 경험이 있나요? 양동이를 빙빙 돌리면 머리 위에 양동이가 거꾸로 와도 물이 쏟아지지 않아요. 왜 그럴까요?

그것은 원심력이 작용하기 때문입니다. 물이 양동이의 바닥 쪽으로 눌리는 힘입니다. 따라서 머리 위에 양동이가 거꾸로 와도 물이 쏟아지지 않습니다. 단, 원심력은 속도가 빠를수록 크고, 느릴수록 작아집니다. 즉, 물이 든 양동이를 천천히 돌리면 물이 쏟아질 수도 있습니다. 물이 쏟아지지 않도록 하려면 원심력을 크게 만들어야 하기 때문에 양동이를 빠르게 돌려야 해요.

신기한 원심력

여러분은 한 바퀴 회전하는 롤러코스터를 탄 적이 있나요? 한 바퀴 회전하면 당연히 꼭대기에서는 사람이 거꾸로 매달리게 되는데, 떨어지지는 않지요. 이 롤러코스터도 양동이 속 물과 같은 원리입니다. 원심력(이 경우에는 몸이 의자 쪽으로 눌리는 힘)이 작용하기 때문에 떨어지지 않는 것이지요.

'만약 회전하는 속도가 느리면 어쩌지?' 하고 걱정하는 친구도 있을 텐데요. 걱정 마세요. 롤러코스터는 회전 속도뿐 아니라 높이도 계산해서 만들기 때문에 떨어지지 않아요.

나도 수학자

양동이에 물을 담아 돌려 보세요

학교 뜰이나 운동장, 수영장 등 넓은 장소에서 작고 가벼운 양동이에 물을 약간 넣고 돌리는 속도를 바꾸면서 실험해 보세요.(물이 쏟아질지도 모르니 조심하세요.)

 '원심력'이란 원 운동을 하는 사물이 받는 힘인데, 원의 중심에서 멀어지는 방향으로 작용합니다.

1초보다 짧은 시간을 어떻게 표시할까요?

교과서 2학년 2학기 4단원 시각과 시간

/ / /

시마네현 이이난초립 시시초등학교 | 무라카미 유키토

100분의 1초의 세계

학교에서 50m 달리기를 해 본 적 있겠지요? 어느 정도 속도로 달릴 수 있나요? 50m 달리기를 할 때 속도는 '9초', '10초 14', '8초 87'처럼 목표 지점까지 걸리는 시간을 스톱워치로 측정해서 나타내지요. 걸린 시간이 적어야 빠르다는 뜻입니다.

친구들 기록을 쭉 보다가 궁금증이 생긴 적 없나요? 수학 시간에 시각이나 시간은 60 단위로 바뀐다고 배웠지요. 시계를 볼 때도 60분이 1시간, 60초가 1분입니다. 그래서 평소에 시각이나 시간으로 분이나 초를 나타낼 때는 60보다 큰 수가 나오지 않아요. 그런데 스톱워치를 보면 10초 90처럼 1초보다 작은 시간은 60보다 큰 수로 나올 때가 있습니다.

1초 밑은 왜 10진법일까요?

가족과 함께 휴대전화에 있는 디지털 스톱워치를 작동해 보세요. 분이나 초는 60진법인데, 1초보다 짧은 시간은 10진법으로 흘러간다는 사실을 알 수 있습니다. 왜 다를까요?

옛날에 쓰던 아날로그 스톱워치의 눈금을 보겠습니다. 큰 눈금이 1초, 그 사이에 오는 작은 눈금 4개가 $\frac{1}{5}$초씩 나타냅니다. 즉 옛날에는 '9초 2'나 '8초 6'처럼 1초의 $\frac{1}{5}$까지만 측정할 수 있었습니다. 스톱워치는 스포츠 같은 분야에서 순간 기록을 측정할 때 쓰려고 만들었어요. 먼저 1초씩, 그리고 1초 사이의 눈금을 $\frac{1}{5}$, $\frac{1}{10}$로 세밀하게 나누어 정확성을 높였기 때문에 10진법이 된 것입니다.

아날로그 스톱워치
자료 : NY-P, shutterstock.com

디지털 스톱워치
자료 : ziviani, shutterstock.com

 만약 처음부터 $\frac{1}{60}$초를 잴 수 있는 스톱워치를 만들 수 있었다면, 최소한 $\frac{1}{5}$초가 아니라 $\frac{1}{6}$초로 개발되었다면 1초 미만의 시간도 60진법이었을지도 몰라요. 현재는 $\frac{1}{1000}$초까지 측정할 수 있대요.

숫자 링 퍼즐

7월 20일

교과서 6학년 2학기 6단원 여러 가지 문제

구마모토현 구마모토시립 이케노우에초등학교 | 후지모토 구니아키

1부터 순서대로 만들어 봐요

그림 1과 같이 숫자 1, 2, 3, 4, 5가 고리로 연결되어 있습니다. 이 고리를 두 군데 잘라 떨어뜨립니다. 연결된 숫자끼리 더한 값을 비교해 보세요. 예를 들어 그림 2에서는 짧은 쪽의 값이 '3'입니다. 긴 쪽의 숫자를 더한 값은 '12'입니다. 이처럼 고리를 두 번씩 잘라서 합을 계산하면 어떤 수가 나올까요?

그림 2

자르는 곳을 바꿔서 생각해 보세요

1, 2, 3, 4, 5까지는 하나씩 잘라 떨어뜨리면 되니까 간단하네요. 6은 5와 1을 연결한 상태로 자르면 됩니다. 그럼 7은 어떨까요? 일반 덧셈이라면 5+2이지만, 5와 2는 연결되어 있지 않습니다. 사이에 1이 껴 있어요. 두 군데밖에 못 자르니 이렇게 해서는 7을 만들 수 없습니다. 그래도 3과 4를 연결하여 자르면 만들 수 있습니다.(그림 3) 이처럼 자르는 곳을 바꿔서 많은 숫자를 만들어 보세요.

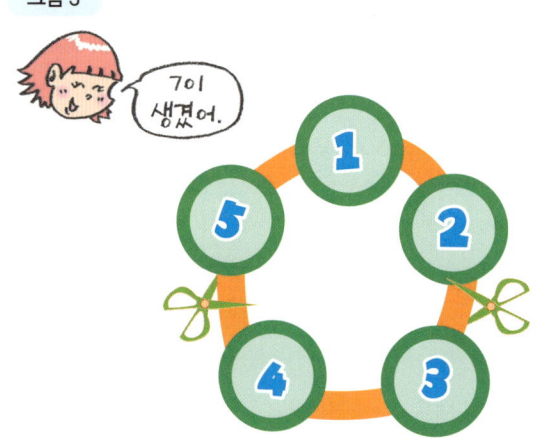

그림 3

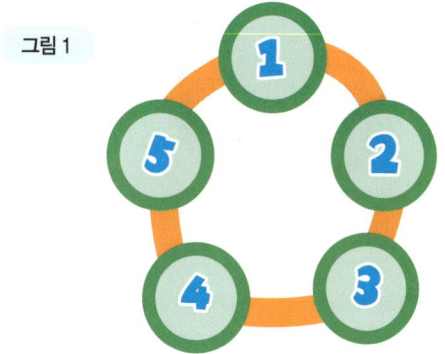

그림 1

나도 수학자

퍼즐을 응용해 보세요

고리로 연결된 숫자의 개수를 늘리거나 숫자를 바꾸면 재미난 퍼즐을 많이 만들 수 있어요.

🔍 8=5+1+2, 9=5+4(또는 2+3+4), 10=4+5+1(또는 1+2+3+4), 11=5+1+2+3, 12=4+5+1+2 … 그리고 자르지 않으면 15까지 만들 수 있어요.

변신하는 신기한 고리

교과서 6학년 2학기 3단원 원기둥, 원뿔, 구

도쿄도 스기나미구립 다카이도 제3초등학교 | 요시다 에이코

두 고리의 가운데를 잘라 봐요

색종이와 가위와 풀을 준비하세요. 색종이를 가늘고 길게 잘라서 테이프처럼 만든 다음 끝과 끝 부분을 풀로 붙여 고리를 만듭니다. 그림 1의 두 번째 그림처럼 점선을 따라 고리 한가운데를 가위로 잘라 보세요.

그림 1

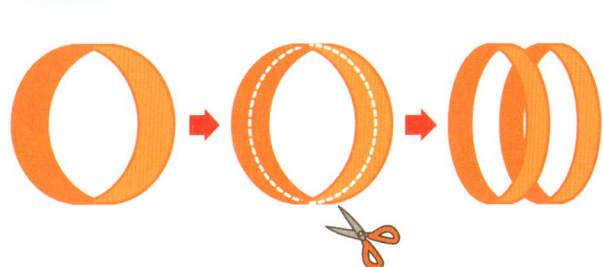

고리가 두 개 생겼어요. 여기까지는 특별할 것 없지요. 그럼 고리를 두 개로 하면 어떻게 될까요? 자른 색종이 두 개를 십자 모양으로 만든 다음 풀로 붙이세요. 색종이를 둥글게 말아서 위와 아래에 고리를 만듭니다. 두 고리의 한가운데를 가위로 자르면…?(그림 2)

아니? 커다란 정사각형이 만들어졌네요. 고리에서 정사각형으로 변신하다니, 신기하지요.

그림 2

겹친 부분은 두 번 자르는 셈이에요.

고리가 세 개면 어떻게 될까요?

고리를 더 늘려 보겠습니다. 먼저 방금 했던 것처럼 고리 두 개를 만듭니다. 다음으로 위의 고리에 자른 색종이를 통과시켜 고리를 하나 더 만듭니다. 만들었으면 고리 3개의 한가운데를 가위로 잘라 보세요.(그림 3) 과연 어떤 모양이 나올까요?

이번에는 커다란 직사각형이 2개 생겼습니다. 고리 3개에서 직사각형 2개가 생기다니, 점점 더 신기하네요.

그림 3

🔍 색종이 길이나 붙이는 각도를 바꾸면 완성된 모양도 달라집니다. 여러 가지 길이나 각도로 어떤 모양이 나올지 시험해 보세요.

줄자 없이 100m를 재요

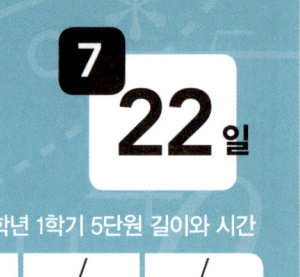

교과서 3학년 1학기 5단원 길이와 시간

아오모리현 산노헤초립 산노헤초등학교 | 다네이치 요시타케

여러분의 보폭은 얼마일까요?

100m를 잴 때는 긴 줄자를 사용하면 간단히 잴 수 있습니다. 그런데 주변에 줄자가 없을 때는 어떻게 할까요? 그럴 때를 대비해서 다음 방법들을 기억해 두면 유용해요.

■ 걸음짐작

걸음짐작이란 자신이 걸은 걸음 수로 거리를 어림하는 방법입니다. 현재에도 프로 골퍼들이 거리를 잴 때 쓰지요.

먼저 자신의 보폭을 알아 두세요. 10걸음 걸었을 때 그 거리를 잰 다음 10으로 나누면 구할 수 있어요. 자신의 보폭이 0.5m라면 200걸음 걸은 거리가 100m입니다.(그림 1)

전봇대나 도로의 흰 선도 이용해요

주변 사물을 기준으로 거리나 길이를 재 보세요.

■ 전봇대 세기

전봇대와 전봇대 사이의 거리는 보통 약 50m입니다. 세 번째 전봇대까지가 100m이니, 전봇대를 기준으로 거리를 재면 짧은 시간에도 약 100m를 어림할 수 있어요.

■ 도로의 흰색 점선

도로의 흰색 점선으로 된 차선의 길이는 지역마다 다른데, 서울을 비롯한 대부분의 시가지 도로는 보통 3m, 다음 선까지 간격이 5m이기 때문에 합쳐서 8m입니다. 즉, 10번째 흰 선의 시작점까지가 72m입니다.(그림 2)

■ 가드레일

가드레일 대부분의 길이는 약 4.3m입니다. $100 \div 4.3 = 23.25 \cdots$이므로 23개를 세면 약 100m이지요.

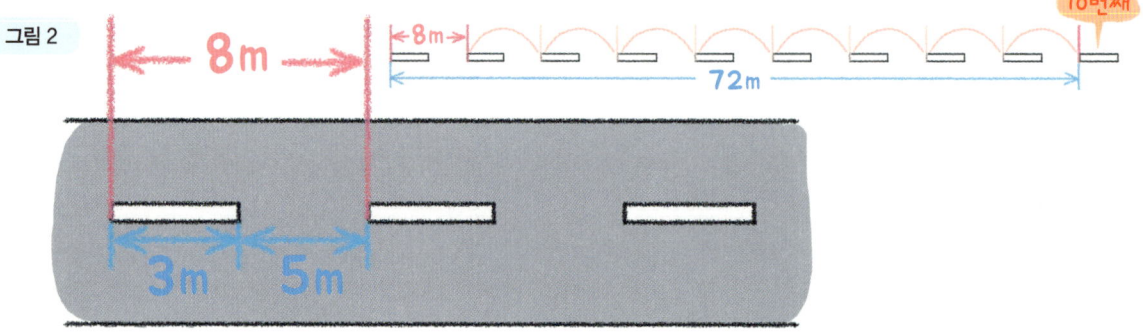

그림 1

그림 2

바닥에 깔린 타일 폭이나 책장의 간격 등을 알면 교실이나 방의 폭도 잴 수 있어요.

2 종이를 계속 접으면 달까지 닿을까요?

7 23일

교과서 5학년 2학기 1단원 소수의 곱셈

/ / /

고치대학교육학부 부속초등학교 | 다카하시 마코토

몇 번 접으면 닿을까요?

지구에서 달까지 거리는 약 38만km입니다. 아주 먼 거리이지요. 고속도로를 달리는 자동차 속도(예를 들어 1시간에 100km 달릴 때)로 밤낮 쉬지 않고 계속 달린다고 가정했을 때 5개월 이상 걸립니다. 이 거리를 재미있는 방법으로 나타내 볼까요?

먼저 종이 한 장을 준비합니다. 이 종이를 반으로 접습니다. 또 반으로 접어요. 이렇게 종이 한 장을 1번, 2번, 3번… 계속 접으면 종이 두께가 두꺼워져요. 이렇게 종이를 접으면 몇 번 만에 달까지 닿을까요?

학교에서 유인물로 나눠 주는 종이 두께는 약 0.08mm입니다. 이 종이를 1번 접으면 두께는 2배가 되므로 0.16mm. 2번 접으면 또 2배가 되므로 0.32mm. 3번 접으면 또 2배가 되므로 0.64mm입니다. 이렇게 10번 접으면 두께는 81.92mm가 됩니다. 10번 접으면 8cm 정도네요. 꽤 두껍다 해도 아직 달까지 가려면 멀었습니다.

정답은 43번입니다

그런데 종이를 40번을 접으면 놀랍게도 두께가 8만 8,000km가 됩니다. 41번 접으면 약 17만km로 쭉쭉 달에 가까워져요. 42번 접으면 35만km, 그리고 43번 접으면 70만km입니다. 38만km를 훌쩍 뛰어 넘네요. 달까지 거리는 아득히 먼 38만km 이지만, 고작 종이 한 장을 43번 접으면 그때 두께는 이미 달을 지난다는 사실을 알 수 있어요.

종이를 43번 접었더니 지구를 벗어났네!

나도 수학자

배로 늘어나는 계산

수를 배로 늘렸더니 눈 깜짝할 새에 어마어마하게 큰 수가 되었습니다. 하루에 과자 1개씩 전날보다 두 배로 받으면 한 달 후 받은 과자의 양은 얼마가 될지 계산해 보세요.(70쪽 참조)

 물론 종이를 43번이나 접을 수는 없지요. 수학의 세계에서는 실제로 불가능한 일도 계산을 바탕으로 상상의 나래를 펼칠 수 있어요.

소리가 늦게 들리는 이유는?

교과서 6학년 2학기 2단원 비례식과 비례배분

도쿄도 도시마구립 다카마쓰초등학교 | 호소가야 유코

빛의 빠르기와 소리의 빠르기

밤하늘에 수놓인 커다란 불꽃은 참 아름답지요. 빨강, 파랑, 노랑, 초록 등 여러 가지 색을 보노라면 눈이 즐겁습니다. '펑' 하고 박력 있는 소리도 들립니다.

불꽃놀이를 가까이서 볼 때는 하늘에 불꽃이 나타나면 바로 소리가 들려요. 그런데 멀리서 불꽃놀이를 볼 때는 불꽃이 보인 다음 조금 지나 소리가 들립니다. 이 차이는 '빛이 전달되는 빠르기'와 '소리가 전달되는 빠르기'가 다르기 때문에 생깁니다.

빛은 1초에 약 30만km 이동합니다. 이는 지구를 일곱 바퀴 반 회전하는 것과 마찬가지인 거리입니다. 정말 빠르지요. 빛은 순식간에 닿는다고 생각할 수 있습니다. 그에 비해 소리는 1초에 약 0.34km 밖에 이동하지 못합니다. 1km 이동하려면 3초나 걸린다는 계산이 나오지요. 만약 1km 떨어진 곳에서 불꽃놀이가 열린다면, 빛은 순식간에 이동하기 때문에 바로 보이지만, 소리는 약 3초 후에 '펑' 하고 들리는 것입니다.

천둥은 멀어요? 가까워요?

천둥도 마찬가지입니다. '번쩍' 하고 빛이 난 다음 '쿠르르릉' 하고 소리가 들릴 때까지 몇 초 걸리는지 재 본 적 있나요? '번쩍'과 '쿠르르릉' 사이의 간격이 길수록 멀리서 천둥이 친다고 볼 수 있습니다. 10초라면 0.34×10=3.4이기 때문에 3.4km 떨어져 있다는 뜻입니다.

나도 수학자

소리가 어떻게 전달되는지 확인해 봐요

넓은 장소에 여러 명이 거리를 두고 일렬로 서서 맨 뒷사람에게 등을 돌립니다. 왼쪽 끝 사람은 북이나 호루라기로 짧게 소리를 내고, 다른 사람들은 소리가 들리면 바로 손을 듭니다. 순서대로 소리가 전달되는 것을 알 수 있어요.

 소리가 전달되는 속도는 기온에 따라 달라집니다. 기온이 15℃일 때는 1초 동안 약 0.34km 이동합니다. 기온이 1℃ 올라갈 때마다 1초당 약 0.0006km(60cm) 더 이동하여 조금씩 빨라집니다.

뺄셈 다음은 덧셈?

교과서 2학년 2학기 6단원 규칙 찾기

학습원 초등과 | 오오사와 다카유키

뺄셈 카드를 나열해요

카드에 받아내림이 있는 뺄셈식을 어떤 순서대로 적어 놓고, 몇 개를 뒤집었습니다.(그림 1) 정답이 2인 카드의 앞면에 쓰인 식은 무엇일까요? '10−8'일까요? '11−9'일까요? '12−10', '9−7'이나 '1+1'로 생각한 친구 있나요?

정답은 '11−9'입니다. 식이 보이도록 카드를 뒤집어 보겠습니다. 까만 글씨로 적힌 식을 보세요. 이렇게 나열할 수 있습니다.(그림 2)

그런데 방금 나왔던 '12−10'이나 '10−8'도 답은 2입니다. 이 카드들을 어디에 나열할 수 있을까요? 수를 어떤 순서대로 적어 카드를 만들었는지 생각해 보세요. 빨간 글자로 된 카드처럼 '11−9' 위와 아래에 나열할 수 있습니다. 그러면 그 밖에 뺄셈 카드 주변에 놓을 수 있는 카드는 없을까요?

덧셈 카드도 등장했어요

'11−9' 위에는 '12−10', '13−11', '14−12'를 죽 올려 놓을 수 있습니다. 아래에는 '10−8', '9−7', '8−6'…'2−0'으로 죽 내려 놓을 수 있습니다. 그럼 그 아래로 식을 더 나열할 수 있을까요?(그림 3)

같은 열의 카드에 적힌 식의 답은 모두 2입니다. 다음에 올 식은 없을 것처럼 보여요. 그런데 있답니다. 바로 '1+1'이에요. 그 아래는? '0+2'가 됩니다. 오른쪽의 다른 열들도 아래에 쭉 이어 식을 써 보세요. 뺄셈 카드 아래에는 덧셈 카드가 나열된다는 사실을 알 수 있습니다.

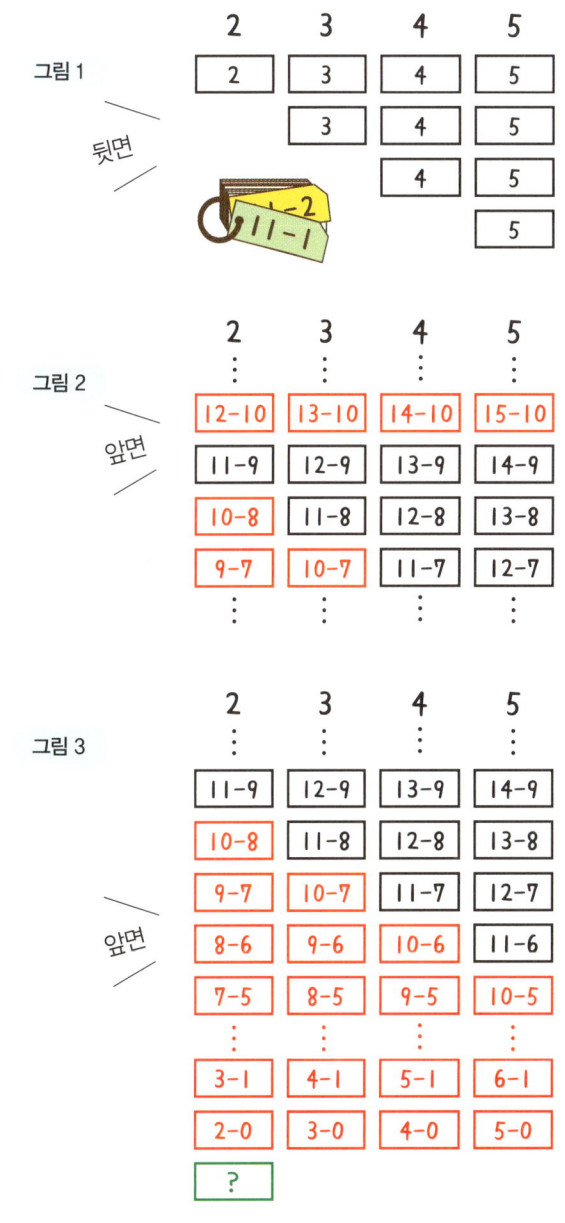

왜 '2−0' 아래가 '1+1'일까요? 그것은 '1−(−1)'이기 때문입니다. 중학교에서 배우는데, 이 식을 사용하면 더 아래나 왼쪽까지 표를 이을 수 있습니다.

카메라 삼각대는 왜 다리가 세 개?

교과서 4학년 1학기 2단원 각도

후쿠오카현 다가와군 가와사키초립 가와사키초등학교 | 다카세 다이스케

카메라 지지대

학교에서 기념 촬영을 할 때 사진사 아저씨가 사진을 어떻게 찍는지 떠올려 보세요. 카메라를 올린 다리 셋 달린 지지대를 본 적 있나요? 그 도구는 '삼각대'라고 합니다. 지지하는 다리가 3개라서 그런 이름이 붙었습니다.

교실이나 집 의자나 책상은 다리가 4개인데, 카메라 지지대는 왜 다리가 3개일까요? 다리 수가 적어서 흔들거리지 않을까요?

울퉁불퉁한 곳에서도 쓸 수 있어요

그림 1

의자나 책상은 평평한 면 위에 두고 사용합니다. 그런데 카메라의 '삼각대'는 밖에서 촬영할 때도 사용하기 때문에 울퉁불퉁하고 불안정한 땅 위에 두는 일도 생깁니다. 그럴 때는 다리가 셋이어야 더 좋습니다.(그림 1)

왜 다리를 3개로 하면 흔들거리지 않고 안정될까요? 예를 들어 길이가 다른 연필을 4개 세우고, 그 위에 깔개를 올리면 깔개에 닿지 않는 연필이 하나 생깁니다. 그 연필 하나가 흔들거리는 다리입니다.

한편 다리가 셋일 때는 길이에 상관없이 깔개를 비스듬하게 놓으면 세 다리에 딱 맞습니다.(그림 2) 따라서 다리 길이를 조절하기만 해도 다리 위에 평평한 표면이 생기지요.

그림 2

 책상이나 의자 말고 텐트, 사다리 등도 각각 사용하는 장소나 목적에 따라 다리 수가 정해져 있습니다. 주변에 있는 도구의 다리를 잘 살펴보세요.

일본 오키나와에서는 몸무게가 줄어드나요?

7월 27일

교과서 6학년 1학기 4단원 비와 비율

도쿄도 도시마구립 다카마쓰초등학교 | 호소가야 유코

지구의 자전에 따른 원심력

체중계에 올라 자신의 몸무게를 잰 적이 있겠지요. 사실 이 체중계는 북극에서 쟀을 때와 적도 부근에서 쟀을 때 조금씩 무게에 차이가 있습니다. 왜 그런 일이 생길까요?

지구의 자전 때문에 생기는 원심력 때문입니다. 원심력이란 빙빙 원 운동을 하는 사물이 받는 힘인데, 원의 중심에서 멀어지는 방향으로 작용합니다.(34쪽 참조) 회전 속도가 빨라질수록 원심력도 커집니다. 지구 모양을 원이라고 가정하여 생각해 보세요. 지구는 자전을 하기 때문에 적도 부근은 북극보다 회전 속도가 커서 더 큰 원심력이 작용한다고 볼 수 있습니다.(그림 1)

위치에 따라 중력이 달라요?

또한 지구상에 있는 물체에는 중력(지구가 사물을 끌어당기는 힘)이 있습니다. 중력은 지구상 모든 곳에서 똑같은 것이 아니라 원심력이 클수록 작아집니다.(그림 2)

즉 북극보다 적도 부근에서 중력이 작아집니다. 따라서 몸무게도 북극에서는 무겁고, 적도 부근에서는 가벼워집니다. 몸무게에 차이가 생기는 이유는 바로 이런 이유 때문이에요. 그런 현상은 남북으로 길다란 일본에서도 일어납니다. 홋카이도에서 잰 몸무게와 오키나와에서 잰 몸무게는 아주 적기는 하지만 차이가 납니다. 오키나와에 가서 체중계에 오르면 몸무게가 평소보다 줄어든대요. 신기하지요?

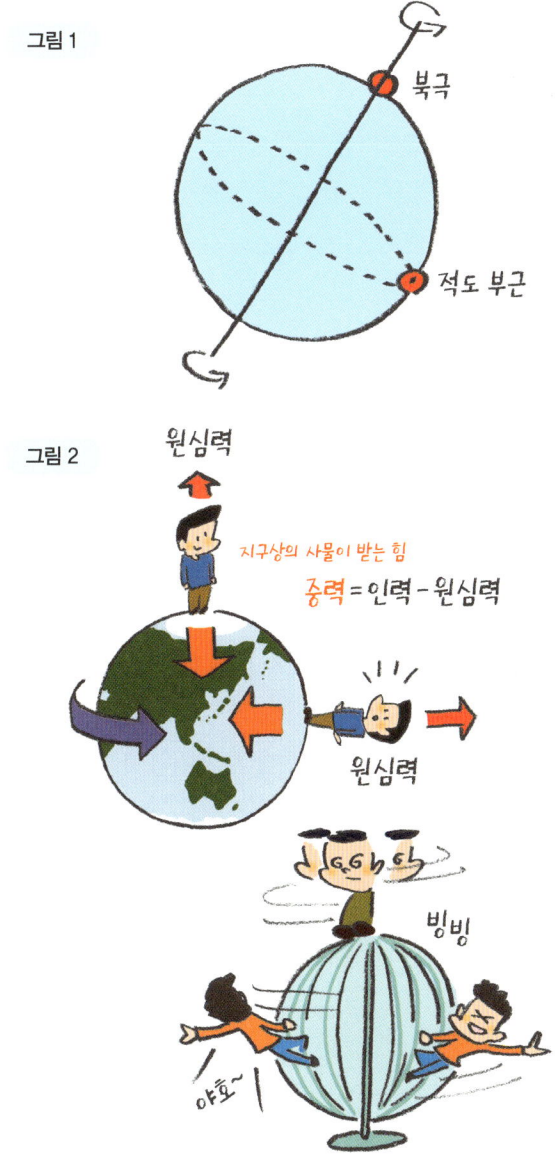

 체중을 측정하는 지역이 달라지면 체중계의 영점을 조정합니다.

종이비행기가 나는 시간은?

7월 28일

교과서 2학년 2학기 4단원 시각과 시간

가나가와현 가와사키시립 쓰치하시초등학교 | 야마모토 나오

종이비행기를 몇 초 날릴 수 있을까요?

색종이로 종이비행기를 만들어 본 적이 있는 친구들은 많을 거예요. 그런데 종이비행기를 날렸을 때 얼마나 오래 날았나요? 1분인가요, 30초인가요? 대부분은 10초도 되지 않아 땅에 떨어집니다.

10초라고 하면 아주 짧게 느껴지지만, 사실 종이비행기가 나는 시간치고는 꽤 길어요. 시간 감각은 신기하게도 무엇을 하고 있느냐에 따라 시간이 길게 느껴지기도 하고 짧게 느껴지기도 하지요. 수업이 30초 만에 끝나면 눈 깜짝할 새로 짧게 느껴집니다. 하지만 종이비행기를 30초 날릴 수 있으면 정말 길게 느껴질 거예요.

길다, 짧다는 때에 따라 달라요

사람의 감각이 반드시 정확하지는 않아요. 예를 들어 30분 동안 열심히 공부한 줄 알았더니 아직 15분밖에 지나지 않은 경우도 있는가 하면, 30분밖에 지나지 않은 줄 알았더니 벌써 1시간이 훌쩍 지나 있는 일도 있습니다. 그래서 시험이나 스포츠 경기 등 시간이 정해진 활동에서는 시간 측정이 정확한 시계나 스톱워치가 필요하답니다.

나도 수학자

시간 감각을 단련하는 방법은?

사람들은 대부분 매일 똑같이 반복하는 행동이 있습니다. 예를 들어 이를 닦을 때, 날에 따라 닦는 방법을 바꾸는 사람도 있지만, 대부분은 비슷한 방법으로 이를 닦지요. 그러면 자연스레 걸리는 시간도 비슷합니다. 아침에 일어난 후 세면대 앞에 있는 시간, 볼 일을 보는 시간, 아침 먹는 시간 등 거의 비슷한 시간이 걸립니다. 그리고 그것이 습관이 되면 아침에 일어나서 집을 나갈 때까지 걸리는 시간이 매일 똑같아져서 규칙적인 생활이 반복돼요. 이렇게 시간 감각이 단련되는지도 몰라요.

 매일 똑같은 일을 반복하는 사람은 시계를 보지 않아도 대략적인 시간을 안다고 합니다. 경험이 감각을 단련하는군요.

물을 세 종류 통으로 나눠 담아 보세요

교과서 3학년 2학기 5단원 들이와 무게

훗카이도교육대학부속 삿포로초등학교 | 다키가 히라유시

10L 통에 담긴 물을 어떻게 나눌까요?

물을 세 종류 통으로 나눠 담는 문제를 풀어 보세요. 15세기 프랑스에서 처음 알려졌다고 합니다.

'기름이 10L 통에 10L 들어 있습니다. 이 기름을 7L 통과 3L 통을 사용해서 5L씩 똑같이 나누려면 어떻게 해야 할까요?'(그림 1)

5L 통으로 나누면 간단하지요. 그러나 5L 통 없이 10L와 7L, 3L 부피가 다른 세 가지 통을 사용해서 나눠야 합니다. 정말 나눌 수 있을까요?

그림 1

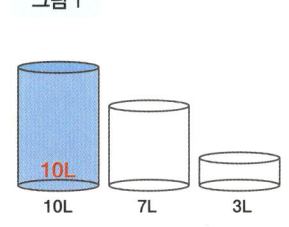

부피가 다른 통으로 나눠요

먼저 10L 통에서 3L 통으로 물을 3L 덜어 낸 다음 그 물을 7L 통에 옮기세요.(①, ②) 이를 두 번 반복합니다.

한 번 더 10L 통에서 3L 통으로 물을 3L 덜어 낸 다음 남은 물을 7L 통이 가득 찰 때까지 넣습니다. (⑤, ⑥) 7L 통에는 이미 6L가 들어 있기 때문에 1L 밖에 들어가지 못하네요.

다음으로 가득 찬 7L 통의 물을 모두 10L 통에 넣고, 3L 통에 든 물 2L를 7L 통에 옮깁니다.(⑦, ⑧)

한 번 더 10L 통에서 3L 통으로 물을 3L 덜어 냅니다.(⑨) 이것을 7L 통으로 옮기니 두 통에 각각 5L가 담겼습니다.(⑩)

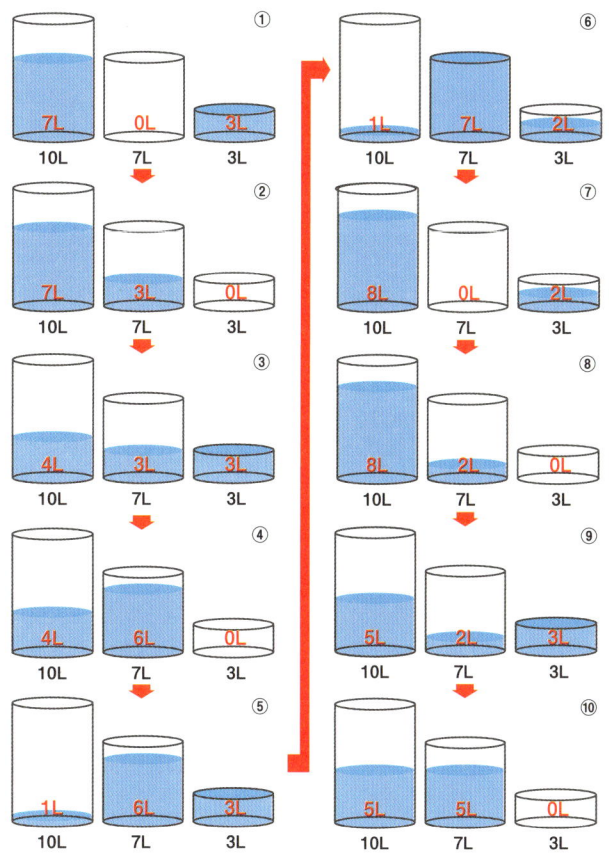

 위에서 소개한 방법은 10번의 작업을 거쳐야 하지요. 이 밖에도 처음에 7L 통을 사용하는 방법도 있습니다. 이렇게 하면 9번 만에 끝납니다. 꼭 도전해 보세요.

바다에서는 뜨기 쉬울까요?

교과서 6학년 1학기 6단원 직육면체의 겉넓이와 부피

도쿄도 도시마구립 다카마쓰초등학교 | 호소가야 유코

물 속에서 몸이 뜨는 이유

물속에 들어가면 몸이 가벼워져서 뜨는 느낌이 들지요. 이는 물이 사물을 뜨게 하는 힘(부력) 때문입니다. 수영장보다 바다에서 더 잘 뜬다고 느낀 적은 없나요? 그것은 물의 종류에 따라 부력에 차이가 있기 때문이에요. 수영장에서는 순수한 물을 쓰지만, 바닷물은 소금물입니다. 그럼 왜 순수한 물보다 소금물에서 더 잘 뜰까요?

그것은 밀도와 관련이 있습니다. 밀도란 $1cm^3$당 약 1g, 즉 $1g/cm^3$으로 나타냅니다. 그에 비해 바닷물은 약 $1.03g/cm^3$입니다. 부력은 '순수한 물(또는 바닷물)의 밀도 × 순수한 물(또는 바닷물) 안에 있는 물체의 부피'로 구할 수 있고, 단위는 'g중'으로 나타냅니다.

부력과 부피의 관계를 주목하세요

순수한 물과 바닷물에 각각 물체가 떠 있는데, 물속에 있는 부분의 부피가 같은 $1,000cm^3$라고 생각해 보세요. 순수한 물에서는 $1×1,000=1,000$g중의 부력이 작용하고, 바닷물에서는 $1.03×1,000=1,030$g중의 부력이 작용합니다.

물속에 있는 물체의 부피가 같을 때 밀도가 큰 바닷물에서 부력이 더 크게 작용한다는 사실을 알 수 있습니다. 순수한 물과 바닷물에 같은 물체가 떠 있을 때는 물속에 있는 부분의 부피가 바닷물이 더 적다는 뜻입니다. 즉, 물 밖에 나온 부분이 커지기 때문에 잘 뜬다고 느껴져요.

나도 수학자

뜰까요? 가라앉을까요?

물을 넣은 수조에 여러 가지 사물을 넣어 보세요. 무거워도 뜨는 것, 가벼워도 가라앉는 것이 있어요. 물건의 밀도가 물의 밀도($1g/cm^3$)보다 크면 가라앉고, 작으면 뜨지요. 예상하면서 확인해 보세요.

 서아시아의 요르단과 이스라엘 사이에는 '사해'라 불리는 소금 호수가 있어요. 사해의 물 밀도는 약 $1.33g/cm^3$이기 때문에 어떤 사람이라도 쉽게 뜰 수 있다고 합니다.(48쪽 참조)

한 자릿수로 100을 만드는 계산은?

교과서 1학년 2학기 1단원 100까지의 수

오차노미즈여자대학 부속초등학교 | 구가야 아키라

숫자 100을 만들어 봐요

그림 1에는 등호 왼편에 있는 숫자들 사이에 사칙연산 기호가 빠져 있습니다. 사칙연산 기호를 적절히 넣어 계산 결과가 100이 되도록 만들어 보세요. 이런 방식으로 식을 몇 가지 만들 수 있을까요? 최대한 많이 만들어 보세요.

100이 되는 식을 많이 찾았나요? 그럼 이번에는 +, − 계산 기호뿐 아니라 ×, ÷도 사용해서 생각해 보세요. 더 많은 식을 만들 수 있습니다.

바람이 이루어지길 기원하는 숫자 100

여러 설화와 민담에는 숫자 100이 등장합니다. 우리나라의 시초가 된 고조선을 세운 단군과 얽힌 이야기에는 사람이 되고 싶어 하는 곰과 호랑이가 나오지요. 천제 환인의 아들 환웅은 이들에게 동굴 속에서 햇빛을 보지 않고 쑥과 마늘만 100일 동안 먹으면 사람이 될 수 있다고 말합니다. 그러나 호랑이는 이 시련을 참지 못하고 뛰쳐나갔고, 곰은 100일 동안 견뎌 웅녀가 되었습니다. 웅녀는 환웅과 결혼하여 단군을 낳았고, 단군은 고조선을 세웠습니다. 이는 '단군 신화'로 불립니다.

민담에는 이런 이야기도 있습니다. 여우가 사람이 되기 위해 사람들의 간 100개를 먹으려고 예쁜 여자로 변신해 남자들을 유혹하지요. 하지만 마지막 1개를 먹지 못해 사람이 되지 못합니다. 단군 신화와 여우 이야기에서 보듯이 숫자 100은 바람을 이루기 위해 완성해야 하고, 기다려야 하는 숫자로 그려졌어요.

그림 1

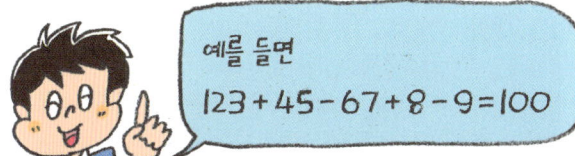

1부터 9까지 숫자가 있습니다. 이들을 구분하여 +나 − 기호를 넣어 정답이 100이 되도록 식을 만들어 보세요.

예를 들면
$123+45-67+8-9=100$

예를 들면
$1+2+3×4-5-6+7+89$
$1+2×3+4×5-6+7+8×9$

🔍 100을 만드는 계산 놀이를 할 때는 예를 들어 '9 8 7 6 5 4 3 2 1'과 같이 숫자 배열을 다르게 하거나 정답이 99가 되도록 하는 등 직접 문제를 바꿔서 도전해 봐도 재미있어요.

물에 가라앉는 신기한 얼음

컵 안의 액체는 물이 아니라고요?

위 사진을 보세요. 컵 안에 얼음이 가라앉아 있습니다. 녹차나 주스에 얼음을 넣으면 보통은 물에 뜨던데 신기하지요? 이 얼음이 특별한 걸까요? 아니요, 사실 컵에 든 것은 물이 아니라 식용유입니다. 속았지요?

물체에는 무겁고 가벼운 것이 있습니다. 그것을 결정하는 것이 물체의 '밀도'예요. 물의 밀도는 1. 이것을 기준으로 무거운지 가벼운지 비교합니다. 얼음의 밀도는 약 0.92이기 때문에 물보다 가볍지만, 0.91인 식용유보다는 무겁기 때문에 위 사진과 같은 현상이 일어나요.

염분이 있는 바닷물은 일반 물보다 밀도가 크기 때문에 사람의 몸도 잘 뜹니다. 중동에는 사람이 둥둥 떠서 책을 읽을 수 있을 정도로 염분이 높은 '사해'라는 호수가 있습니다.

⊙자료 : 무라카미 유키토, 호소미즈 야스히로

8월

학교에서 운동회가 열리면 반 대항 줄다리기를 하곤 하지요? 두 반씩 경기를 한 후, 이긴 반끼리 또 경기를 벌여 마지막에 이기는 반이 최종 우승을 거머쥡니다. 이런 방식으로 경기하는 것을 토너먼트 방식이라고 하지요. 축구나 야구 등에서도 흔히 쓰여요. 그러면 100팀이 우승 팀을 가리려면 몇 번 경기해야 할까요? 한번 규칙을 알아보세요.

➜ 8월 7일 56쪽

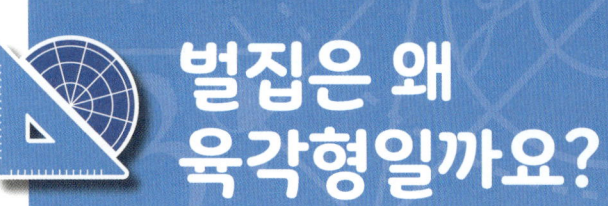

벌집은 왜 육각형일까요?

8월 1일

교과서 4학년 1학기 2단원 각도

오오이타현 오오이타시립대 니시초등학교 | 니노미야 다카아키

규칙 바른 벌집 모양

여러분은 벌집을 본 적 있나요? 벌집은 벌이 분비하는 밀랍이나 타액으로 만들어요. 벌집 안에는 많은 방이 있는데, 그 방에서 유충을 기르거나 벌꿀을 보관합니다.

방 입구 모양을 자세히 보면 정육각형이에요. 게다가 그 육각형이 일정하게 촘촘히 차 있습니다. 벌집을 그런 모양으로 만든 이유가 있을까요?

정육각형으로 만들면 좋은 이유

먼저 정육각형은 평면에 빈틈없이 깔아 채울 수 있는 도형입니다. 물론 이것은 정육각형뿐 아니라 삼각형이나 사각형도 가능하지요. 하지만 육각형으로 만든 구조는 삼각형으로 만든 구조보다 탄성이 훨씬 훌륭합니다. 외부에서 힘이 가해졌다가 사라지면 본래의 모양으로 쉽게 돌아갈 수 있어요. 또한 육각형은 빽빽이 채울 수 있는 도형 중에서 가장 공간을 넓게 차지할 수 있습니다.

꿀벌이 집을 만드는 작업은 아주 힘든 일이에요. 정육각형으로 구조를 만들면 다른 도형의 구조로 만드는 것보다 더 빠르고 튼튼한 집을 만들 수 있답니다.

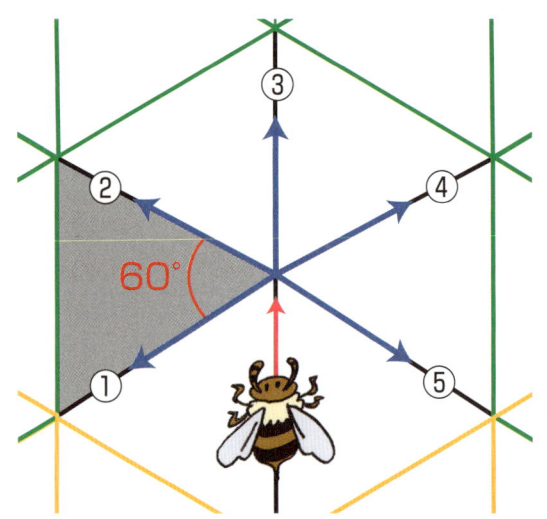

초록색 선으로 된 벽을 하나 만든 다음에 방을 완성하려면 삼각형은 5개 화살표 방향, 육각형은 2개 노란 선 방향으로 더 움직여 벽을 만들어야 합니다. 벌집 구조를 육각형으로 만드는 것이 더 효율적이네요.

나도 수학자

우리 주변의 정육각형

정육각형이 빽빽이 들어찬 모양은 아주 튼튼합니다. 이와 같은 모양을 '벌집 구조'(허니콤 구조)라고 부르지요. 이 구조는 KTX 앞부분이나 비행기 날개 등에도 쓰인답니다.

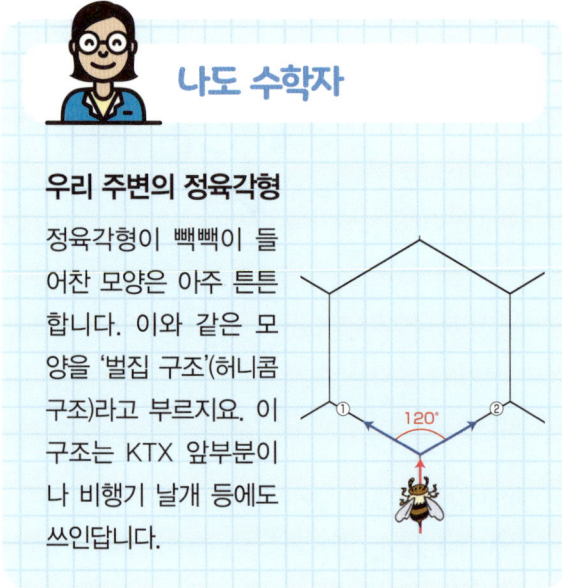

 평면을 빈틈없이 깔아서 채울 수 있는 정다각형에는 정삼각형, 정사각형, 정육각형이 있습니다. 도형마다 내각 하나는 정삼각형이 60°, 정사각형이 90°, 정육각형이 120°이며, 모두 360°를 나누어떨어지게 할 수 있는 숫자이지요.

날짜와 단어에 숨은 숫자를 찾아라

8월 2일

교과서 1학년 2학기 1단원 100까지의 수

/ / /

후쿠오카현 다가와군 가와사키초립 가와사키초등학교 | 다카세 다이스케

홀수가 반복되는 음력 날짜는?

우리 생활 곳곳에는 수학이 숨어 있어요. 달력에서 세시 풍속이 적힌 날짜를 찾아보세요. 달력 숫자 밑에 조그맣게 적힌 숫자를 보면 돼요. 음력 날짜이지요. 그중 1월 1일은 설날이고, 3월 3일은 삼짇날, 5월 5일은 단오, 7월 7일은 칠석, 9월 9일은 중구일입니다. 그런데 이렇게 예시로 든 날을 살펴보면 홀수가 반복된다는 사실을 알 수 있어요. 예부터 홀수는 길하다고 여겨서 홀수가 두 번 들어간 날을 중요한 날로 기념해 왔답니다.

예를 들어 볼까요? 삼짇날(음력 3월 3일)은 '강남 갔던 제비가 돌아오는 날'이라고도 해요. 봄에 접어드는 시기의 날로 사람들은 산과 들에서 전을 부쳐 먹고 떡을 만들어 먹었습니다.

단오(음력 5월 5일)는 초여름의 계절로 창포 삶은 물에 머리 감기, 그네뛰기 같은 민속놀이를 행하고, 굿을 하는 등 단오제를 하기도 했어요.

중구일(음력 9월 9일)은 중구는 숫자 9가 겹쳤다는 뜻입니다. 조선 시대 세종 때 명절로 공인했어요. 하지만 농민들이 바쁜 시기였기 때문에 중구일보다 추석, 대보름 같은 보름 명절이 더 성대했대요.

숫자가 숨은 단어 찾기

단어에도 숫자가 숨어 있어요.

- 백족지충(百足之蟲) → 100
  다리가 많이 달린 곤충은 백이라는 숫자를 사용해 이름을 나타냈습니다. 발이 많은 그리마, 노래기, 지네 따위의 벌레를 뜻해요.
- 쌍꺼풀 → 2
  눈 위에 한 겹이 더 파여 이중으로 보이는 눈꺼풀입니다.
- 이인삼각(二人三脚) → 2, 3
  두 사람이 나란히 서서 서로 맞닿은 쪽의 발목을 묶어 세 발이 된 것처럼 함께 뛰는 경기를 말합니다.

나도 수학자

한자 사전을 펼쳐 보세요

일, 십, 백, 천 등 숫자를 나타내는 말을 한자 사전으로 찾아보세요. 그러면 숫자가 붙은 단어와 고사성어가 많이 나올 거예요. 예부터 사람은 숫자를 셀 때뿐 아니라 단어를 만들 때도 쓰면서 생활해 왔습니다.

숫자를 단어에 사용하니 뜻을 알기 쉬워서 생활이 편리해졌어요. 여러분도 모르는 새에 숫자가 숨겨진 말을 사용하고 있을지도 몰라요. 단어에 가장 많이 쓰이는 숫자는 몇일까요?

속담과 사자성어에 숨은 숫자를 찾아라

교과서 1학년 1학기 1단원 9까지의 수 심화

8월 3일

/ / /

후쿠오카현 다가와군 가와사키초립 가와사키초등학교 | 다카세 다이스케

숫자가 들어 있는 속담은?

속담이나 사자성어는 예부터 사람들이 써 온 말입니다. 여기에도 숫자가 많이 숨어 있어요.

- **1이 숨은 말**
  백문이 불여일견. 한 치 앞이 보이지 않는다. 아홉 번 죽을 뻔하다 한 번 살아난다.(구사일생) 천 리 길도 한 걸음부터. 하나를 알면 열을 안다. 한 귀로 흘리다.

- **2가 숨은 말**
  둘도 없다. 하나만 알고 둘은 모른다. 토끼 둘을 잡으려다가 하나도 못 잡는다.

- **3이 숨은 말**
  서당 개 삼 년이면 풍월을 읊는다. 큰 집이 기울어도 삼 년 간다. 좋은 말도 세 번 하면 듣기 싫다. 결심이 삼 일을 가지 못한다.(작심삼일)

- **그 외 숫자가 숨은 말**
  다섯 손가락 깨물어서 아프지 않은 손가락이 없다. 발 없는 말이 천 리 간다.

작은 수부터 큰 수까지 많은 숫자가 숨어 있네요.

숫자가 숨은 사자성어는?

이번에는 숫자가 숨은 사자성어를 볼까요?

- **숫자가 숨은 사자성어**
  십인십색(十人十色), 일석이조(一石二鳥), 칠전팔기(七顚八起), 삼삼오오(三三五五), 천하일품(天下一品) 등이 있어요.

그 밖에도 숫자를 사용한 속담이나 사자성어는 아주 많습니다. 어떤 숫자가 어떤 뜻으로 쓰였는지 알아보면 재미있어요.

나도 수학자

숫자 단어를 만들어서 맞히기 놀이

직접 숫자를 활용해 단어를 만들어 보세요. 예를 들면 이런 것이 있겠네요. 칠기구침(七起九寢) : 7시에 일어나서 9시에 자다. 네시네끼(四時네끼) : 아침, 점심, 저녁, 야참. 일월만원(一月만원) : 한 달 용돈은 만 원. 이처럼 숫자를 넣은 사자성어를 만들어 친구와 뜻 맞히기 놀이를 하면 재미있을 거예요.

여기에서 소개한 속담이나 사자성어의 뜻을 알겠나요? '백문이 불여일견'은 "백 번 듣는 것이 한 번 보는 것만 못하다"라는 뜻입니다. 모르는 말은 사전을 찾아서 정리해 보세요.

2. 상자를 높게 쌓아올려요

8월 4일

교과서 6학년 1학기 1단원 각기둥과 각뿔

가나가와현 가와사키시립 쓰치하시초등학교 | 야마모토 나오

어떤 상자 모양이 좋을까요?

상자에도 여러 가지 모양이 있습니다. 여러 가지 모양의 상자를 모아서 높게 쌓아 보세요. 어디까지 쌓을 수 있을까요? 높아질수록 균형이 깨져서 흔들흔들 무너지기 쉬워집니다. 어떤 모양의 상자를 얼마나 쌓으면 더 높게 쌓을 수 있을까요?

이 세상에는 네모난 상자가 많아요

상자를 모아 보면 윗면과 아랫면의 모양이 삼각형이나 육각형, 원 등 여러 가지이지만, 주로 사각형으로 된 상자가 많습니다. 이 모양은 위로 높이 쌓아올리기에 가장 적합합니다. 모든 면이 직사각형이나 정사각형인 상자는 모서리가 모두 직각이기 때문에 아무리 쌓아도 땅과 수평을 이루며 기울어지지 않습니다. 그래서 그림과 같이 높게 쌓아 올렸을 때도 흔들리지 않게 잘 세울 수 있습니다. 상품을 많이 진열하는 가게에서는 이렇게 상품을 네모난 상자로 포장해 쌓아 놓은 경우가 많아요. 여러분도 네모난 상자를 많이 모아서 높이 쌓아 보세요.

나도 수학자

윗면과 아랫면이 사각형이 아니어도 높이 쌓을 수 있을까요?

직사각형이나 정사각형으로 된 면이 아니어도 기둥 모양이나 통 모양이면 높이 쌓아올릴 수 있어요. 윗면과 아랫면이 평행으로 된 모양이면 높게 쌓을 수 있지요.

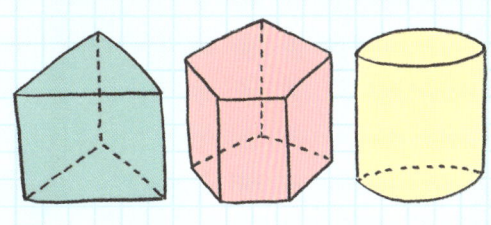

🔍 모든 면이 직사각형이나 정사각형으로 된 상자 모양을 '직육면체'라고 합니다. 주사위처럼 모든 면이 정사각형으로 된 상자는 '정육면체'라고 하지요.

하계 올림픽이 열리는 해 구분법

교과서 3학년 2학기 2단원 나눗셈

시마네현 이이난초립 시시초등학교 | 무라카미 유키토

4년에 한 번에서 2년에 한 번으로

올림픽이 열리던 초창기에는 동계와 하계 모두 4년에 한 번씩 같은 해에 열었어요. 그런데 여러 가지 이유로 1990년대 중반부터는 2년마다 동계 올림픽과 하계 올림픽을 한 번씩 번갈아 열기 시작했습니다. 각각 따져 보면 동계 올림픽과 하계 올림픽 모두 4년에 한 번씩 여는 것은 여전하네요. 2017년을 기준으로 전후 개최 일정을 살펴볼까요?

- **하계 올림픽** : 2016년 브라질 리우데자네이루, 2020년 일본 도쿄, 2024년 프랑스 파리, 2028년 미국 LA ….
- **동계 올림픽** : 2010년 캐나다 밴쿠버, 2014년 러시아 소치, 2018년 대한민국 평창, 2022년 중국 베이징 ….

올림픽 중에서도 하계 올림픽이 열린 해를 살펴보니 모든 해가 다 4로 나누어떨어지네요. 계산을 하지 않으면 모르겠다는 친구를 위해 4로 나누어떨어지는지 구분하는 법을 소개하지요.

뒤의 두 자리가 핵심이에요

100은 4로 나누어떨어집니다. '100÷4=25'로 나머지가 생기지 않지요. 그 말인즉슨, 100의 2배인 200, 3배인 300, 그리고 900이나 1,000, 2,000도 4로 나누어떨어진다는 뜻입니다. 따라서 100보다 작은 수만 보면 됩니다. 2,012는 뒤 두 자리인 12가 4로 나누어떨어집니다. 2,000은 4로 나누어떨어지니까 두 수를 더한 2,012도 나누어떨어지지요.

1,992는 어떨까요? 1,900은 나누어떨어지니 생각하지 않아도 좋아요. 뒤의 두 자리인 92가 나누어떨어지는지 확인하면 됩니다. 이것도 나누어떨어지네요. 아무리 큰 수라도 뒤의 두 자리만 보면 4로 나누어떨어지는지 알 수 있습니다. 같은 방법으로 생각하면, 나누는 수가 달라도 나누어떨어지는지 확인하는 방법을 찾을 수 있어요.

 이 방법을 이용하면 아래 세 자리가 000인 수(예를 들어 1,000이나 97,000 등)는 2, 4, 5, 8로 나누어떨어집니다. 그 밖에 다른 수로 나누어떨어지는지 확인하는 법은 55쪽을 보세요.

3으로 나누어떨어지는 수는?

8 / 6일

교과서 3학년 2학기 2단원 나눗셈

시마네현 이이난초립 시시초등학교 | 무라카미 유키토

곱셈구구 3의 단을 보세요

8월 5일 이야기에서는 4로 나누어떨어지는 수를 확인하는 법을 중심으로 이야기했습니다. '그럼 3이나 6, 7, 9로 나누어떨어지는 수는 없어요?' 하는 질문이 들릴 듯하네요. 그래서 오늘은 3으로 나누어떨어지는 수를 어떻게 확인하는지 알아볼게요. 먼저 3으로 나누어떨어지는 수를 곱셈구구 3의 단을 바탕으로 나열해 보세요.

3, 6, 9, 12, 15, 18, 21, 24, 27, 30, 33, 36, 39, 42, 45, 48, 51, 54, 57, 60, 63, 66, 69···.

숫자들을 잘 보세요. 특이한 점 없나요? 어려우니 힌트 하나 줄게요. 일의 자릿수와 십의 자릿수를 나눠서 더해 보세요. 예를 들어 12는 십의 자릿수인 1과 일의 자릿수인 2로 나눠서 더하면 3이지요. 이런 식으로 숫자를 순서대로 표현하면,

(3), (6), (9), 3, 6, 9, 3, 6, 9, 3, 6, 9, 12, 6, 9, 12, 6, 9, 12, 6, 9, 12, 15···.

어떤가요? 모두 3으로 나누어떨어지는 수가 나왔네요. 이것은 이 수들보다 더 큰 수에서도 적용됩니다. 따라서 각 자릿수를 모두 더해서 3으로 나누어떨어지는지 확인하면 됩니다.

자릿수가 큰 숫자는?

그럼 '1,876만 3,502'는 3으로 나누어떨어질까요? 1+8+7+6+3+5+0+2를 계산하기란 정말 귀찮지요. 그래서 그림 1과 같은 방법을 쓰면 큰 수일지라도 빨리 계산할 수 있어요.

왜 이 방법을 썼을 때 3으로 나누어떨어지는 수를 구분할 수 있는지는 중학교 때 배웁니다. 재미있겠지요? 9와 6으로 나누어떨어지는 수를 구분하는 방법은 그림 2를 보세요.

그림 1

그림 2

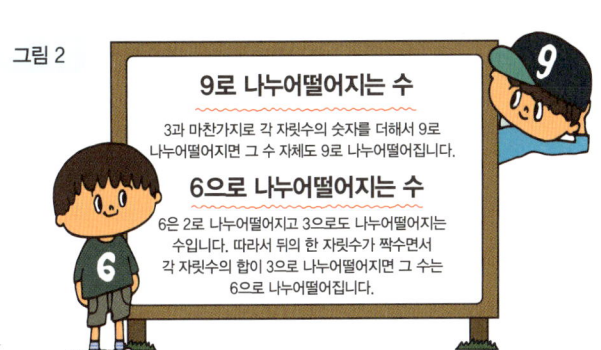

한 자릿수의 숫자로 나누어떨어지는지 확인하는 방법은 여기서 끝입니다. '어, 7이 없는데요?' 하고 생각한 친구도 있겠지요. 7로 나누어떨어지는 수를 확인하는 방법은 조금 어렵지만 있습니다. 찾아보세요.(30쪽 참조)

55

토너먼트 시합은 모두 몇 번 열릴까요?

교과서 6학년 2학기 6단원 여러 가지 문제

오차노미즈여자대학 부속초등학교 | 구가야 아키라

고교 야구는 몇 시합이 열릴까요?

여름방학이 되면 고교 야구 대회가 시작되어 매일 뜨거운 시합이 펼쳐져요. 이 야구 대회에서는 토너먼트 방식으로 시합을 펼쳐 우승 팀을 가립니다. 오늘은 이 토너먼트 방식으로 시합을 했을 때 참가 팀 수와 시합 수의 관계를 생각해 보겠습니다.

예를 들어 여덟 팀이 참가해서 토너먼트를 펼칩니다. 동점은 없이 반드시 시합에서 승패가 결정된다고 생각해 보세요. 우승 팀이 가려지기 전까지 몇 시합이 열릴까요? 여덟 팀이 참가하면 그림 1과 같은 토너먼트를 생각할 수 있습니다. 세어 보면 일곱 시합이 열린다는 사실을 알 수 있어요.

팀 수와 시합 수의 관계

참가 팀 수와 시합 수의 관계는 어떨까요? 참가 팀 수가 8일 때, 시합 수는 7이었습니다. 예상이 되나요? 어떤 것을 생각할 때 적은 수로 생각해서 관계를 파악하면 쉬워요.

예를 들어 두 팀이라면(토너먼트라고 해도 좋을지 모르겠지만), 한 시합으로 우승이 가려집니다. 세 팀이라면 시합 두 번, 네 팀이라면 시합 세 번으로 우승팀이 결정되지요.(그림 2) 그럼 다섯 팀은 어떨까요? 맞습니다. 시합 네 번이지요. 참가 팀 수에서 1을 뺀 수, 즉 '참가 팀 수−1'이 시합 수가 된다는 사실을 알 수 있습니다.

그림 1

◯ : 시합

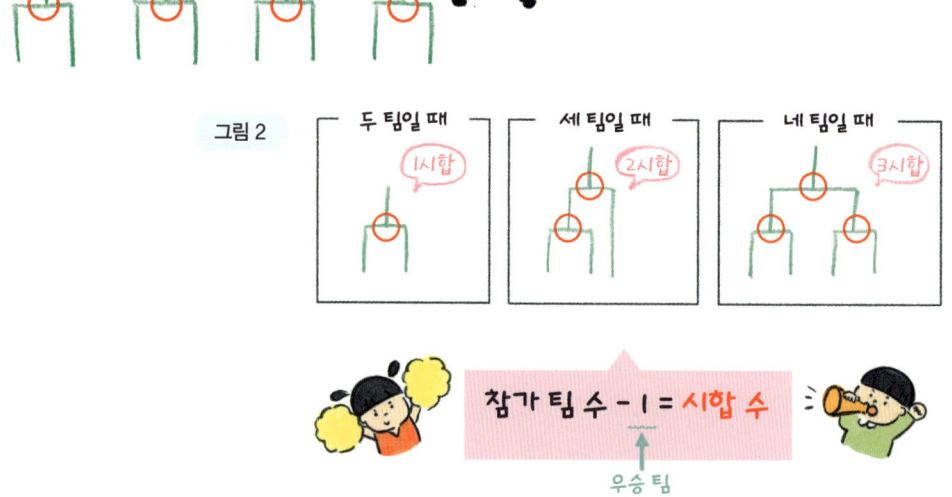

 100팀이 참가해서 토너먼트 방식으로 우승을 결정합니다. 비기는 시합이 없다고 했을 때, 시합은 몇 번 열릴까요? 정답은 99번입니다. 시합 수(99시합)=진 팀 수(99팀)예요.

주판으로 1부터 순서대로 더하면?

교과서 2학년 1학기 3단원 덧셈과 뺄셈

리쓰메이칸초등학교 | 다카하시 마사히데

주판으로 계산해 봐요

요즘 초등학생들 사이에서는 영어나 피아노, 수영 학원이 인기일까요? 옛날에는 초등학생들 사이에서 주산 학원이 큰 인기를 누렸습니다. 반에서 절반 이상 다녔던 시기도 있었지요.

요즘 복잡한 계산은 계산기로 하기에 주산 학원을 거의 찾아볼 수 없지만 주판을 직접 만져 보면 재미난 숫자의 세계를 알 수 있어요.

예를 들어 1부터 10을 더하면 55가 된다는 사실, 여러분도 알고 있지요? 그런데 그것이 주판에서는 5의 값을 갖는 위의 알 2개가 나란히 옵니다. 주판을 하면 보거나 튕길 때 시원한 기분도 들고 재미가 샘솟아요.

실수하지 않도록 신중하게 더하면 1부터 24까지 더했을 때 딱 300, 36까지는 666, 44까지는 990이라는 딱 떨어지는 숫자가 나옵니다.

55!

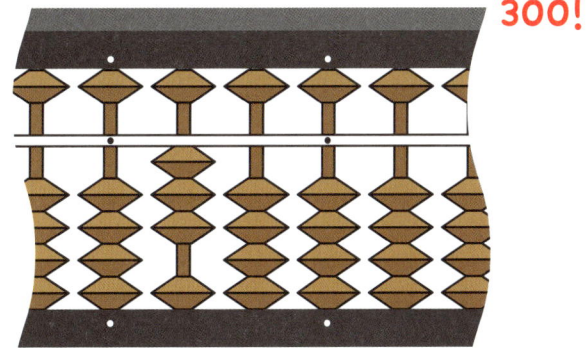

300!

666!

🔍 66이나 77이나 95를 더했을 때도 재미있는 경험을 해 볼 수 있을 테니 직접 해 보세요. 그리고 마지막으로 100을 넣으면…. 집에 주판이 있는 친구는 이 재미를 꼭 직접 느껴 보세요.

마라톤 거리 42.195km를 재는 법

교과서 5학년 2학기 5단원 여러 가지 단위

8월 9일

도쿄도 도시마구립 다카마쓰초등학교 | 호소가야 유코

왕비의 주문으로 거리를 변경했다고요?

42.195라는 수를 들어 본 적 있나요? 그렇습니다. 육상 경기 중 하나인 풀 마라톤에서 달리는 거리입니다. 현재 풀 마라톤 거리는 42.195km로 정해져 있는데, 옛날에는 대회에 따라 달라서 약 40km였습니다.

이는 제4회 런던 올림픽(1908년)을 계기로 통일되었습니다. 당초에 국왕이 사는 윈저성에서 셰퍼드 부시 경기장까지 26마일(41.843km)로 경기를 하기로 했습니다. 그러나 알렉산드라 왕비가 '출발 장면을 보고 싶으니 출발은 궁전, 도착은 경기장 관람석 앞으로 하라'고 주문했기 때문에 385야드(352m) 연장되었고, 그 결과 42.195km가 되었다고 합니다.

마라톤 거리를 어떻게 잴까요?

거리를 측정하는 데 사용하는 계측기로는 수동식 굴렁쇠, 강철자, 위성을 활용하는 GPS 등 다양한 방법이 있습니다. 오늘날 대한육상경기연맹에서는 '자전거 회전 측정기법'을 권장하고 있어요. 이는 경기용 자전거 앞바퀴에 측정 기계를 부착하고 마라톤 코스를 달려 바퀴의 회전 수로 거리를 측정하는 방법입니다.

그런데 그러면 측정하는 사람이나 날씨에 따라 회전 수가 달라질 수 있겠지요? 그래서 측정하는 사람의 체중이나 온도를 고려해 오차를 줄인대요. 한 번 만에 끝나는 것이 아니라 두 번을 측정하고, 측정도 아무나 할 수 있는 것이 아니래요. 국제육상경기연맹에서 측정 전문가가 반드시 측정을 해야 한다고 하니, 마라톤 대회는 준비부터 쉽지 않네요.

나도 수학자

도란도 피에트리의 비극

1908년 런던 올림픽 마라톤에서 가장 처음 경기장에 도착한 선수는 이탈리아의 도란도 피에트리 선수였습니다. 그런데 도착점에 거의 다 와서 쓰러져 진행 요원의 부축을 받고 골인했기 때문에 실격 처리되었습니다. 그래서 '도란도의 비극'이라고 불려요. 그러나 그 노력은 많은 사람들에게 감동을 주었다고 칭송받았습니다.

 마라톤에는 하프 마라톤(21.0975km)이나 쿼터 마라톤(10.54875km) 등도 있습니다. 하프는 $\frac{1}{2}$, 쿼터는 $\frac{1}{4}$이라는 뜻입니다.

비둘기 숨바꼭질 퍼즐

8 10일

교과서 4학년 1학기 6단원 규칙 찾기

오오이타현 오오이타시립대 니시초등학교 | 니노미야 다카아키

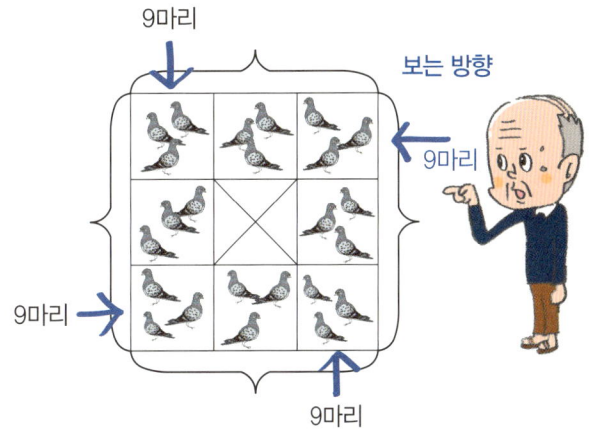

몰래 도망간 비둘기

세계 각지에 전해진 재미난 퍼즐이 있어서 소개하겠습니다. 비둘기를 많이 기르는 어떤 사람 이야기입니다. 비둘기 주인은 매일 비둘기장에 가서 비둘기가 잘 있는지 확인했습니다. 어떻게 확인했냐면, 방을 하나씩 모두 보는 것이 아니라 오른쪽 그림처럼 네 방향에서 보고 각각 아홉 마리씩 있는지 셌습니다. 여기서 문제 나갑니다.

■ 문제 1

어느 날 비둘기 4마리가 몰래 도망갔습니다. 평소처럼 비둘기 주인은 네 방향에서 보고 각각 9마리가 있는지 셌는데, 4마리가 없어졌다는 사실을 알아차리지 못했습니다. 이때 비둘기는 비둘기장의 각 방에 몇 마리씩 있었을까요?

조용히 비둘기 수가 늘어나요?

■ 문제 2

비둘기는 아주 영리한 새라서 어딘가로 날아가도 다시 돌아옵니다. 어제 도망간 비둘기도 어느새 돌아왔는데, 이번에는 비둘기 친구 4마리를 데리고 왔습니다. 이 날도 비둘기 주인은 네 방향에서 각각 9마리 있는지 셌습니다. 그런데 원래 숫자보다 4마리 늘어났다는 사실을 알아차리지 못했습니다. 이때 비둘기는 비둘기장의 각 방에 몇 마리씩 있었을까요? 정답은 돋보기에 있어요.

나도 수학자

무엇을 단서로 생각할까요?

첫 번째 그림의 수 배치를 보세요. 네 모서리를 한 번씩 더 세게 되지요. 네 방향에서 각각 9마리를 세지만, 비둘기는 사실 9×4=36마리나 있지 않습니다. 네 모서리를 세는 방법에 눈을 돌리면 정답이 보여요.

 문제 1의 정답은 오른쪽 위부터 시계 방향으로 4, 1, 4, 1, 4, 1, 4, 1입니다. 문제 2의 정답은 오른쪽 위부터 시계 방향으로 2, 5, 2, 5, 2, 5, 2, 5입니다. 두 문제 모두 다른 정답도 있습니다.

공기 때문에 나무젓가락이 부러진다고요?

8월 11일

교과서 5학년 1학기 5단원 다각형의 넓이 심화

도쿄도 도시마구립 다카마쓰초등학교 | 호소가야 유코

나무젓가락으로 해 봐요

공기가 누르는 힘 때문에 나무젓가락이 부러질 수 있습니다. 그 원리가 무엇인지 실험으로 알아볼까요? 과학 실험과 수학은 아주 밀접하답니다.

우선 나무젓가락 하나(한 쌍을 두 개로 쪼갠 것)를 책상 위에 절반 정도만 올라가도록 걸쳐 놓습니다. 나무젓가락 가운데를 손으로 내리치면 젓가락은 부러질까요? 부러지지 않지요. 하지만 신문지를 사용하면 젓가락이 부러지게 할 수 있어요. 신문지를 책상 위에 올려놓은 젓가락 부분에 펼쳐서 씌웁니다. 이때 젓가락과 신문지 사이에 간격이 생기지 않도록 놓는 것이 중요합니다. 책상과 신문지 사이도 마찬가지예요. 이 상태에서 젓가락을 재빠르게 손으로 내려치면 젓가락이 부러집니다. 직접 할 때는 젓가락이 튀어 오를지도 모르니 조심하세요.

보이지 않는 공기의 힘

신문지처럼 가벼운 것을 올렸을 뿐인데 나무젓가락이 부러지다니, 믿을 수 없네요. 그 이유는 앞에서 말한 대로 대기압의 힘 때문입니다. '대기압'이란 간단히 말하자면 공기가 사물을 누르는 힘입니다. 이 힘은 $1cm^2$당 약 1kg이지요. 신문지를 펼친 넓이는 약 55cm×80cm이므로 약 $4,400cm^2$, 즉 4,400kg의 힘으로 나무젓가락을 누르고 있다는 뜻입니다. 그렇게 큰 힘으로 나무젓가락을 누르고 있기 때문에 부러지는 것이지요. 신문지를 절반으로 접으면 $2,200cm^2$로 2,200kg, 또 절반으로 접으면 $1,100cm^2$로 1,100kg…. 이렇게 나무젓가락을 누르는 면적을 작게 하면 누르는 힘도 점점 작아집니다.

나도 수학자

사람도 눌려 있어요?

사람의 몸도 $1cm^2$당 약 1kg의 힘으로 눌려 있습니다. 그러나 사람도 공기를 같은 힘으로 반대 방향으로 누르고 있어서 평소에 눌려 있다는 느낌을 받지는 않아요.

 주의하세요! 신문지와 나무젓가락 사이에 공간이 생기면 신문지가 나무젓가락을 누르지 않습니다. 나무젓가락이 생각지 못한 방향으로 튀어 오를 수도 있으니 주변 사물이나 몸을 조심하세요.

누가 가위바위보를 잘할까요?

교과서 6학년 1학기 4단원 비와 비율

가나가와현 가와사키시립 쓰치하시초등학교 | 야마모토 나오

가위바위보를 잘하는 사람은 누구?

가위바위보를 할 때 왠지 이길 것 같을 때도 있고, 질 것 같아서 자신감이 없을 때도 있습니다. 가위바위보에 잘하고 못하는 기준이 있을까요? 가위바위보에서는 이기거나 지거나 비기는 세 가지 결과가 있기 때문에 한 번 겨루었을 때 이길 가능성은 $\frac{1}{3}$입니다.

그러나 비겼을 때는 한 번 더 해야 한다는 규칙 때문에 둘이서 가위바위보를 할 때는 마지막에 반드시 승자가 나오므로 이길 가능성은 $\frac{1}{2}$입니다. 그렇다면 여러 번 가위바위보를 했을 때 절반보다 많이 이기면 잘하는 사람, 절반보다 많이 지면 못하는 사람이라고 말할 수 있겠네요.

횟수가 달라도 비교할 수 있을까요?

예를 들어 10번 가위바위보를 했는데 6번 이긴 정우와 8번 했는데 5번 이긴 유리 중 누가 더 잘한다고 할 수 있을까요? 이때는 이긴 횟수만 따지면 정우가 더 잘한다고 말할 수 있습니다. 그러나 그대로 80번을 했다고 치면 정우는 8배인 48번 이기고, 유리는 10배인 50번 이기게 됩니다. 그렇다면 유리가 더 잘한다고 할 수 있겠네요.

'잘한다'를 숫자로 표현하려면 어떠한 법칙(조건)이 필요하겠지요. 그 조건을 정리해서 생각하는 데도 수학이 쓰입니다.

나도 수학자

스포츠 세계에서는 어떻게 표현할까요?

야구에서는 타격한 횟수(타수) 중 안타를 친(안타수) 비율을 '타율'이라고 부릅니다. 프로 야구에서는 타율이 가장 좋은 사람을 타격 왕으로서 표창하는데, '규정 타석수'라는 것이 있습니다. 이는 표창 대상에 오르기 위해 필요한 최소 타석수를 말합니다. 이러한 규정이 없으면 우연히 타석에 한 번 서서 안타를 친 사람이 타격 왕으로 뽑히겠지요.

 축구에서도 슈팅한 횟수 중 골 넣은 수를 '결정률'이라고 부르며 슛을 얼마나 잘 넣는지 표현합니다. 이러한 확률은 다른 경기에서도 많이 사용하지요.

가위나 테이프를 쓰지 않고 정사면체를 만들어요

8월 13일

교과서 6학년 1학기 1단원 각기둥과 각뿔

시마네현 이이난초립 시시초등학교 | 무라카미 유키토

정삼각형 종이로 입체 도형을 만들 때는 종이를 자르거나 붙이면서 만드느라 힘듭니다. 자르거나 붙이는 대신 종이를 접기만 해도 정사면체를 만들 수 있는 방법을 알아볼까요?

준비물
▶ 도화지

정삼각형을 만들어요

도화지를 한 장 준비합니다. 도화지를 접어서 정삼각형을 만들 거예요.

먼저 도화지를 가로로 반 접습니다.

 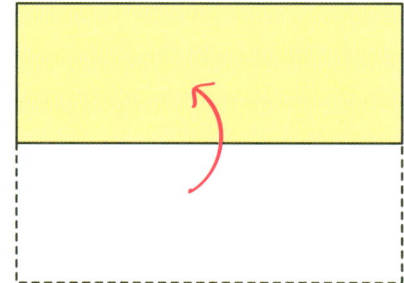

또 반으로 접습니다.

방금 접은 부분을 펼칩니다. 중앙에 접은 자국이 남지요.

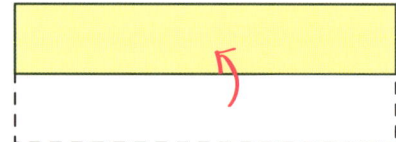 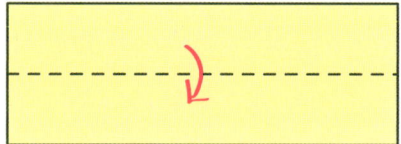

도화지 왼쪽 아래 모서리가 중앙의 접은 선에 오도록 접습니다.

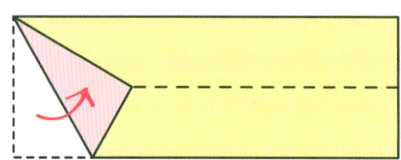

왼쪽 위 직각(90도)이 삼등분 되었어요.

이번에는 그림과 같이 삼각형을 오른쪽으로 접습니다.

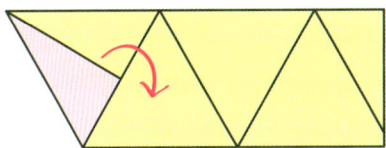

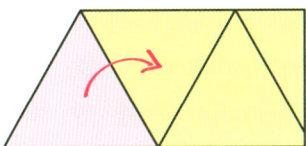

모두 3번 접어요.

마지막으로 오른쪽 남은 부분을 왼쪽으로 접습니다.

이렇게 하면 정삼각형이 완성돼요.

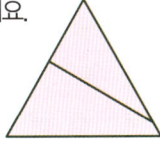

정사면체를 조립해요

이번에는 완성된 정삼각형을 일단 펼쳐서 정사면체가 되도록 조립합니다.

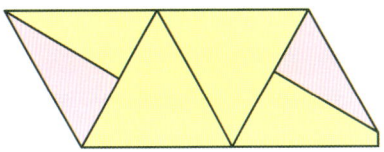

종이 양쪽 끝을 접어 서로 가까이 오도록 합니다.

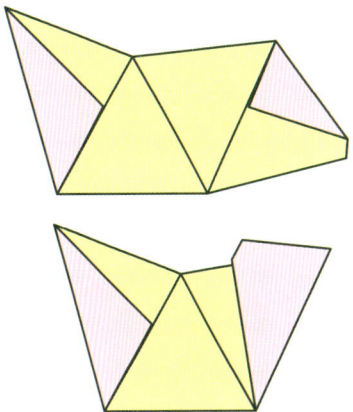

왼쪽 삼각형 안에 오른쪽 부분을 끼워 넣습니다.

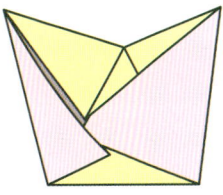

오른쪽 부분을 안쪽까지 끼워 넣습니다.

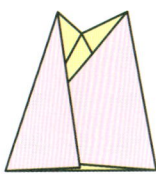

이렇게 정사면체가 완성됐습니다.

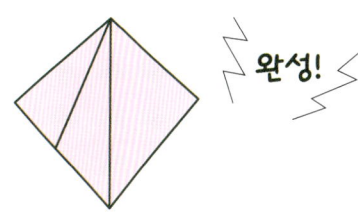

완성!

'정사면체'는 꼭짓점 4개, 모서리 6개, 정삼각형 면 4개로 이루어진 입체 도형이에요. 정사면체를 '삼각뿔'이라고도 합니다. 한편 밑면의 모양이 사각형인 각뿔은 '사각뿔'이라고 부르지요.

칙칙폭폭 기차에 몇 명씩 나누어 앉을까요?

교과서 6학년 2학기 6단원 여러 가지 문제

오차노미즈여자대학 부속초등학교 | 오카다 히로코

그림 1

몇 명이 타도 딱 맞아요

기차를 타 보면 좌석이 통로를 사이에 두고 양쪽으로 나눠진 것을 볼 수 있습니다. 외국 기차 중에는 좌석이 두 자리와 세 자리로 나뉜 것도 있어요. 좌석 배치가 그림 1과 같은 기차에서는 2명일 때 2인석에, 3명일 때 3인석에 앉을 수 있지요. 그런데 4명, 5명, 6명… 이렇게 늘어나면 어떻게 앉을 수 있을까요?

4명일 때는 2인석×2, 5명일 때는 2인석+3인석, 6명일 때는 3인석×2 또는 2인석×3으로 앉으면 딱 맞습니다. 더 많은 인원도 딱 맞게 앉을 수 있을까요? 예를 들어 19명일 때는 어떨까요? 3인석×5+2인석×2에 앉으면 딱 맞게 앉을 수 있어요. 혼자 탈 때는 2인석에 앉으면 한 자리가 비네요. 그러나 그 외는 2인석과 3인석을 사용하면 몇 명이 와도 딱 맞게 모두 앉을 수 있어요.

좌석 번호의 비밀

2인석과 3인석이 있는 차량은 그림 2처럼 A, B, C, D, E의 알파벳과 1, 2, 3…이라는 번호로 좌석이 정해져 있습니다. 예를 들어 C7이라는 지정석은 왼쪽에서 3번째 열, 앞에서 7번째 자리라는 뜻이지요. 알파벳과 숫자를 조합해서 장소를 정할 수 있어요.

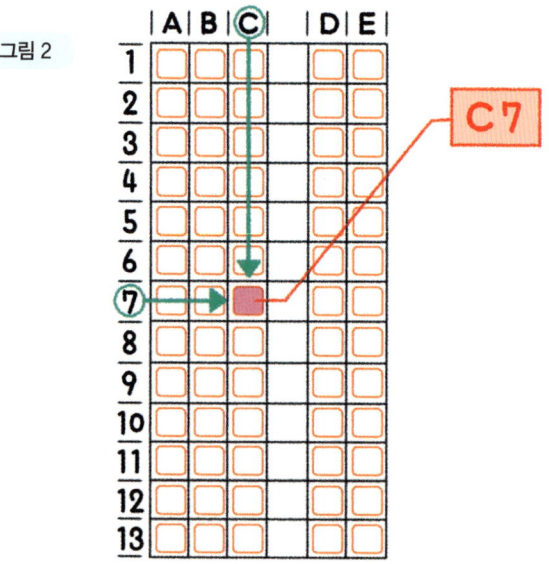

그림 2

기차에는 열차 이름과 번호가 쓰여 있어요. 서울로 가는 상행 열차는 번호 마지막 자리, 즉 일의 자릿수가 0과 짝수인 2, 4, 6, 8번이고요. 서울에서 출발하는 하행 열차는 번호 마지막 자리, 즉 일의 자릿수가 홀수인 1, 3, 5, 7, 9입니다. 예를 들어 KTX 208호는 상행 열차라는 사실을 알 수 있습니다.

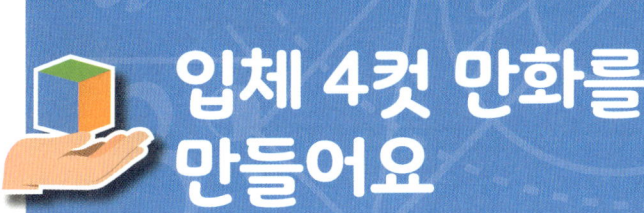

입체 4컷 만화를 만들어요

8월 15일

교과서 6학년 1학기 1단원 각기둥과 각뿔

도쿄도 스기나미구립 다카이도 제3초등학교 | 요시다 에이코

정삼각형 네 장으로 만드는 정사면체

과자나 우유가 다음 용기에 들어 있는 것을 본 적 있나요? 이 용기의 모양은 서로 같은 정삼각형 네 면으로 만들어져 '정사면체'라고 해요.

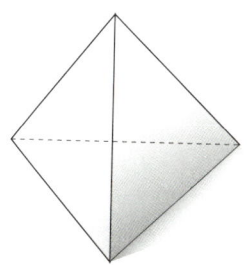

'정사면체'는 아래 그림에서 정삼각형 네 장을 이은 부분을 접어서 만들 수 있습니다.

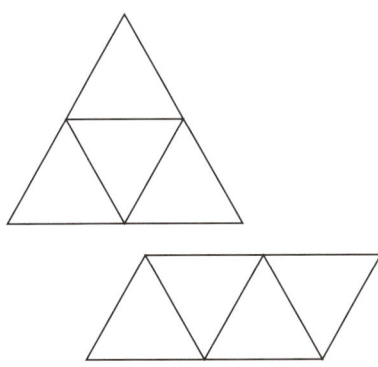

4컷 만화 만들기

정사면체로 4컷 만화를 만들어 볼까요? 도화지에 똑같은 정삼각형 4개를 그려서 잘라 냅니다. 변이 같은 길이의 상자 3개를 다음 그림과 같이 놓고 가운데 빈 공간을 따라 그려 정삼각형을 그릴 수도 있어요.

정삼각형 네 장이 4컷 만화가 되도록 각각에 그림을 그리세요.

이때 그림을 안쪽으로 오게 해서 그림이 보이지 않도록 붙입니다. 다 됐으면 사면체의 모서리 4개를 가위로 조금씩 잘라 냅니다.

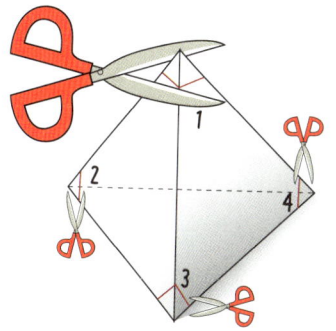

뚫린 구멍에서 안을 들여다보면 한 컷씩 그림이 보입니다. 4컷 만화가 완성됐네요. 구멍 옆에 1, 2, 3, 4라고 번호를 쓰면 보기 편해요.

 구멍을 통해 보면 반대쪽에 그려진 그림만 보입니다. 그래서 4컷 만화가 보이는 순서대로 구멍 부분에 번호를 써 두면 만화의 내용을 알 수 있어요.

곱셈구구표에서 홀수와 짝수 중 더 많은 것은?

8월 16일

교과서 2학년 2학기 2단원 곱셈구구

도쿄학예대학부속 고가네이초등학교 | 다카하시 다케오

홀수와 짝수는 어떤 수일까요?

여러분은 짝수와 홀수를 알고 있나요? '짝수'는 2로 나눴을 때 나누어떨어지는 수입니다. 곱셈구구에서는 2의 단이나 4의 단, 6의 단, 8의 단의 답은 모두 짝수입니다.

'홀수'는 2로 나눴을 때 1이 남는 수를 말합니다. 1이나 3, 5, 7, 9, 11, 13…이에요. 수를 세다 보면 짝수와 번갈아 나오기 때문에 짝수 앞에 오는 수나 뒤에 오는 수라고 생각해도 좋아요.

짝수와 홀수와 곱셈의 관계

곱셈구구표의 수 중에는 이 짝수와 홀수 중 어떤 것이 더 많을까요? 반씩 있으리라 예상하나요? 그림을 잘 보세요. 짝수가 아주 많다는 사실을 알 수 있지요. 그림에서 빨간색으로 칠한 부분은 모두 짝수입니다. 왜 이렇게 짝수가 더 많을까요?

곱셈구구표의 수는 모두 두 수를 곱해서 나온 수입니다. 이 곱셈의 값에는 규칙이 있어요. '짝수×짝수=짝수', '짝수×홀수=짝수', '홀수×짝수=짝수', '홀수×홀수=홀수'라는 규칙입니다.

즉 곱셈의 값이 홀수가 되는 경우는 홀수끼리 곱했을 때, 1×1이나 1×3, 3×5 등일 때뿐입니다. 홀수와 짝수를 곱하면 짝수가 되기 때문에 짝수가 훨씬 많은 것입니다.

	1	2	3	4	5	6	7	8	9
1	1	2	3	4	5	6	7	8	9
2	2	4	6	8	10	12	14	16	18
3	3	6	9	12	15	18	21	24	27
4	4	8	12	16	20	24	28	32	36
5	5	10	15	20	25	30	35	40	45
6	6	12	18	24	30	36	42	48	54
7	7	14	21	28	35	42	49	56	63
8	8	16	24	32	40	28	56	64	72
9	9	18	27	36	45	54	63	72	81

짝수 × 짝수 = 짝수 　홀수 × 짝수 = 짝수
짝수 × 홀수 = 짝수 　홀수 × 홀수 = 홀수

빨간색은 짝수, 흰색은 홀수라네. 어느 쪽이 많은지 잘 보시구려!

곱셈구구는 구구단의 다른 표현입니다. 1부터 9까지의 수를 서로 곱하여 그 곱한 값을 나타낸 표가 곱셈구구표입니다.

한 사람이 하루에 쓰는 물의 양은?

교과서 3학년 2학기 5단원 들이와 무게

도쿄도 도시마구립 다카마쓰초등학교 | 호소가야 유코

우유팩 300개 분량?

여러분은 매일 물을 얼마만큼 사용하나요? 물은 변기나 욕조에도 쓰고, 세탁이나 양치, 세수할 때도 쓰지요. 그냥 먹기도 하고 밥 지을 때도 쓰고요. 한 사람이 하루에 쓰는 물의 양은 무려 약 300L라고 합니다. 1L짜리 우유팩 300개 분량, 2L짜리 페트병 150개 분량에 해당하지요. 어디서 얼마나 물을 쓰는지, 어디서 절약할 수 있는지 생각해 볼까요?

변기 물을 내릴 때 사용하는 물의 양

가정에서 가장 많은 물을 쓰는 곳은 변기입니다. 대변 레버로 내리면 한 번에 8L, 소변 레버로 내리면 한 번에 6L의 물을 사용합니다. 다음으로 많이 쓰는 곳은 욕조입니다. 목욕할 때 욕조에 채우는 물의 양은 약 200L입니다. 샤워를 할 때는 1분에 12L의 물이 나오므로 10분 동안 120L를 사용합니다.

세수나 양치도 마찬가지입니다. 수도꼭지를 틀면 1분 동안 12L의 물이 나오므로 세수하느라 1분이 걸렸다면 12L의 물을 사용합니다.

또한 양치질을 마치고 입을 헹굴 때, 30초 동안 계속 틀어 두면 6L를 쓰지만 컵을 사용하면 0.2L만 쓸 수 있습니다. 밥을 짓고 설거지를 할 때도 1분 동안 12L의 물을 사용하므로 가능하면 빨리 마치거나 물을 채워 두고 헹구는 등 여러 방법을 쓰면 좋겠네요.

 화장실에서 물을 내릴 때, 세탁할 때 쓰는 물의 양은 기계 종류에 따라서 다릅니다. 옛날에 나온 종류일수록 물을 많이 써요. 집에서 얼마만큼 쓰는지 알아보세요.

둥그스름한 뢸로 삼각형

교과서 3학년 2학기 3단원 원

오오이타현 오오이타시립대 니시초등학교 | 니노미야 다카아키

컴퍼스와 자로 그릴 수 있어요

'뢸로 삼각형'이라는 재미난 도형이 있습니다. 컴퍼스와 자를 사용해서 간단히 그릴 수 있어요. 어떻게 그리는지 설명할 테니 그려 보세요.(그림 1)

① 먼저 정삼각형을 그립니다.
② 세 꼭짓점에 차례로 컴퍼스를 두고 정삼각형의 한 변을 반지름으로 하는 원호를 그립니다.
③ 안에 있는 정삼각형을 지웁니다.

어떤가요? 약간 둥그스름한 삼각형이 완성됐네요. 이것이 '뢸로 삼각형'입니다. 이 삼각형은 어떤 쪽으로 기울여도 폭(지름)이 일정한 도형입니다.

원과 뢸로 삼각형은 어디에 쓰일까요?

원도 모든 폭(지름)이 일정합니다. 예를 들어 통나무 몇 개를 땅에 두고 굴림대(옮길 물건 아래에 끼워 굴리는 도구)로 씁니다. 그 위에 판자를 올리고 어떤 짐을 옮긴다고 생각해 보세요. 통나무는 단면이 원이기 때문에 아무리 굴려도 땅에서 판자까지 길이가 항상 같습니다. 이렇게 판자 위에 올린 짐을 편하게 옮길 수 있습니다.

통나무 대신 뢸로 삼각형 굴림대를 사용하면 어떨까요? 이것도 땅에서 판자까지 길이가 모두 같기 때문에 짐을 편하게 옮길 수 있어요.(그림 2)

그림 1 뢸로 삼각형 그리는 방법

완성!

그림 2 폭이 같은 도형으로 된 굴림대는 땅에서 판자까지 길이가 항상 같습니다. 판자 위에 놓인 짐을 편하게 옮길 수 있지요.

항상 폭이 같아요.

맨홀 뚜껑은 원입니다. 원으로 하면 뚜껑이 구멍 안으로 빠지지 않기 때문이지요. 같은 이유로 뢸로 삼각형도 맨홀 뚜껑에 적합한 모양이에요.

휴대전화 번호를 알 수 있는 신기한 계산

8월 19일

교과서 4학년 1학기 3단원 곱셈과 나눗셈

도쿄학예대학부속 고가네이초등학교 | 다카하시 다케오

가족과 함께해 보세요

오늘은 친구의 휴대전화 번호를 알 수 있는 신기한 마술을 소개하겠습니다. XXX-1234-5678을 예로 설명할게요.

① 친구에게 계산기를 주고 먼저 휴대전화 번호 중 XXX 다음에 오는 번호 네 자리인 1234를 누르게 합니다.

② 그 수에 '×125'를 누르게 합니다.

③ 답이 나왔으면 그 수에 '×160'을 누르게 합니다.
154250×160=24680000

④ 이번에는 뒤의 네 자리인 5678을 더하게 합니다.
24680000+5678=24685678

⑤ 한 번 더 뒤의 네 자리 번호 5678을 더하게 합니다.
24685678+5678=24691356

⑥ 여기까지 계산한 값을 친구에게 듣고 '÷2'를 합니다.
24691356÷2=12345678이 됩니다.

놀랍게도 휴대전화 번호 XXX 뒤의 12345678이 나왔네요.

번호를 알아낸 방법은?

계산 결과에 어떻게 휴대전화 번호가 나왔는지 짐작이 가나요? 그 비밀은 친구가 계산기에 누른 수에 있습니다.

125×160=20,000이므로 이것을 앞의 네 자리에 곱하면 앞의 네 자리의 2만 배가 됩니다. 그 수에 뒤의 네 자리를 2번 더하기 때문에 휴대전화 번호로 된 여덟 자릿수를 2배 한 계산 결과와 똑같은 수가 나옵니다. 이것이 ⑤에서 나온 수입니다. 이 수를 '÷2' 함으로써 휴대전화 번호 여덟 자릿수가 나온답니다.

 휴대전화 번호를 알 수 있는 퀴즈입니다. 부모님 또는 친구와 함께해 보세요.

자꾸 불어나는 쌀알

8월 20일

교과서 2학년 1학기 6단원 곱셈 심화

도쿄도 도시마구립 다카마쓰초등학교 | 호소가야 유코

정말 욕심이 없었을까요?

옛날 옛적 한 장군을 섬기던 사내가 있었습니다. 그는 아주 성실하고 똑똑해서 장군에게 사랑받았지요. 어느 날 장군이 "상을 내리겠다."라고 하자 사내는 다음과 같이 대답했습니다.

"첫째 날은 한 알, 둘째 날은 두 알, 셋째 날은 네 알… 이렇게 매일 전날보다 두 배 많은 쌀을 1개월 동안 주십시오." 장군은 "알겠다."라고 대답하면서 '참으로 욕심이 없구나.' 하고 생각했습니다. 그런데 선물로 주기로 한 쌀을 계산하면 그림과 같이 점점 늘어납니다.

1개월 만에 224년 분량이나?

당시에 한 사람이 1년 동안 먹는 쌀의 양은 1섬이었습니다. 30일째 받는 쌀만 쳐도 224년 분량입니다. 1일째부터 29일째까지 분량을 합치면 받는 쌀의 양은 448섬이나 됩니다. 장군은 도중에 이 사실을 깨닫고 상을 다른 것으로 바꿨다고 해요.

1일째 … 1알
2일째 … 2알(1×2)
3일째 … 4알(2×2)
4일째 … 8알(4×2)
5일째 … 16알(8×2)
10일째 … 512알(256×2)
15일째 … 1만 6,384알(8192×2)
17일째 … 6만 5,536알(32768×2)
　　　　※ 약 1되, 약 1.6kg
20일째 … 52만 4,288알(262144×2)
25일째 … 1,677만 7,216알(8388608×2)
26일째 … 3,355만 4,432알(16777216×2)
　　　　※ 약 4섬, 약 600kg
30일째 … 5억 3,687만 912알(268435456×2)
　　　　※ 약 66섬, 약 9,600kg

※ 표시는 대략적인 기준입니다. 가장 가까운 쌀알 수가 되는 날에 표기했습니다.

나도 수학자

신문지를 접어 백두산의 높이를 넘으려면?

비슷한 문제예요. 신문지 두께를 0.1mm로 했을 때, 몇 번 접으면 두께가 백두산 높이를 넘을까요? 한 번 접으면 0.2mm, 2번 접으면 0.4mm…. 참고로 백두산의 높이는 2,744m입니다.

 쌀 1섬은 약 144kg입니다. 1섬=10말이고, 1말=10되이므로 1섬=100되입니다. 쌀 1되를 지으면 밥이 6~7그릇 나옵니다. '나도 수학자'의 정답은 26번입니다.(39쪽 참조)

옛날 계산 도구 '네이피어의 뼈'

교과서 4학년 1학기 3단원 곱셈과 나눗셈

오오이타현 오오이타시립대 니시초등학교 | 니노미야 다카아키

동양에 주판이 있다면 서양에는?

계산기가 없던 시절에 옛 조상들은 큰 수의 계산을 어떻게 했을까요? 덧셈이나 뺄셈이면 몰라도 곱셈이나 나눗셈은 꽤나 고생했어요. 빨리 계산하기 위해 동양에서는 주판을 사용했지요.

영국에서는 존 네이피어라는 수학자가 '네이피어의 뼈'라는 계산 도구를 생각해 냈습니다. '네이피어의 뼈'는 그림 1처럼 막대기 9개로 이루어져 있습니다. 막대기는 각각 1부터 9의 단 곱셈구구까지 나타내요. 그림에는 이해를 돕기 위해 0도 추가했습니다. '213×46'을 예로 들어서 계산 방법을 설명하겠습니다.

'네이피어의 뼈' 사용법

먼저 곱하는 수 전용 막대기를 놓습니다. 다음으로 오른쪽에 그림 2와 같이 곱해지는 수 막대기 3개를 나열합니다. 그리고 곱하는 수인 '4'와 '6' 열에 있는 칸 안의 수를 오른쪽 끝부터 차례차례 대각선으로 더합니다. 알기 쉽게 '4'와 '6' 열을 따로 뺀 것이 그림 3입니다. 규칙에 따라 더하면 정답이 '9798'로 나옵니다. 이처럼 덧셈만 할 수 있으면 곱셈구구를 몰라도 큰 수 계산을 할 수 있어요.

옛날 사람들 중에는 곱셈구구를 정확히 외우지 못하는 사람도 많아서 '네이피어의 뼈'는 훌륭한 계산 도구로 널리 퍼졌습니다. 재료도 동물의 뼈나 나무나 금속 등을 써서 만들었기 때문에 휴대용도 있었습니다. 직접 도화지로 만들어 계산해 보세요.

그림 1 '네이피어의 뼈'는 막대기 9개로 만들어졌어요.

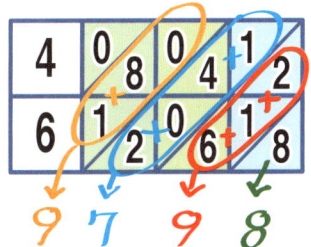

그림 2
곱하는 수 전용의 막대기를 두고, 그 오른쪽에 2의 단, 1의 단, 3의 단 막대기를 나열합니다.

그림 3
제일 오른쪽 끝의 '8'은 그대로 내려옵니다. '×64'일 때는 위와 아래를 바꾸면 됩니다.

 존 네이피어(1550~1617년)는 스코틀랜드에서 태어났어요. 에든버러의 남서쪽에 있는 머키스턴성의 8대째 성주였습니다. 그는 소수점도 고안했지요.

정사각형이나 직사각형으로 변신시켜 볼까요?

8월 22일

교과서 4학년 1학기 4단원 평면도형의 이동

학습원 초등과 | 오오사와 다카유키

자르고 붙여서 생각해요

그림 1의 도형을 네 변의 길이가 모두 같고, 네 각이 모두 직각인 정사각형으로 바꿀 수 있을까요? 어떤 부분을 잘라서 다른 부분에 붙여 모양을 바꿔 보세요. 자르기만 하면 안 돼요.(그림 2)

여러 가지 방법이 있습니다. 다양하게 생각할 수 있는 친구는 사고가 유연한 친구예요. 그러면 그림 3의 도형을 마찬가지로 자르고 붙여서 네 각이 모두 직각인 직사각형으로 만들어 보세요. 바로 떠오르지 않았던 방법을 깨우치면 정말 재미있지요.(그림 4)

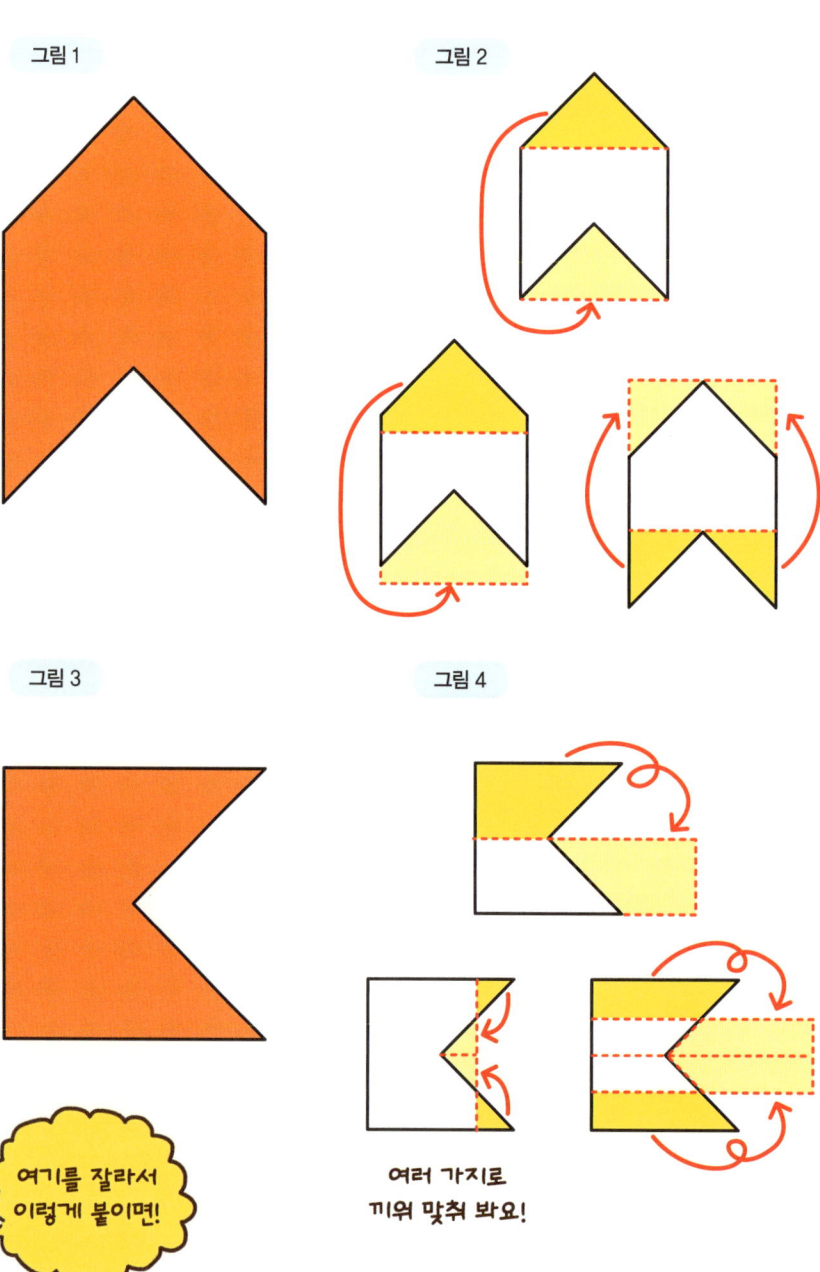

여기를 잘라서 이렇게 붙이면!

여러 가지로 끼워 맞춰 봐요!

도형을 어떻게 자르면 좋을지 생각해 보세요. 여러 방법으로 떠올려 보는 것이 즐거워지면 수학도 좋아져요.

친구들이 좋아하는 스포츠를 표로 만들어요

교과서 2학년 2학기 5단원 표와 그래프

도쿄학예대학부속 고가네이초등학교 | 다카하시 다케오

자신 있는 스포츠를 정리해 볼까요?

친구 4명은 가장 자신 있는 스포츠가 서로 다릅니다. 그런데 각자 무엇에 자신 있는지 물었더니 어떤 사람은 자신 없는 스포츠만, 어떤 사람은 자신 있는 스포츠를 여러 개 말했어요. 누가 어떤 스포츠에 제일 자신 있다고 대답했는지 알 수 있을까요?

표로 정리해 보세요

어렵다면 아래와 같이 표를 그려 보세요. 한눈에 알 수 있어요. 먼저 체리가 가장 자신 있는 스포츠는 수영밖에 없다는 사실을 알 수 있지요. 다음으로 유현이는 수영과 축구 모두 자신 있다고 답했지만, 가장 자신 있는 스포츠가 4명 모두 다르다는 조건으로 봤을 때 유현이가 가장 자신 있는 스포츠는 축구라는 사실을 알 수 있습니다. 그러면 테니스나 축구 중 하나에 자신 있다는 도연이가 가장 좋아하는 운동은 테니스이겠지요. 마지막으로 민준이는 나머지 하나 남은 야구에 자신이 있겠네요.

	야구	수영	테니스	축구
도연	×	×		
유현		○		○
체리	×	○	×	×
민준	○		○	○

저는 공을 차는 것도 헤엄치는 것도 자신 있어요. (유현)

저는 수영에 자신이 없어요. 그리고 공을 던지는 것도 잘 못해요. (도연)

저는 공을 사용하는 스포츠에 자신 있어요. (민준)

저는 공이나 도구를 사용하는 스포츠에 자신이 없어요. (체리)

 이런 문제를 '논리 퍼즐'이라고 부릅니다. 그림이나 표 등을 이용하여 조건을 순서대로 정리하면 알기 쉬워요.

관객 수는 딱 5만 명?

8 24일

교과서 5학년 2학기 6단원 자료의 표현

가나가와현 가와사키시립 쓰치하시초등학교 | 야마모토 나오

신문 제목과 실제 수

스포츠 경기나 콘서트가 있을 때 다음 날 신문에 '관객 10만 명이 열광!', '5만 명이 열심히 응원!' 등의 제목으로 기사가 나오곤 합니다. 이런 말들은 아주 많은 관객이 왔다는 것을 표현하는데, 실제로 온 관객 수는 정말 딱 10만 명이나 5만 명이었을까요?

물론 그렇지는 않습니다. 많이 왔다는 사실만 알면 되기 때문에 대략적인 인원수로 표현합니다. 그러면 실제로 온 관객과는 얼마나 차이가 날까요?

반올림 표현법

실제로는 2만 8천 명밖에 없었는데 대략 5만 명이었다고 하면 어쩐지 거짓말을 하는 듯한 느낌이 들지요. 그래서 대략적인 숫자를 나타내기 위해 '반올림'이라는 방법을 씁니다.

나타내려는 자릿수보다 하나 작은 자릿수가 5 이상일 때는 숫자를 하나 올리고, 4 이하일 때는 그 이하 자릿수들을 없애는 방법입니다. 예를 들어 4만 6천 명을 'O만 명'이라고 표현하고 싶다면 천의 자리가 5 이상이기 때문에 만의 자릿수를 하나 올려서 '5만 명', 4만 3천 명일 때는 4 이하이기 때문에 없애서 '4만 명'이라고 나타내요. 만약 신문에서 반올림을 사용해 '5만 명의 관객'이라고 표현했다면 실제 관객 수가 4만5천 명에서 5만4999명 사이입니다. 목적에 따라 실제 수나 대략적인 수를 써요.

나도 수학자

대략적인 수일까요, 실제 수일까요?

옛날에는 많은 신문이 프로 야구 관객 동원 수를 대략적인 수로 나타냈습니다.(예 ①) 그러나 최근에는 실제 수로 나타내는 일이 많대요.(예 ②) 신문에서 축구나 콘서트 등 여러 가지 이벤트의 참가 인원수를 어떻게 표현했는지 알아보세요.

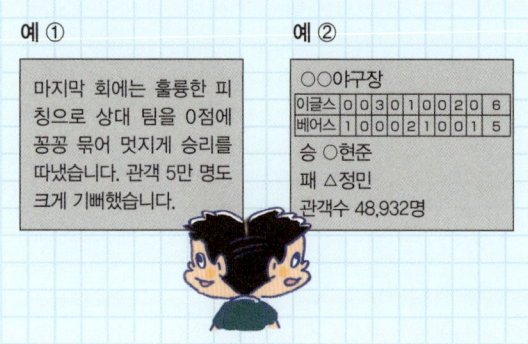

반올림이나 올림, 버림 등으로 나타내는 수치를 '어림수' 또는 '근삿값'이라고 해요. 이와 반대로 실제 수치는 '참값'이라고 합니다.

십진법으로 나타낸 수를 이진법으로 바꿔 봐요

교과서 2학년 2학기 1단원 네 자리 수 심화

8월 25일

도쿄도 도시마구립 다카마쓰초등학교 | 호소가야 유코

평소에는 십진법을 사용해요

우리가 평소에 사용하는 수는 0, 1, 2, 3, 4, 5, 6, 7, 8, 9, 이렇게 10개의 숫자입니다. 1이 10개 모이면 10 단위로 올라가고, 10이 10개 모이면 100 단위로 올라가고…. 이렇게 10개 모이면 다음 단위로 올라가는 구조로 되어 있어요. 이와 같이 수를 나타내는 방법을 '십진법'이라고 합니다.

2345라는 수는 $1000 \times 2 + 100 \times 3 + 10 \times 4 + 1 \times 5 (= 2000 + 300 + 40 + 5)$입니다.

0과 1로 나타내는 이진법

수를 나타내는 방법은 그 밖에도 여러 가지가 있습니다. 하나는 우리 주변에서도 쓰는 '이진법'입니다. 이진법에서는 0과 1, 두 개의 숫자를 사용해서 수를 나타냅니다. 2를 기본 단위로 하여 2씩 윗자리로 올려요. 1이 2개 모이면 윗자리로 올라가고, 다시 그 자릿수가 2개 모이면 그 윗자리로 올라갑니다. 2개가 모일 때마다 다음 단위로 올라가요.

예를 들어 십진법에서 '2'로 표현되는 숫자를 이진법으로 나타내 볼까요? 일의 자리에 1이 2개가 모였기 때문에 다음 단위로 올라가 '10'이 됩니다. 이는 '십'이라고 읽지 않고 '일, 영'이라고 읽어요. 십진법에서 '4'로 표현되는 수는 어떨까요? 일의 자리에 2가 2개 모였기 때문에 다음 단위로 2가 올라가서 '20', 십의 자리에 1이 2개가 모였기 때문

에 다음 단위로 올라가서 '100'이 됩니다. 이는 '백'이라고 읽지 않고 '일, 영, 영'이라고 읽습니다. 이와 같이 하면 모든 수를 표현할 수 있어요.

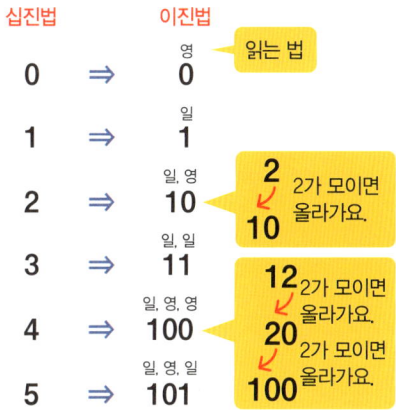

나도 수학자

손가락으로 이진법을 표현해요

손가락으로 이진법을 표현할 수 있습니다. 양손을 사용하면 몇까지 나타낼 수 있을까요? 해 보세요.

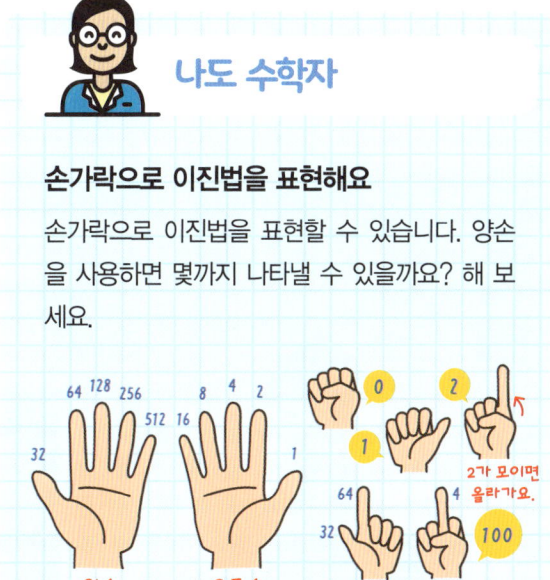

계산기 같은 컴퓨터 기기는 이진법 구조로 만들어져 있습니다. 전기의 온과 오프를 1과 0으로 나타내는데, 이 두 가지를 조합해서 여러 가지를 처리하지요.

탱그램과 비슷하지만 다른 '지혜의 판'

교과서 2학년 1학기 2단원 여러 가지 도형

8 / 26일

아오모리현 산노헤초립 산노헤초등학교 | 다네이치 요시타케

실루엣 퍼즐 중 하나

여러분은 탱그램보다 역사가 긴 퍼즐을 아나요? 그것은 일본에서 만들어진 '세이 쇼나곤 지혜의 판'이라는 퍼즐입니다. 일본의 여류 작가인 세이 쇼나곤처럼 머리 좋은 사람들이 했던 퍼즐이라고 해서 '세이 쇼나곤'이라는 이름이 붙었다고 하네요. 얼마나 어려울지 궁금하지요?

실제로 만들어서 해 볼까요? 두꺼운 도화지만 있으면 간단히 만들 수 있어요. 그림 1과 같이 선을 그은 다음 자르세요.

그림 1 ※조각은 뒤집어 사용해도 돼요.

확대 복사해서 쓰세요!

문제를 풀어 보세요

완성했으면 그림 2 문제에 도전해 보세요. 퍼즐로 여러 가지 모양을 만들다니 참 재미있네요. 답은 그림 3에 있어요. 하지만 먼저 스스로 해 본 뒤에 답을 맞혀야 더 재미있겠지요?

그림 2

나는 무엇일까요?

그림 3   사방등   주전자   액자

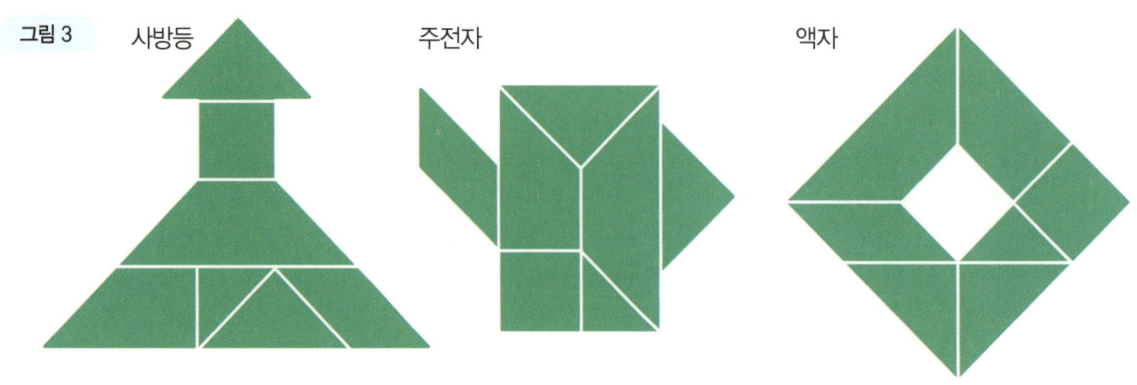

세이 쇼나곤 지혜의 판은 1742년에 《세이 쇼나곤 지혜의 판》이라는 책에서 소개되었습니다. '탱그램'은 1813년에 중국의 《칠교도합벽》이라는 문제집에서 소개되었으니 '세이 쇼나곤 지혜의 판'이 더 오래됐다고 할 수 있어요.

망가진 계산기로도 계산할 수 있다고요?

8 27일

교과서 3학년 1학기 4단원 곱셈

/ / /

쓰쿠바대학 부속초등학교 | 세이야마 다카오

망가진 계산기로 계산

이를 어쩌죠? 계산기의 2 버튼이 망가졌습니다. 이 계산기로 '18×12'를 계산하려고 하는데, 어떻게 계산해야 할까요? 다른 버튼은 멀쩡하니 잘 생각해서 이 계산기로 계산해 보세요.

18×12 계산하기

여러 가지 방법을 생각할 수 있는데, 몇 가지 예를 들어 보겠습니다.

> **1**
> 18 + 18 + 18 + 18 + 18 +
> 18 + 18 + 18 + 18 + 18 +
> 18 + 18 = 216

위 방법은 곱셈의 의미에 기초를 둔 방법입니다. 귀찮아 보여도 계산기로 계산하는 것이니 간단할 지도 몰라요.

> **2**
> 18 × 6 = 108
> 108 + 108 = 216
>
> **3**
> 18 × 11 = 198
> 198 + 18 = 216

두 번째와 세 번째는 곱셈의 성질을 이용했네요.

> **4**
> 18 × 13 = 234
> 234 − 18 = 216

네 번째에서는 2 버튼을 사용했네요. 따라서 18×13−18=216, 이렇게 한 식으로 만들어서 버튼을 누르면 됩니다.

> **5**
> 18 × 3 × 4
> = 216

이번에는 12를 3×4로 보고 계산했습니다.

> **6**
> 18 × 60 = 1080
> 1080 ÷ 5 = 216

마지막으로 12를 60÷5로 보고 계산했습니다.

 곱셈을 같은 수의 덧셈으로 나타내거나 12를 11+1, 6+6, 3×4, 13−1, 60÷5와 같이 다른 수로 바꾸다 보면 '새로운 것을 생각하는 힘'이 길러져요.

주사위 퍼즐을 만들어요

8 / 28일

교과서 5학년 1학기 2단원 직육면체

가나가와현 가와사키시립 쓰치하시초등학교 | 야마모토 나오

정육면체의 전개도를 사용해요

정육면체 전개도에는 열한 가지 방법이 있습니다. 이 가운데 몇 가지를 조합해서 퍼즐을 만들어 볼까요? 그림 1은 전개도 2개를 합친 것입니다. 어디에서 나눌 수 있을까요? 주사위는 마주 보는 면에 그려진 눈의 합이 반드시 7입니다. 그러므로 이 퍼즐 전개도를 조립했을 때도 마주 보는 면의 합이 7이 되도록 생각해 보세요.

면이 이어진 부분을 잘 생각해요

마주 보는 면의 합이 7이 되도록 생각해 보면, 그림 2의 하얀 부분과 같이 십자 전개도를 찾을 수 있습니다. 그런데 그렇게 자르면 오른쪽 끝에 눈이 4개인 면이 혼자 남습니다.

이번에는 조금 시점을 바꿔서 십자 전개도를 가로로 놓아 보세요. 그러면 전개도가 그림 3처럼 깔끔하게 2개로 나뉩니다. 이런 방법으로 전개도를 3개, 4개 더 합쳐 보세요. 여러분만의 주사위 퍼즐이 완성됩니다.

그림 1

그림 2

그림 3

직육면체 전개도를 갖고도 퍼즐을 만들 수 있는데, 길이가 다른 변을 어떻게 조합하는지가 중요합니다.

반드시 6174가 되는 계산

교과서 3학년 1학기 1단원 덧셈과 뺄셈

도쿄학예대학부속 고가네이초등학교 | 다카하시 다케오

신기한 네 자릿수 계산

오늘은 네 자릿수 계산의 결과가 모두 6174가 되는 신기한 계산 이야기를 준비했습니다.

① 먼저 모두 같은 숫자(1111이나 2222처럼)가 아닌 네 자릿수를 떠올리세요. 숫자가 하나만 달라도 되니 여기에서는 1223을 예로 들겠습니다.

② 다음으로 각 자릿수의 숫자로 만들 수 있는 가장 큰 수에서 가장 작은 수를 빼는 계산을 반복합니다. 그러면 아무리 바꿔도 답이 변하지 않는 수에 도달합니다. 그 수가 바로 '6174'입니다.

계산하는 방법은?

1223으로 만들 수 있는 가장 큰 수는 3221이고, 가장 작은 수는 1223이므로 3221−1223=1998입니다. 1998로 만들 수 있는 가장 큰 수는 9981이고, 가장 작은 수는 1899이므로 9981−1899=8082이지요. 다시 8082로 만들 수 있는 가장 큰 수는 8820이고, 가장 작은 수는 0288이므로 8820−288=8532입니다. 8532로 만들 수 있는 가장 큰 수는 8532이고, 가장 작은 수는 2358이므로 8532−2358=6174입니다. 6174로 만들 수 있는 가장 큰 수는 7641이고, 가장 작은 수는 1467이므로 7641−1467=6174가 나오네요. 계속해서 답이 같기 때문에 이 수에서 계산은 끝이 납니다.

🔍 6174와 같은 수를 '카프리카수'라고 부릅니다. 수를 더 크게 해도 같은 법칙이 나타날까요? 여러 가지 방법을 시도해 보면 재미있어요.

어느 종이컵을 고를까요?

교과서 6학년 2학기 6단원 여러 가지 문제

오차노미즈여자대학 부속초등학교 | 오카다 히로코

사탕은 몇 번 종이컵에 있을까요?

1부터 10까지 번호가 적힌 종이컵이 있어요. 이 중 하나에 사탕을 숨겼어요. 어떤 종이컵에 들어 있을까요?(그림 1) 이 중에서 종이컵 하나를 골라 보세요. 예를 들어 여러분이 4번 종이컵을 골랐다고 가정해 볼게요. 골랐다면 컵에 사탕을 숨긴 상대방이 사탕이 들어 있지 않은 컵을 하나씩 차례로 엽니다.

마지막으로 4번과 7번 종이컵이 남았습니다. 반드시 4번이나 7번 중 하나에 사탕이 들어 있겠지요. 여기서 한 번 더 종이컵을 고를 기회가 주어졌습니다. 처음에 고른 4번 그대로 할지, 7번으로 바꿀지 선택할 수 있습니다. 이때 바꿔야 할까요? 아니면 바꾸지 말아야 할까요?(그림 2)

바꿀까요, 말까요?

컵은 2개밖에 남지 않았으므로 어느 쪽을 골라도 확률은 2개 중에 하나, 즉 $\frac{1}{2}$이라고 생각하겠지요?(그림 3) 그런데 사실 4번 컵보다 7번 컵을 골라야 당첨될 확률이 9배나 더 높습니다.

처음에 종이컵은 10개 있었으므로 4번 종이컵에 사탕이 들어 있을 확률은 $\frac{1}{10}$입니다. 4번 이외의 종이컵에 사탕이 들어 있을 확률은 $\frac{9}{10}$입니다.(그림 4)

따라서 4번 컵을 고르기보다는 마음을 바꿔 7번 컵으로 선택하는 편이 당첨될 확률이 높습니다. 종이컵 수를 더 늘려서 확인해 보면 잘 알 수 있어요.

만약 종이컵이 100개 있다면 처음에 고른 종이컵보다 남은 종이컵에 들어 있을 확률이 99배나 더 높지요. 가족이나 친구에게도 '바꿀래? 말래?' 하면서 꼭 문제를 내 보세요. 아주 재미있어요.

그림 1

그림 2

그림 3

4번일까 7번일까?
확률 $\frac{1}{2}$? $\frac{1}{2}$?

어느 쪽일까?

그림 4

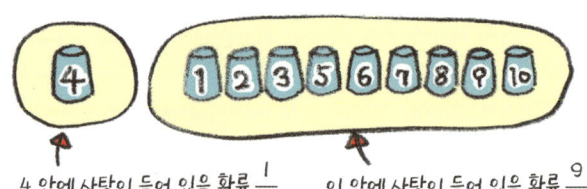

4 안에 사탕이 들어 있을 확률 $\frac{1}{10}$ 이 안에 사탕이 들어 있을 확률 $\frac{9}{10}$

종이컵이 100개라면 99배!

확률 $\frac{1}{10}$ 확률 $\frac{9}{10}$

여기에서 소개한 문제는 '몬티 홀 문제'라고 불러요. 이 문제는 미국 텔레비전 방송에서 화제가 되어 방송 진행자 몬티 홀의 이름이 붙여졌답니다.

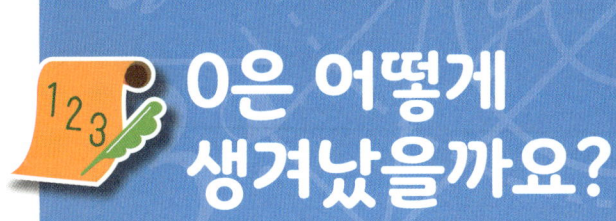

0은 어떻게 생겨났을까요?

교과서 2학년 2학기 1단원 네 자리 수

오오이타현 오오이타시립대 니시초등학교 | 니노미야 다카아키

0 덕분에 어떤 숫자가 어느 자리인지 위치로 알 수 있어요.

신기한 숫자 0

어떤 것을 세거나 계산하는 등 우리는 일상생활에서 늘 숫자를 사용합니다. 수를 나타낼 때는 0, 1, 2, 3, 4, 5, 6, 7, 8, 9, 이렇게 숫자 10개를 사용하지요. 그러나 0은 다른 수보다 특별합니다. 예를 들어 '딸기가 1개, 2개…' 하고 말합니다. 그러나 '딸기가 0개'라고는 말하지 않지요.

시험 삼아 '십육', '백육', '백육십'을 0 없이 쓰려고 하면 구별이 잘되지 않아 불편합니다. 0은 어떤 자릿수에 아무것도 없다는 것을 나타냅니다. 그렇기 때문에 숫자를 쓰는 위치에 따라 그 숫자가 어떤 자릿수인지 나타낼 수 있어요.

먼 옛날 인도에서 발견되었어요

먼 옛날에는 수를 나타낼 때 0이 없는 나라도 있었습니다. 예를 들어 먼 옛날 이집트에서는 1부터 9를 세로 막대기 개수로 나타냈습니다. 그리고 10은 '족쇄', 100은 '밧줄', 1000은 '연꽃' 등의 기호를 썼습니다. 그런데 이 방법으로는 숫자가 커질 때마다 새로운 기호를 생각해 내느라 골치가 아프지요.

0은 먼 옛날 인도에서 생겨났대요. 처음에는 점으로 0을 나타냈습니다. 0을 사용하면 아무리 큰 수라도 숫자 10개로 나타낼 수 있습니다.

인도인들은 옛날부터 계산을 아주 잘했어요. 덧셈이나 뺄셈 등을 계산할 때도 0을 사용했습니다. 0의 사용은 세계 곳곳으로 널리 퍼졌습니다.

고대 이집트의 숫자
10, 100, 1000

고대 인도의 숫자
0~9

이집트의 계산 방법으로는 숫자가 커질 때마다 새로운 기호가 필요합니다. 인도의 계산 방법으로는 숫자 10종류만 있으면 충분하지요.

 0부터 9까지 숫자 10개를 사용하고, 숫자를 쓰는 위치에 따라 크기를 나타내는 방법을 '십진법'이라고 합니다.

수학으로 만든 미술 작품 갤러리

손을 사용해서 수학을 체험해 보고 싶다면, 여러분이 배운 수학으로 미술 작품을 만들어 보세요. 여기에서는 3학년부터 6학년까지 각 학년에서 배운 것을 응용해서 만든 작품을 소개합니다.

4학년 종이 오리기

5학년 똑같은 모양 채우기

6학년 대칭인 도형

3학년 원 모양 꽃밭

⊙자료 : 스기나미 구립 다카이도 제3초등학교

9월

정사면체와 정육면체, 정팔면체, 정십이면체, 정이십면체…의 공통점을 알고 있나요? 앞에 모두 '정'자가 들어가네요. 각 입체 도형의 면이 모두 똑같이 포개어지는 정다각형으로 이루어진 '정다면체'랍니다. 그러면 정사십면체도 있을까요? 정다면체끼리 같은 점과 다른 점은 무엇인지도 함께 조사해 보세요.

➜ 9월 22일 106쪽

'나누기 9'의 나머지를 바로 알 수 있어요

9 / 1일

교과서 4학년 1학기 3단원 곱셈과 나눗셈

/ / /

아오모리현 산노헤초립 산노헤초등학교 | 다네이치 요시타케

신기한 9의 나눗셈

나눗셈은 참 계산하기가 어렵지요. 그런데 '나누기 9' 계산에서는 나머지를 바로 알 수 있는 방법이 있습니다. 아래 문제의 나머지를 구해 보세요. 나누어지는 수가 바로 힌트입니다. 눈치챘나요?

　나누어지는 수의 각 자릿수를 더하면 나머지와 똑같습니다. 예를 들어 문제 ①은 1+5+2=8, 문제 ②는 2+0+5=7입니다. 그런데 문제 ③은 7+7+2=16이므로 나머지와 같지 않다고요? 그럴 때는 9를 뺍니다. 16−9=7이므로 나머지와 같아졌습니다.

어떻게 나머지를 알 수 있을까요?

어떻게 나누어지는 수의 각 자릿수를 더하면 나머지와 똑같이 나올까요? 그것은 바로 100과 10을 9로 나누면 1이 남는다는 사실을 이용했습니다. 예를 들어 문제 ①의 152를 눈금으로 나타내면 그림과 같습니다. 이를 9로 나누면 각 자리의 숫자와 자리마다 9로 나눈 나머지가 같다는 사실을 알 수 있습니다. 이처럼 9로 나누는 나눗셈에는 재미난 성질이 있어요.

① 152 ÷ 9 = 16 나머지 8
② 205 ÷ 9 = 22 나머지 7
③ 772 ÷ 9 = 84 나머지 7

 9로 나누는 나눗셈의 성질을 이용하여 계산이 맞는지 확인하는 방법이 있습니다. '구거법'이라고 하는데, 예로부터 인도에서 사용되었습니다.

삼각자로 여러 가지 각도를 만들어요

9월 2일

교과서 4학년 1학기 2단원 각도

가나가와현 가와사키시립 쓰치하시초등학교 | 야마모토 나오

삼각자의 각도는 몇 도일까요?

여러분이 평소에 사용하는 삼각자에는 주로 두 종류가 있습니다. 하나는 직각이등변 삼각형으로 세 각이 90도, 45도, 45도인 자입니다. 다른 하나는 직각삼각형으로 세 각이 90도, 60도, 30도인 자입니다. 즉, 삼각자의 각을 따라 선을 그리면 30도, 45도, 60도, 90도 크기의 각도를 만들 수 있어요.

만들 수 있는 각도는 이 4가지뿐일까요? 두 종류의 삼각자를 잘 사용하면 그 밖에도 여러 가지 크기의 각도를 만들 수 있습니다.

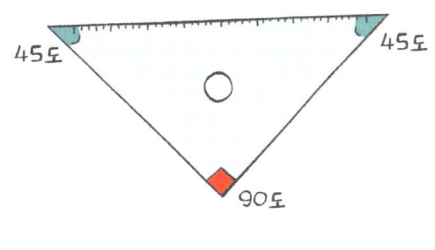
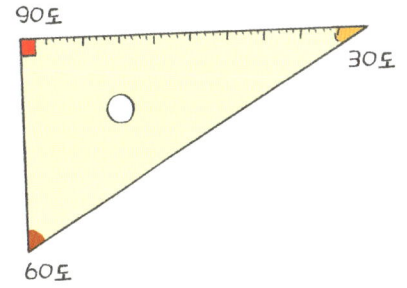

여러 가지 조합을 만들어 봐요

먼저 두 각도를 합치는 방법이 있지요. 예를 들어 30도와 45도를 합치면 75도를 만들 수 있습니다. 다음은 한 각에서 다른 각을 빼는 방법입니다. 처음에 45도 각을 만든 다음 그 위에 30도를 겹치면 45-30으로 15도를 만들 수 있어요. 또한 75도를 만들었을 때 바깥쪽으로는 285도(360-75)를 만들 수 있고, 15도라면 바깥쪽으로 345도를 만들 수 있습니다. 이렇게 여러 가지 조합을 탐구하면 그 밖에도 여러 가지 크기의 각을 만들 수 있어요.

나도 수학자

두 가지 삼각자로 여러 각도를 만들어요

15도부터 시작해서 30도, 45도, 60도, 75도, 90도, 105도 ⋯ 이렇게 15도 간격으로 만들 수 있어요. 그 다음도 직접 만들어 보세요.

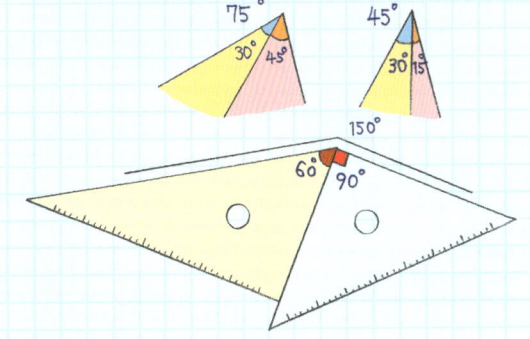

 각도 크기가 180도이면 반 바퀴이고, 360도이면 한 바퀴를 돕니다. 90도 직각을 기준으로 나타내면 180도는 '2직각', 360도는 '4직각'입니다. 2직각은 '평각'으로, 4직각은 '주각'이라고도 불러요.

땅의 단위 '평'을 들어 본 적 있나요?

9월 3일

교과서 5학년 1학기 5단원 다각형의 넓이

도쿄학예대학부속 고가네이초등학교 | 다카하시 다케오

교실 넓이는 어느 정도일까요?

사물의 넓이를 수로 표현한 것을 '면적'이라고 합니다. 예를 들어 학교에서 여러분이 쓰는 노트는 가로 길이가 약 18cm, 세로 길이가 약 25cm이므로 면적은 18×25, 즉 450cm²입니다. 이 넓이에는 한 변의 길이가 1cm인 정사각형이 450개 들어가요.

학교 교실 넓이는 어떨까요? 대략 가로 폭이 9m 정도, 세로 길이가 10m 정도이므로 약 90m²입니다. 한 변의 길이가 1m인 정사각형이 90개 들어가는 넓이예요. 이처럼 평소 여러분 주변에 있는 넓이는 m²라는 단위를 기본으로 나타냅니다.

평은 우리나라 전통 단위일까요?

옛날에는 지금과 다른 단위를 사용했습니다. 여러분은 '평'이라는 넓이 단위를 알고 있나요? 지금도 땅의 넓이를 나타낼 때 쓰는 단위인데, 1평은 어른 한 사람이 하루 동안 먹는 쌀의 양을 거둘 수 있는 넓이의 단위입니다.

그런데 '평'은 우리나라에서 예로부터 이어져 사용해 온 단위가 아니에요. 평은 중국의 면적 단위 '보'에서 비롯된 일본 단위입니다. 일제 시대부터 평 단위를 쓰기 시작했어요. 원래 우리나라에서는 고조선 시대부터 조선 시대 일제강점기 이전까지 '결부속파법'이라 하여 파(把), 속(束. 10파), 부(負. 10속), 결(結. 100부)라는 단위를 사용했습니다.

오늘날 '평'이라는 단위는 법으로 사용을 금지했어요. 나라에서 1평은 3.3m²로 표기를 통일하도록 정했거든요. 그래야만 미터를 기준으로 땅이나 집 등의 면적을 정확하게 계산할 수 있기 때문입니다. 간혹 쓰이는 1평이 얼마만큼의 넓이인지 알고 싶다면 정사각형이라고 가정할 경우 한 변을 180cm라고 계산해 보세요. 감이 좀 잡히나요? 여러분 걸음으로는 몇 걸음 걸었을 때 거리인가요?

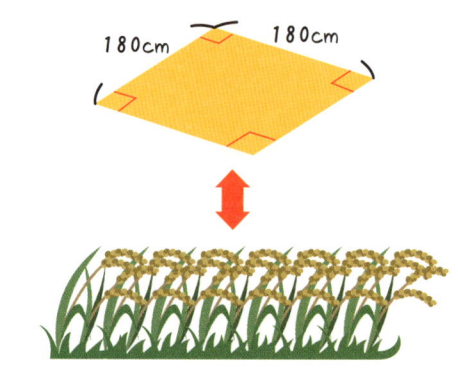

성인 한 사람이 하루에 먹는 쌀을 거둘 수 있는 논의 넓이

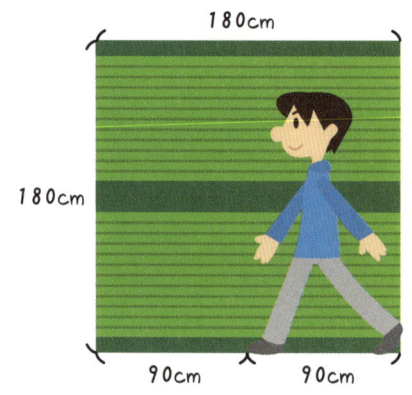

성인 한 사람의 보폭으로 약 두 걸음

 길이나 부피, 무게 또는 이를 측정하는 기구와 단위들을 '도량형'이라고 해요. 2007년 새로운 도량형 제도로 평 대신 제곱미터를 쓰도록 바뀌었습니다. 신문이나 책 등에서 평 단위를 쓰면 벌금을 내야 해요.

정삼각형으로 늘어놓은 바둑돌의 개수는?

9일 4

교과서 4학년 1학기 6단원 규칙 찾기

학습원 초등과 | 오오사와 다카유키

여러 가지 방법을 생각해요

바둑돌을 정삼각형 모양으로 나열합니다. 한 변에 5개씩 나열했을 때 바둑돌은 전부 몇 개일까요?(그림 1)

바둑돌이 한 변에 5개니까 5×3으로 15개일까요? 아닙니다. 꼭짓점에 있는 바둑돌은 두 번 셌지요. 그러면 어떻게 세야 할지 생각해 보세요.

- 그림 2 : 5×3으로 15개, 꼭짓점 3개는 두 번씩 셌으니 빼야 합니다.
  5×3-3이므로 12개
- 그림 3 : 꼭짓점은 한 번만 셉니다.
  4×3=12개
- 그림 4 : 변에 있는 바둑돌을 겹치지 않도록 세서 더합니다.
  5+4+3=12개

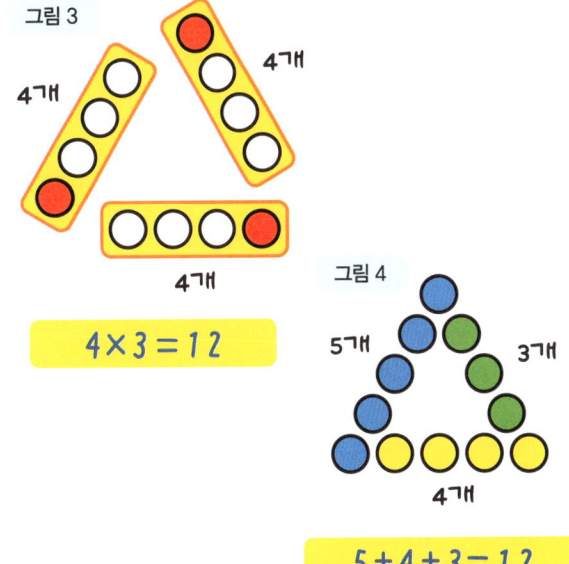

그림 3 4개 4개 4개
$4 \times 3 = 12$

그림 4 5개 3개 4개
$5 + 4 + 3 = 12$

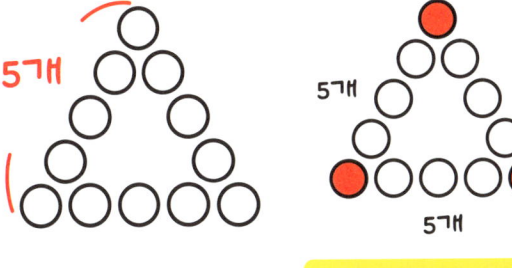

그림 1 5개

그림 2 5개 5개 5개
$5 \times 3 - 3 = 12$

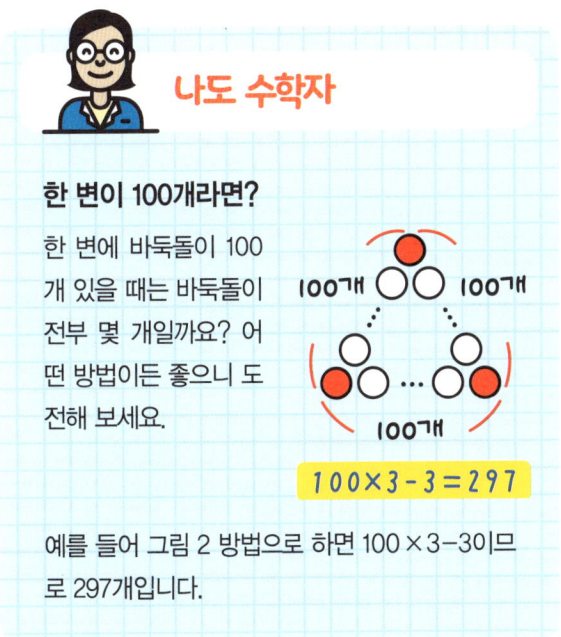

나도 수학자

한 변이 100개라면?

한 변에 바둑돌이 100개 있을 때는 바둑돌이 전부 몇 개일까요? 어떤 방법이든 좋으니 도전해 보세요.

100개 100개 100개
$100 \times 3 - 3 = 297$

예를 들어 그림 2 방법으로 하면 100×3-3이므로 297개입니다.

위 문제와 비슷하게 정사각형 모양을 만들 때 생기는 규칙을 찾아 계산하는 것을 '방진산'이라고 합니다.

가장 빠른 마라톤 선수의 기록은?

9월 5일

교과서 5학년 2학기 6단원 자료의 표현

메이세이대학 객원교수 | 호소미즈 야스히로

마라톤 선수는 시속 몇 km일까요?

보통 사람이 걷는 속도는 1시간에 4,000m(시속 4km)라고 합니다. 자전거는 15km~40km 정도로 달리고, 자동차는 일반 도로에서 40km~60km, 고속도로에서는 80km~100km로 달립니다. 100m 달리기와 마라톤에서 세계 신기록을 달성한 선수들은 속도를 어떻게 느낄까요? 육상 세계 기록을 바탕으로 생각해 볼까요?(그림 1)

이들은 정해진 거리를 얼마 동안 달렸는지로 속도를 표현합니다. 따라서 수치가 작아야 빠르다는 뜻입니다.

단위를 통일해서 비교해요

그러나 그림 1의 표현만 봐서는 얼마나 빠른지 상상하기 어렵지요. 그러니 시속으로 단위를 통일해 볼까요?(그림 2)

100m 선수는 천천히 달리는 자동차, 마라톤 선수는 자전거와 비슷한 속도로 달린다는 사실을 알 수 있어요. 마라톤 선수는 그 속도를 2시간 이상 유지하여 달리는 것이니 정말 놀랍습니다. 이처럼 단위를 통일해서 보면 빠르기를 더 실감나게 느낄 수 있습니다.

그림 1
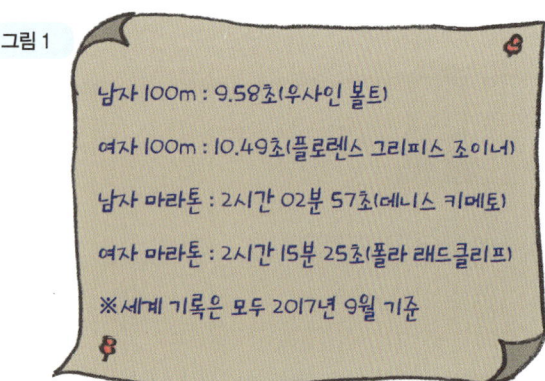
- 남자 100m : 9.58초(우사인 볼트)
- 여자 100m : 10.49초(플로렌스 그리피스 조이너)
- 남자 마라톤 : 2시간 02분 57초(데니스 키메토)
- 여자 마라톤 : 2시간 15분 25초(폴라 래드클리프)
- ※세계 기록은 모두 2017년 9월 기준

그림 2
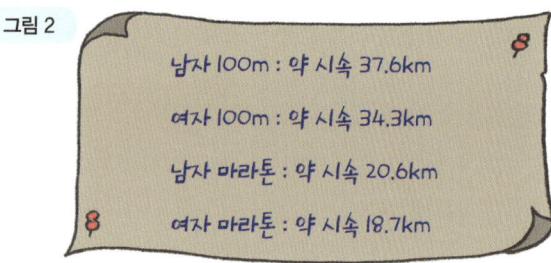
- 남자 100m : 약 시속 37.6km
- 여자 100m : 약 시속 34.3km
- 남자 마라톤 : 약 시속 20.6km
- 여자 마라톤 : 약 시속 18.7km

나도 수학자

동물과 빠르기를 비교해 볼까요?
- 치타 400m : 약 12초 ⇒ (시속 약 120km)
- 코끼리 500m : 약 45초 ⇒ (시속 약 40km)

우사인 볼트 선수는 빠르기로 소문난 동물을 이길 수 있을까요?

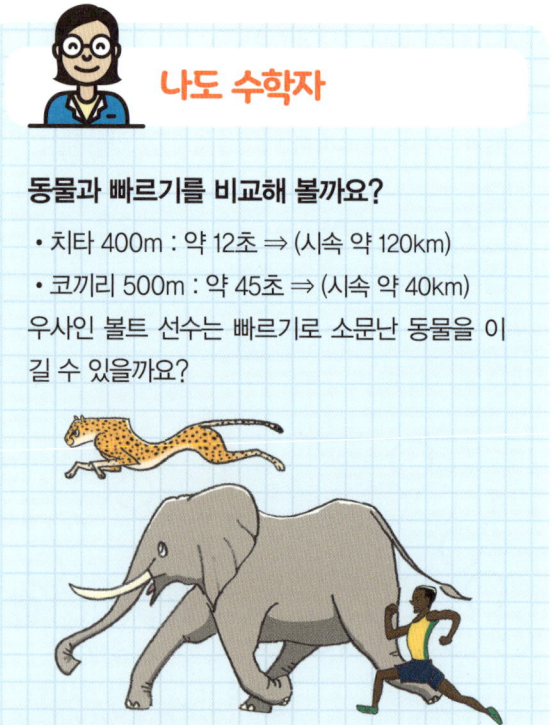

사람은 순간 속도는 느리지만, 지속력으로 봤을 때는 훌륭하기 때문에 만약 장거리로 승부한다면 치타에게도 지지 않을 힘을 갖고 있습니다. 다른 동물이나 탈것 등 우리 주변 사물들의 빠르기도 알아보면 재미있어요.

정사각형 안의 정사각형 넓이 구하기

9월 6일

교과서 5학년 1학기 5단원 다각형의 넓이

구마모토현 구마모토시립 이케노우에초등학교 | 후지모토 구니아키

한 변의 길이를 몰라도 돼요

그림 1과 같이 한 변이 10cm인 정사각형 안에 딱 맞게 들어간 원, 그리고 그 원 안에 딱 맞게 들어간 정사각형이 있습니다. 안에 있는 정사각형의 넓이는 얼마일까요?

정사각형의 넓이를 구하는 공식은 '한 변의 길이× 한 변의 길이'이므로 한 변의 길이를 알면 되는데, 이 상태로는 알 수 없겠네요. 그러면 안에 있는 정사각형을 살짝 회전해 볼까요?(그림 2) 그리고 가로와 세로에 보조선을 그어 보세요. 바깥쪽 정사각형의 절반이라는 사실을 알 수 있겠지요?(그림 3) 바깥쪽 정사각형 넓이가 $10 \times 10 = 100cm^2$이므로 그 절반인 $50cm^2$입니다.

정사각형을 하나 더 만들면?

이처럼 도형을 움직이면 정사각형 넓이를 쉽게 알 수 있어요. 마찬가지로 안쪽에 정사각형을 하나 더 만들면 넓이는 어떻게 될까요?(그림 4) 아까 했던 것처럼 정사각형을 회전해 보면 알 수 있겠네요.

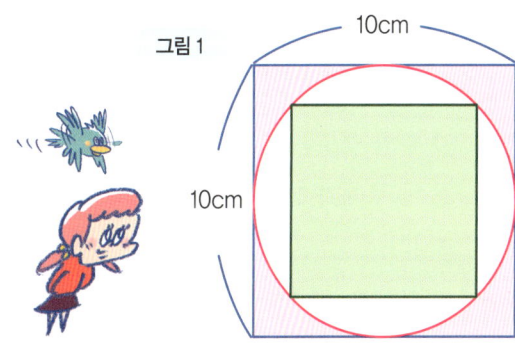

그림 1

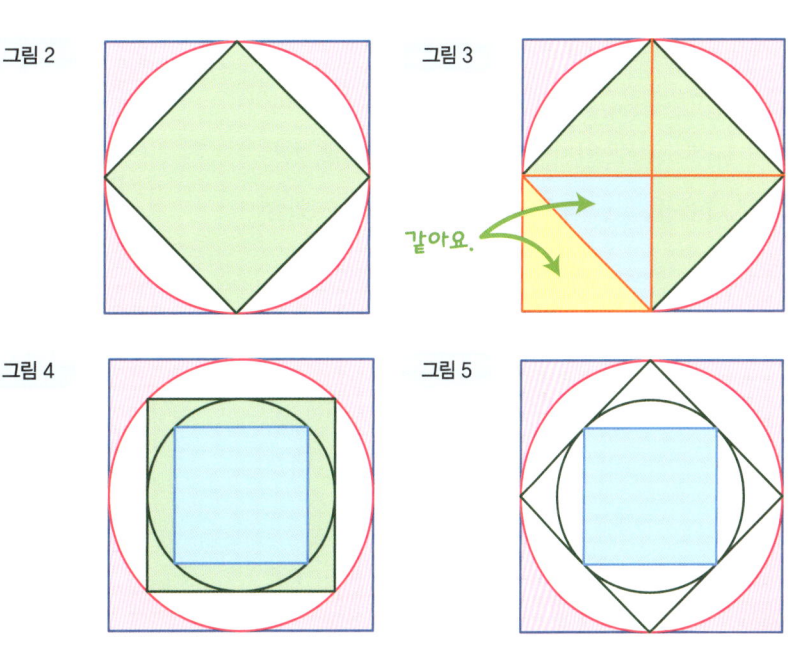

 똑같은 방법으로 생각하면 처음 안쪽에 있던 정사각형의 절반이 되므로 $50 \div 2 = 25cm^2$입니다. 즉 바깥쪽에 있는 커다란 정사각형의 $\frac{1}{4}$이 되는 셈이지요.(그림 5)

무게를 잴 수 있을까요?

교과서 3학년 2학기 5단원 들이와 무게

오차노미즈여자대학 부속초등학교 | 오카다 히로코

양팔 저울로 무게를 재요

양팔 저울을 사용해서 무게를 재려고 합니다. 그러나 추는 6g과 7g밖에 사용할 수 없습니다. 예를 들어 13g인 사물의 무게를 잴 때는 6g인 추를 1개, 7g인 추를 1개 사용하면 돼요.(그림 1) 26g인 사물을 잴 때는 6g인 추 2개와 7g인 추 2개를 사용하면 6×2+7×2=26이 되므로 무게를 잴 수 있어요.

잴 수 없는 무게는?

6g과 7g인 추만 갖고는 잴 수 없는 사물도 있겠네요. 예를 들어 무게가 15g인 물건은 6g과 7g으로 잴 수 없습니다.

그림 2를 보세요. 맨 오른쪽 열부터 따져 볼까요? '사' 열은 7의 단 곱셈구구의 답이기 때문에 7g인 추를 사용하면 모두 잴 수 있고, '바' 열은 6g인 추 하나에 7g인 추를 더하면 모두 잴 수 있어요. '마' 열에서 5g은 잴 수 없지만, 12g은 6g인 추를 2개, 그 아래 줄은 12g 추에 7g을 더하면 만들 수 있습니다.

마찬가지로 '가, 나, 다, 라' 열도 ○ 표시가 되어 있는 무게는 6g인 추로 잴 수 있고, 그 아래 무게는 ○ 표시가 되어 있는 무게에 7g을 더하면 나오는 무게이므로 6g과 7g인 추로 잴 수 있어요. 따라서 잴 수 없는 무게는 1, 2, 3, 4, 5, 8, 9, 10, 11, 15, 16, 17, 22, 23, 29g으로 15종류뿐입니다. 더 무거운 사물은 잴 수 없을 것 같은데, 30g 이상인 물건은 6g과 7g인 추로 모두 잴 수 있어요. 신기하지요.

그림 1

그림 2

가	나	다	라	마	바	사
1	2	3	4	5	⑥	⑦
8	9	10	11	⑫	13	14
15	16	17	⑱	19	20	21
22	23	㉔	25	26	27	28
29	㉚	31	32	33	34	35
㊱	37	38	39	40	41	42
43	44	45	46	47	48	49

 추가 3g과 10g이라면 잴 수 없는 무게는 몇 가지 있을까요? 가로가 10칸인 표로 만들어서 생각해 보세요.

피자를 다른 모양으로 변신시켜요

9월 8일

교과서 2학년 1학기 2단원 여러 가지 도형

학습원 초등과 | 오오사와 다카유키

원이 우리가 아는 사각형으로?

원 모양으로 된 피자를 떠올려 보세요. 먹음직스럽지요. 지금 그 피자가 그림 1처럼 16등분되어 있다고 생각해 볼까요? '등분'은 같은 양으로 나누는 것을 뜻하지요. 16등분된 피자 조각으로 대략 사각형을 만들면 어떤 모양이 나올까요?

정사각형이나 직사각형, 평행사변형이 만들어졌나요? 그림 2와 같이 움직이면 정사각형이나 직사각형이 아니라 평행사변형이 만들어집니다. '평행사변형'은 네 각이 모두 직각인 정사각형이나 직사각형과는 달라요. 마주 보는 각의 크기가 같고, 마주 보는 두 쌍의 변이 평행합니다.

그림 3과 같이 움직이면 사다리꼴도 만들 수 있어요. 사다리꼴은 마주 보는 한 쌍의 변이 서로 평행한 사각형을 뜻합니다. 그림 2의 평행사변형도 사다리꼴이라 할 수 있지요.

우리가 아는 삼각형으로 변신!

이번에는 정삼각형이나 이등변삼각형, 직각삼각형으로 변신시켜 볼까요? 그림 4와 같이 움직이면 두 변의 길이가 같은 이등변삼각형이 만들어집니다.

그림 1 16등분

그림 2 평행사변형

그림 3 사다리꼴

그림 4 이등변삼각형

🔍 곡선으로 둘러싸인 원의 넓이를 구할 때, 넓이 구하는 식을 도형으로 변신시킨다는 아이디어를 사용하면 대략적인 넓이를 구할 수 있어요.

곱셈구구로 끝말잇기를 해요

9 / 9일

교과서 2학년 2학기 2단원 곱셈구구

오차노미즈여자대학 부속초등학교 | 구가야 아키라

끝말잇기 놀이 규칙

여러분은 끝말잇기를 한 적이 있나요? 끝말잇기는 사과 → 과자 → 자전거 → 거미…와 같이 마지막 한 글자를 다음 단어의 앞에 오게 해서 되도록 많은 말을 잇는 놀이입니다. 여러분은 혼자서 몇 개 정도 단어를 이을 수 있나요?

오늘은 곱셈구구를 가지고 끝말잇기를 해 보겠습니다. 규칙은 같습니다. 곱셈구구 끝말잇기에서는 답 가운데 일의 자릿수를 다음 곱셈 앞에 오도록 해야 합니다. 이렇게 해서 되도록 많은 곱셈식을 이어 보세요. 단, 한 번 사용한 식은 쓸 수 없습니다. 여러분은 몇 개나 이을 수 있을까요?

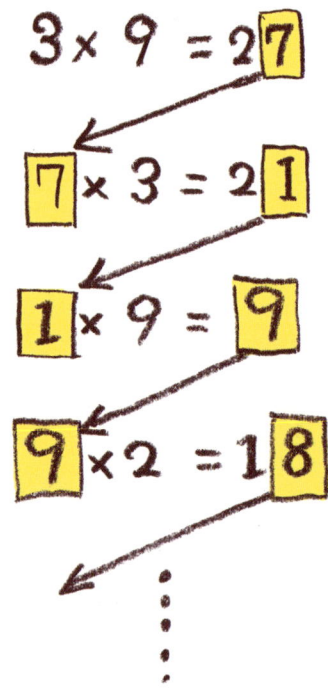

 **나도 수학자**

곱셈구구 어떻게 외우나요?

대부분 곱셈구구를 외울 때는 "일 일은 일, 일 이는 이 …." 하고 반복해서 읊으며 외우겠지요? 끝말잇기와는 조금 동떨어지는 이야기지만, 곱셈구구 말하기(곱셈식 읽는 법)를 생각해 볼까요? 위쪽과 아래쪽의 차이는 무엇일까요? 그렇습니다. '은'이나 '는'이 붙느냐 붙지 않느냐의 차이입니다. 곱하는 수의 음에 받침이 있을 때와 없을 때에 따라 '은'이나 '는'이 붙는 차이가 생겨요. 곱셈구구의 다른 단으로도 알아보세요.

 곱셈구구 끝말잇기는 식 81개를 모두 이어서 만들 수 없어요. 사실 50개밖에 연결되지 않아요. 꼭 50개를 목표로 도전해 보세요. 연결해 읊는 방법이 있다는 사실을 발견할 수 있어요.

선생님도 깜짝 놀라게 한 계산 천재 가우스

9월 10일

교과서 3학년 1학기 2단원 평면도형 심화

메이세이대학 객원교수 | 호소미즈 야스히로

교사를 난처하게 만든 천재 소년

독일의 수학자 요한 카를 프리드리히 가우스의 이름을 들어 본 적이 있나요? 가우스는 소년 시절부터 똑똑했는데, 특히 계산을 어마어마하게 잘해서 암산도 뚝딱 해내 주변 사람들을 놀라게 했습니다. 그 일화로 다음과 같은 이야기가 있어요.

독일의 시골구석에 있는 한 초등학교에서 계산이 매우 빠른 가우스에게 애를 먹은 선생님이 시간이 걸릴 듯한 문제를 생각하다가 "1부터 100까지 수를 모두 더하면 얼마가 될까?"라는 과제를 냈습니다. 보통 아이들은 20분에서 30분 걸리는 계산입니다.

그런데 가우스 소년은 "1+100=101, 2+99=101…50+51=101이 되기 때문에 정답은 101×50=5050입니다." 하고 즉시 대답해서 교사를 놀라게 했습니다. 수학 선생님은 그의 재능에 감탄하며 이런 천재에게 자신이 가르칠 것은 더 없다고 말했다고 합니다.

근대 수학의 창시자

'가우스'라고 하면 어디에서 들어 본 듯한 이름이라고 느끼는 친구도 많겠지요. 그것은 가우스의 이름이 붙은 중요한 법칙이 아직도 과학계에 많이 남아 있기 때문입니다. 그는 정17각형을 컴퍼스와 자로 작도하는 방법을 19세 때 발견했습니다. 당시 컴퍼스와 자로만 작도할 수 있는 정다각형은 정삼각형과 정오각형밖에 없다고 생각했기 때문에 수학사에 남을 만한 발견이었습니다.

가우스는 정17각형의 작도법을 발명했을 뿐 아니라 특히 정수론 연구로 유명해서 18세기부터 19세기로 이어지는 근대 수학에 커다란 영향을 끼쳤습니다. 수학자뿐 아니라 천문학이나 역학, 광학, 전자기학 등 천문학자, 물리학자로서도 큰 업적을 남겼습니다. 그의 이름 '가우스'를 딴 물리 단위도 있어요.

 가우스는 아르키메데스, 뉴턴과 이름을 나란히 하는 학자이며 19세기 최고 수학자 중 한 사람입니다.

삼각 팽이를 만들어요

교과서 2학년 1학기 2단원 여러 가지 도형

9 / 11 일

이와테현 구지시 교육위원회 사무국 | 고모리 아쓰시

'삼각 팽이'란 이름 그대로 삼각형 모양을 한 팽이를 말합니다. 삼각 팽이를 만들려면 팽이의 중심이 되는 점(무게 중심)을 찾아서 그곳에 축을 꽂아야 합니다.

준비물
- 색종이
- 자
- 두꺼운 종이(판지)
- 가위 (커터칼)
- 이쑤시개
- 컴퍼스

정삼각형 팽이를 만들어요

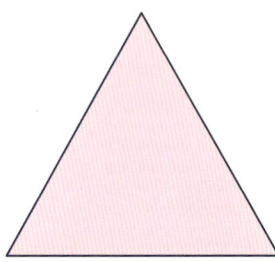

먼저 정삼각형 팽이를 만들어 볼까요? 색종이로 세 각과 세 변의 길이가 같은 정삼각형을 만들어요.

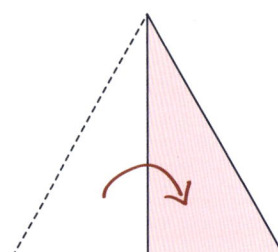

정삼각형 위의 꼭짓점을 중심으로 반으로 접은 다음 펼칩니다.

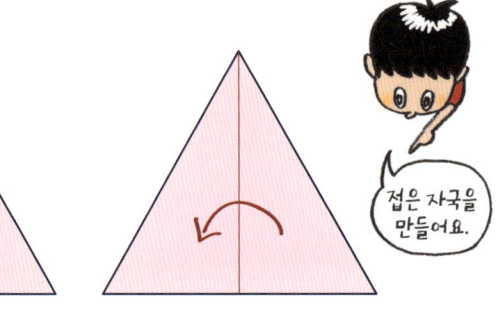

접은 자국을 만들어요.

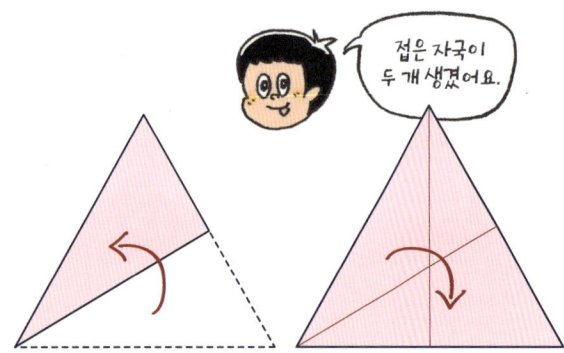

접은 자국이 두 개 생겼어요.

위와 마찬가지로 정삼각형 왼쪽 아래의 꼭짓점을 중심으로 반으로 접은 다음 펼칩니다.

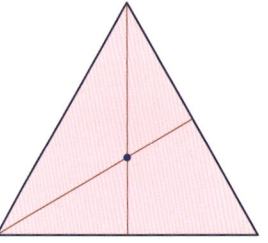

접어서 생긴 두 선이 만나는 점이 정삼각형의 중심(무게 중심)입니다.

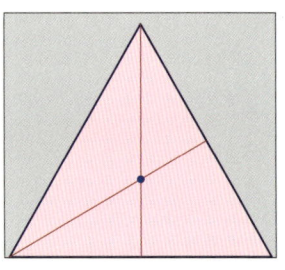

두꺼운 종이 위에 정삼각형 모양 색종이를 올린 다음 정삼각형을 따라 두꺼운 종이를 자릅니다.

색종이와 두꺼운 종이를 포갠 채 삼각형 중심에 컴퍼스로 구멍을 뚫습니다.

두꺼운 종이의 구멍에 이쑤시개를 꽂으면 삼각 팽이 완성입니다.

뽀족하니 놀이를 할 때 조심하세요!

완성

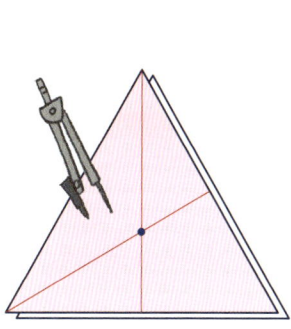
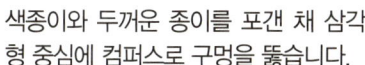

색종이를 붙이면 색깔 있는 팽이가 돼요.

팽이를 돌릴 때는 이쑤시개의 뽀족하지 않은 부분이 아래로 오도록 하세요.

다른 삼각형도 만들어요

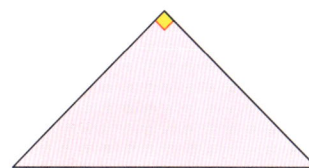

이번에는 직각이등변삼각형 팽이를 만들어 볼까요? 직각이등변삼각형 색종이를 준비합니다.

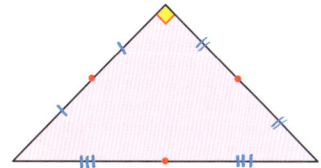

먼저 무게 중심을 찾아요. 직각이등변삼각형 각 변의 한가운데에 표시를 합니다.

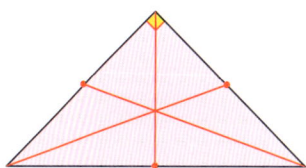

표시한 부분에서 마주 보는 꼭짓점으로 선을 그립니다. 직선 3개가 만나는 점이 직각이등변삼각형의 중심입니다.

직각이등변삼각형은 정사각형 색종이를 반으로 접은 다음 자르면 만들 수 있어요.

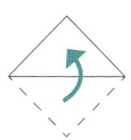

아까 했던 것처럼 중심에 컴퍼스로 구멍을 뚫은 다음 이쑤시개를 꽂으면 직각이등변삼각형 팽이가 완성됩니다.

완성

나도 수학자

삼각 팽이가 만들어지는 원리는?

왜 삼각형 중심에 축을 꽂으면 삼각 팽이가 만들어질까요? 삼각형은 무게 중심을 기준으로 삼각형 3개로 나눌 수 있습니다. 삼각형 3개는 넓이가 모두 같아요. 넓이가 같다는 것은 무게도 같다는 뜻이지요. 무게 중심에서 무게의 균형을 잡을 수 있기 때문에 팽이가 잘 회전한답니다.

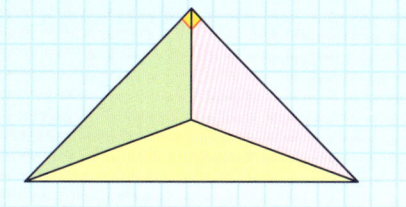

이등변삼각형이나 직각삼각형 등 다른 삼각형에서도 무게 중심을 찾아 삼각 팽이를 만들어 보세요.

평균으로 정확히 비교할 수 있을까요?

교과서 5학년 2학기 6단원 자료의 표현

오오이타현 오오이타시립대 니시초등학교 | 니노미야 다카아키

독서량을 비교해요

어느 학교에서 어떤 반이 책을 잘 읽는지 알아보기로 했습니다. 그래서 반마다 도서관에서 책을 모두 몇 권 빌렸는지 조사했어요. 이때 반 전체가 읽은 책의 수를 각 반의 학생 수로 나누면 '평균'을 구할 수 있습니다. 평균을 구해 보니 5학년 1반은 25권, 5학년 2반은 23권이었습니다. 이 사실로 봤을 때 1반은 2반보다 책을 잘 읽는다고 할 수 있을까요?

확실히 평균은 1반이 더 큽니다. 그러나 한 사람 한 사람이 책을 몇 권 빌렸는지 알아보면 의외의 사실을 알 수 있어요. 빌린 책 수와 책을 빌린 사람의 수를 나타낸 막대그래프를 볼까요? 1반을 보면 읽은 책 수가 14권이나 15권으로, 책을 별로 읽지 않은 친구들이 있어요.

그러면 왜 1반의 평균이 더 높을까요? 한 번 더 막대그래프를 잘 보세요. 1반 중에는 51권이나 50권 등 눈에 띄게 많이 읽은 사람이 여러 명 있습니다. 이런 친구들이 1반의 평균을 올렸던 것이지요.

여러 가지 관점으로 볼 수 있어요

1반에는 19권을 읽은 친구가 가장 많습니다. 그리고 빌린 책이 적은 친구부터 순서대로 나열하면 중간에는 20권 읽은 친구가 옵니다. 즉, 1반의 절반에 가까운 수의 친구는 19권 이하의 책을 읽었다는 뜻이지요. 그에 비해 2반은 대부분의 친구가 20권 이상을 읽었습니다. 이처럼 많은 값의 특징을 알아볼 때는 여러 가지 관점으로 보는 것이 중요해요.

빌린 책 수와 책을 빌린 사람의 수를 나타낸 막대그래프

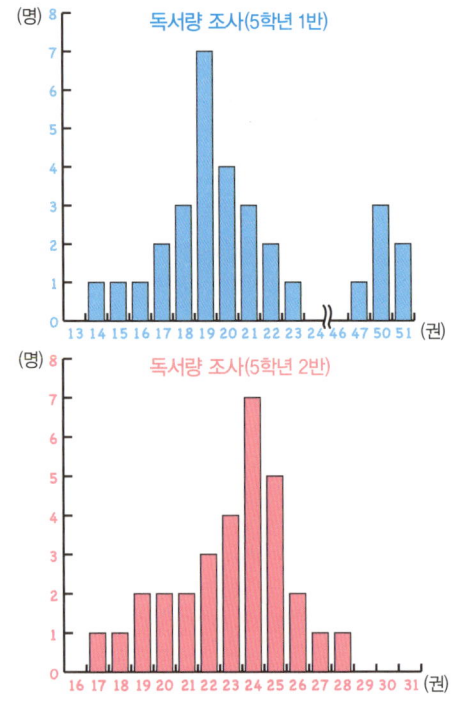

 위에서 반마다 읽은 책의 수를 모두 더해 각 반의 학생 수로 나눈 것처럼, 합계÷개수로 구할 수 있는 것을 '평균'이라고 합니다. 또한 가장 적은 쪽부터 많은 쪽 순서로 나열했을 때 중간 값을 '중앙값'이라고 합니다.

아무도 풀 수 없는 세 가지 문제

9 13일

교과서 6학년 1학기 5단원 원의 넓이 심화

오차노미즈여자대학 부속초등학교 | 오카다 히로코

조건은 컴퍼스와 자만 쓰기

고대 그리스 시대부터 2,000년 이상 아무도 풀 수 없었던 세 가지 문제가 있습니다.

① 어떤 정육면체보다 부피가 2배인 정육면체를 만들 수 있을까?(정육면체 배적 문제. 그림 1)
② 어떤 원과 똑같은 넓이의 정사각형을 만들 수 있을까?(원의 넓이 문제. 그림 2)
③ 주어진 각을 삼등분할 수 있을까?(각의 삼등분 문제. 그림 3)

그림 1

그림 2
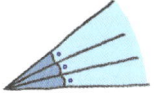 =

그림 3

이 문제를 풀 때 조건은 컴퍼스와 자밖에 사용할 수 없다는 점입니다. 이 문제에 많은 수학자가 도전했지만, 2,000년이나 되는 시간 동안 아무도 풀 수 없었습니다. 그러나 19세기 들어 '만들 수 없다'는 사실을 알았습니다. 즉, '불가능'이 답이었어요.

'불가능한 이유'가 중요해요

수학 문제에 항상 답이 있으리라는 법은 없습니다. 불가능할 때는 불가능한 이유를 들어야 하지요. 만약 자와 컴퍼스를 사용해서 1,000번 동안 답을 찾지 못했다 하더라도 1,001번째에 답을 찾을 수도 있으니까요. 불가능하다는 것을 증명하기란 꽤 어렵지요.

나도 수학자

아폴론의 전설

①번 문제에는 전설이 있습니다. 옛날에 아테네라는 나라에서 전염병이 돌아 백성들이 괴로워했어요. 그때 델로스섬에 있는 아폴론이라는 신에게 어떻게 해야 좋을지 물었더니, '정육면체 모양 제단의 부피를 2배로 늘리면 재난이 거두어질 것이다.' 하고 알렸다고 합니다. 신도 참 어려운 문제를 냈지요.

 현재 많은 수학자가 아직 풀지 못한 문제에 도전하고 있습니다. 그중에는 100만 달러(약 12억 원)의 상금이 걸려 있는 문제도 있다고 해요.

2 달력은 왜 1월부터 12월까지 있을까요?

교과서 2학년 2학기 4단원 시각과 시간

9월 14일

시마네현 이이난초립 시시초등학교 | 무라카미 유키토

'하루'는 태양의 움직임으로 살폈어요

'오늘은 몇 월 며칠입니다.' 하고 날짜를 나타낼 때 '월'과 '일'을 씁니다. 그런데 한번 생각해 보세요. 왜 월과 일일까요? 이는 달력이 어떻게 만들어졌는지와 관련이 있습니다.

약 4,000년 전 고대 바빌로니아인들은 농업을 하기 위해 계절이나 시간을 알 필요가 있었습니다. 물론 당시에는 지금과 같이 시계나 달력이 없었지요. 그래서 태양이나 달의 움직임을 관찰하여 지금이 언제인지 알았다고 해요. 여러분의 생활을 기준으로 하면 태양이 뜨는 아침에 일어나 태양이 저물어 잠에 들 때까지를 하루로 보았습니다. 태양(해님)이 한 번 나오는 시간의 길이를 '1태양=1일'이라고 했어요.

'한 달'은 달의 움직임으로 살폈어요

이번에는 달을 볼까요? 달은 태양과 달리 모양이 변한다는 사실을 잘 알지요? 매일 밤 관찰하면 신월(달에 빛이 닿지 않아 보이지 않는 상태)부터 조금씩 차올라 보름달이 되고, 그 후 다시 이지러지며 신월로 돌아갑니다. 그 기간이 약 30일이에요. 그래서 신월이 되면 새로운 달이 시작된다고 했지요.

이것을 열두 번 반복하면 딱 1년입니다. 원래 계절로 돌아가지요. 그렇기 때문에 달력은 1월부터 12월까지 있는 것이에요. 이 달력 덕분에 오늘이 어느 시기인지 알게 되었고, 계획적으로 농사를 지으며 오늘날에 이르렀습니다. 하늘의 달과 태양 덕분에 지구에 있는 우리가 날짜를 알다니, 대단하지 않나요?

	일	월	화	수	목	금	토
1주	2016년 9월				1 신월 월령 29.3	2 월령 0.7	3 월령 1.7
2주	4 월령 2.7	5 월령 3.7	6 월령 4.7	7 월령 5.7	8 월령 6.7	9 월령 7.7	10 월령 8.7
3주	11 월령 9.7	12 월령 10.7	13 월령 11.7	14 월령 12.7	15 월령 13.7	16 월령 14.7	17 보름 월령 15.7
4주	18 월령 16.7	19 월령 17.7	20 월령 18.7	21 월령 19.7	22 월령 20.7	23 하현 월령 21.7	24 월령 22.7
5주	25 월령 23.7	26 월령 24.7	27 월령 25.7	28 월령 26.7	29 월령 27.7	30 월령 28.7	

나도 수학자

추석에 하늘이 맑으면 보름달을 봐요

음력 8월 15일인 추석에는 송편도 만들고 달맞이도 하지요. 밤에 아름다운 달을 찾아보세요. 달이 어떤 모양인가요?

 달이 차고 이지러지는 주기는 정확히 30일이 아닙니다. 그래서 큰달(31일까지 있는 달)이나 작은달(31일까지 없는 달)이 있습니다.

달은 얼마나 클까요?

9월 15일

교과서 4학년 1학기 2단원 각도

시마네현 이이난초립 시시초등학교 | 무라카미 유키토

보름달의 겉보기 크기는?

추석 무렵입니다. 밤하늘에 커다란 달이 보이지요. 달은 항상 지구에서 같은 거리에 있는데, 날짜에 따라 크기가 달라 보입니다. 이렇게 지구에서 볼 때 눈에 보이는 크기를 실제 크기와 다른 '겉보기 크기'라고 불러요. 추석 즈음 보이는 달님의 겉보기 크기는 다음 중 어느 것일까요?

① 팔을 쭉 펴서 바라본 지름 30cm짜리 쟁반 크기
② 팔을 쭉 펴서 바라본 500원짜리 동전 크기
③ 팔을 쭉 펴서 바라본 10원짜리 동전 크기

정답은? 사실 셋 중에 없습니다. 팔을 쭉 펴서 바라본 지름 0.5cm짜리 단추 크기 정도로만 보여요.

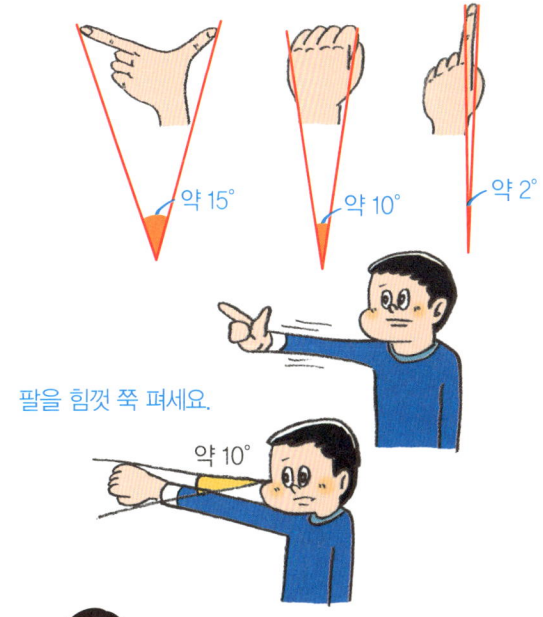

팔을 힘껏 쭉 펴세요.

손으로 각도를 재요

팔을 쭉 뻗어서 주먹을 만들어 보세요. 주먹 하나 폭의 각도는 여러분 눈으로 봤을 때 약 10도 정도 입니다. 집게손가락의 폭은 약 2도예요.(그림)

집게손가락으로 달의 크기를 재면 손가락 끝에 달이 약 4개 정도 들어가요. 따라서 달은 0.5도, 즉 각도기 1도 눈금의 절반 크기입니다. 이처럼 팔을 뻗어서 손가락을 사용해 각도를 재면 달을 눈으로 봤을 때 대략적인 크기나 다른 별자리 크기, 별의 대략적인 높이를 다른 사람에게 설명할 수 있어요.

나도 수학자

태양과 달의 크기

태양도 달도 거의 크기가 비슷하게 보입니다. 그래서 둘이 꼭 맞게 겹쳐지면 개기일식을 볼 수 있습니다. 하지만 실제 크기는 태양의 지름이 약 140만km, 달은 약 3,500km입니다. 달을 1cm 크기로 만들면 태양은 4m나 돼요. 그런데 크기가 비슷하게 보이는 이유는 태양과 지구까지의 거리와 달과 지구까지의 거리 차이가 400배나 나기 때문이에요. 만약 시속 200km로 달리는 기차로 달에 갈 수 있다면 80일이 걸리지만, 태양까지 가려면 80년 이상이 걸립니다.

🔍 태양이나 달과 지구의 거리는 계속 똑같지는 않고 조금씩 변합니다. 그 때문에 지상에서 봤을 때 태양과 달이 겹칠 때는 타이밍에 따라 개기일식이 아니라 금환일식이 될 때도 있어요. 금환일식은 달이 태양의 일부분만 가리고 둘레는 가리지 못해 태양이 고리 모양으로 보이는 현상이랍니다.

곱셈구구표에 등장하는 수는?

9월 16일

교과서 2학년 2학기 2단원 곱셈구구

오차노미즈여자대학 부속초등학교 | 구가야 아키라

등장하는 수는 몇 종류일까요?

오늘은 곱셈구구에 등장하는 수를 알아보겠습니다. 여러분은 곱셈구구표를 본 적이 있나요?(그림 1) 곱셈구구표에는 1×1의 답인 1부터 9×9의 답인 81까지 답이 81개 나열되어 있습니다. 그런데 자세히 보면 여러 번 나오는 수가 있기도 하고, 11이나 13처럼 나오지 않는 수도 있다는 사실을 알 수 있어요. 그럼 곱셈구구표에는 대체 몇 종류의 수가 답으로 나올지 살펴보세요. 정답은 '돋보기'에 있습니다. 어때요? 알아봤더니 의외로 적네요.

각각 몇 번 나올까요?

더 자세히 곱셈구구표에 어떤 수가 몇 번 등장하는지 생각해 볼까요? 먼저 딱 한 번씩 곱셈구구에 등장하는 수는 무엇일까요? 그렇습니다. 1, 25, 49, 64, 81, 이렇게 다섯 가지네요.

그러면 두 번 등장하는 수는? 세 번 등장하는 수는? 네 번 등장하는 수는? 다섯 번 등장하는 수는 있을까요? 이런 식으로 알아보고 그것을 색으로 나눠 정리한 표가 그림 2입니다. 이렇게 보면 두 번 등장하는 수가 아주 많다는 사실을 한눈에 알 수 있어요. 그런데 많아도 네 번까지 등장하고 다섯 번 이상 등장하는 수는 없네요.

그림 1

	곱하는 수								
	1	2	3	4	5	6	7	8	9
1의 단	1	2	3	4	5	6	7	8	9
2의 단	2	4	6	8	10	12	14	16	18
3의 단	3	6	9	12	15	18	21	24	27
4의 단	4	8	12	16	20	24	28	32	36
5의 단	5	10	15	20	25	30	35	40	45
6의 단	6	12	18	24	30	36	42	48	54
7의 단	7	14	21	28	35	42	49	56	63
8의 단	8	16	24	32	40	48	56	64	72
9의 단	9	18	27	36	45	54	53	72	81

그림 2

	곱하는 수								
	1	2	3	4	5	6	7	8	9
1의 단	1	2	3	4	5	6	7	8	9
2의 단	2	4	6	8	10	12	14	16	18
3의 단	3	6	9	12	15	18	21	24	27
4의 단	4	8	12	16	20	24	28	32	36
5의 단	5	10	15	20	25	30	35	40	45
6의 단	6	12	18	24	30	36	42	48	54
7의 단	7	14	21	28	35	42	49	56	63
8의 단	8	16	24	32	40	48	56	64	72
9의 단	9	18	27	36	45	54	53	72	81

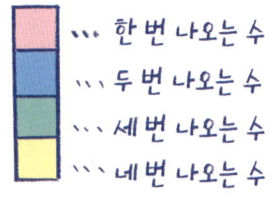

- 한 번 나오는 수
- 두 번 나오는 수
- 세 번 나오는 수
- 네 번 나오는 수

 곱셈구구에 등장하는 수는 전부 36종류입니다. 곱셈구구표를 일의 자리만 주목해서 보면 숫자가 순서대로 나열되는 단도 있는가 하면 0, 2, 4, 6, 8만 나열되는 단이 있다는 사실을 알 수 있어요.

직각삼각형 4개로 정사각형을 만들어요

9월 17일

교과서 2학년 1학기 2단원 여러 가지 도형

가나가와현 가와사키시립 쓰치하시초등학교 | 야마모토 나오

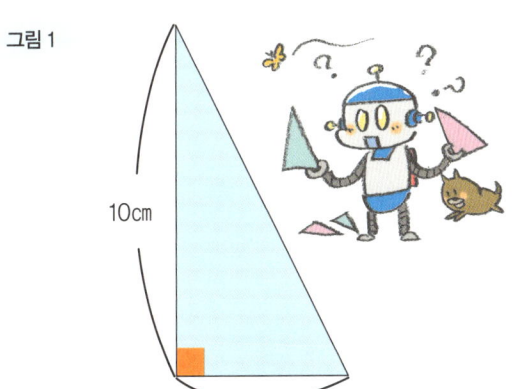

그림 1

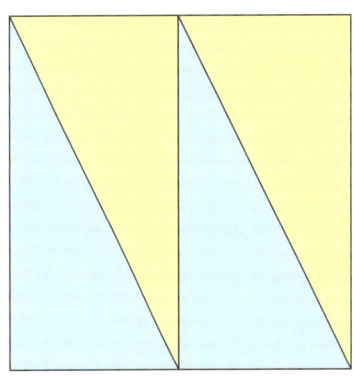

그림 2

직각삼각형 네 장을 써요

그림 1과 같은 직각삼각형 종이 네 장으로 정사각형을 만들어 보세요. 위와 아래를 교대로 바꾸면서 그림 2와 같이 네 장을 나란히 놓으면 완성됩니다. 그 밖에도 직사각형이나 평행사변형을 만들 수 있어요.

그림 3 A

발상을 살짝 바꿔 보세요

정사각형을 더 크게 만들 수 있을까요? 발상을 살짝 바꾸면 만들 수 있어요. 그림 2는 빈틈없이 놓아 만든 도형인데, 안에 공간이 생겨도 주변만 잘 이어져도 된다면 그림 3의 A와 같이 크게 만들 수 있어요. 가운데 정사각형 공간이 생기지만, 그만큼 커졌다고 할 수 있습니다. 이번에는 변과 변이 연결되지 않아도 꼭짓점만 붙으면 된다고 하면, 그림 3의 B와 같이 더 큰 정사각형도 만들 수 있어요.

B

🔍 직각삼각형은 세 각 중 하나가 직각인 삼각형을 뜻합니다. 정사각형은 네 각이 모두 직각이고 네 변의 길이가 모두 같지요.

각도기로 여러 가지 별 모양 만들기

9월 18일

교과서 4학년 1학기 2단원 각도

/ / /

아오모리현 산노헤초립 산노헤초등학교 | 다네이치 요시타케

가족과 함께 그려요

각도기로 별 모양을 그릴 수 있다는 사실을 아나요? 준비물은 각도기와 연필, 자, 노트입니다.

■ 그리는 방법(그림 1)

① 출발점(S)에서 6cm 직선을 그립니다.
② 직선 오른쪽 끝에 각도기의 0을 맞춘 다음 36도를 측정합니다.
③ 또 6cm 직선을 그립니다.
④ 직선 왼쪽 끝에 각도기의 0을 맞춘 다음 36도를 측정합니다.
⑤ 출발점으로 돌아올 때까지 반복합니다. 각도기로 재는 각도를 바꾸면 예쁜 모양을 여러 가지 만들 수 있어요.

45도일 때(그림 2)
30도일 때(그림 3)
20도일 때(그림 4)
15도일 때(그림 5)

예를 보면서 가족이나 친구와 함께해 보세요.

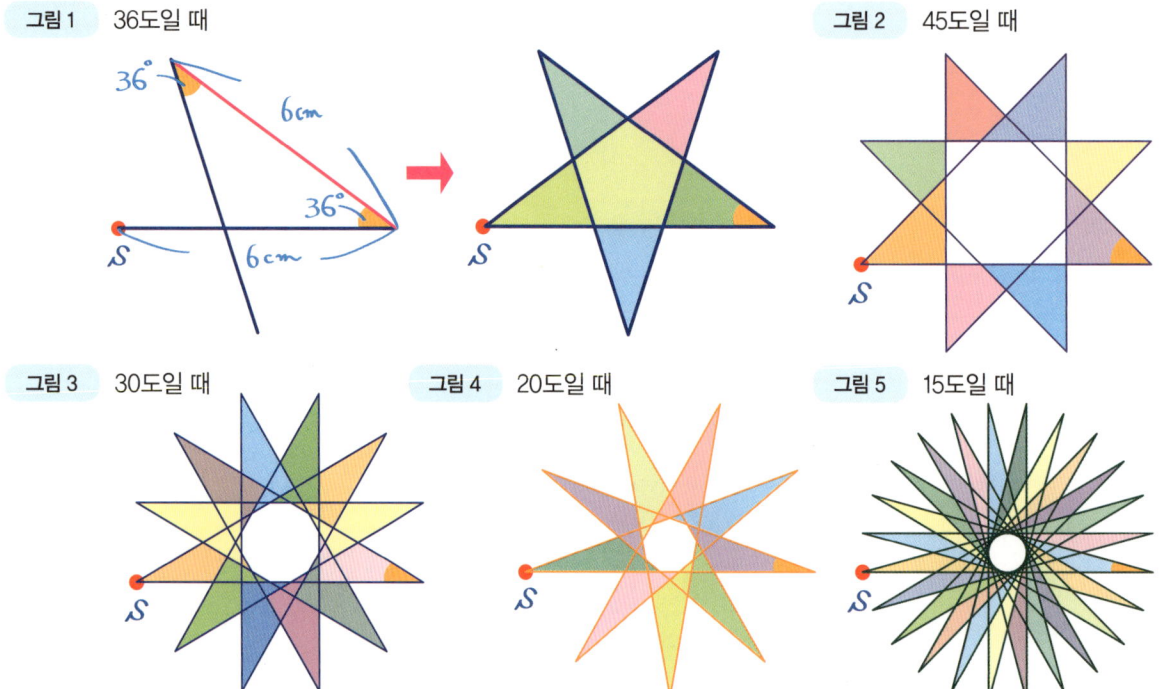

36도로 그린 별 모양은 '오각 별'이라고 부릅니다. 45도로 그린 별 모양은 '팔각 별'입니다. 별 모양 도형은 정다각형 친구예요. '다각형'은 3개 이상의 직선으로 둘러싸인 평면 도형이고, '정다각형'은 변의 길이가 같고 내각의 크기가 모두 같은 다각형입니다.

곱셈구구에 무지개가 나타난다고요?

9월 19일

교과서 2학년 2학기 2단원 곱셈구구

리쓰메이칸초등학교 | 다카하시 마사히데

무지개가 보여요

5의 단 곱셈구구를 보면 재미있는 사실을 알 수 있어요. 예를 들어 5×1의 답인 5와 5×9의 답인 45를 같은 무지개 색으로 연결합니다. 마찬가지로 5×2의 답인 10과 5×8의 답인 40을 연결합니다. 공통점은 무엇일까요? 그렇습니다. 합이 50이지요. 계속 연결하면 무지개 모양이 드러납니다. 마지막 5×5는 연결할 숫자가 없어 외롭게 보이지만, 25를 두 배하면 50입니다.

이 '무지개 관계'는 반드시 '×1'과 '×9'를 연결하지 않아도 확인할 수 있습니다. 예를 들어 5×1=5와 5×8=40을 연결하면 45가 되기 때문에 그 안에서도 무지개 관계가 나타납니다.

나도 수학자

왜 무지개가 보이는 걸까요?

그림 1에서 무지개가 나타나는 이유를 알아볼까요. 아래 그림처럼 한 줄에 5개씩 세로줄 10개로 늘어선 떡이 50개 있다고 가정해 보세요. 이것을 1개의 세로 선으로 두 부분으로 나누더라도 전체 50개는 바뀌지 않기 때문에 어떻게 나누어 연결해도 전체 개수는 같은 수가 되어 무지개가 나타납니다.

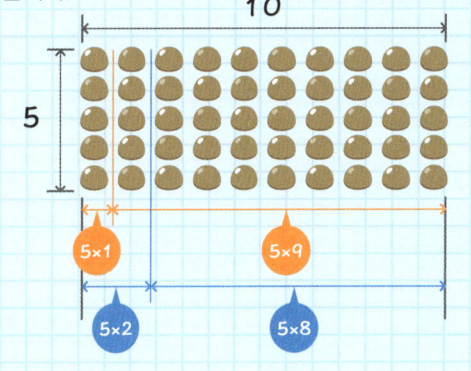

 다른 단에서는 어떤 무지개가 보일지 알아보면 재미있어요.

육상 경기에서 코스는 선수마다 달라요

9 20일

교과서 6학년 1학기 5단원 원의 넓이

도쿄도 도시마구립 다카마쓰초등학교 | 호소가야 유코

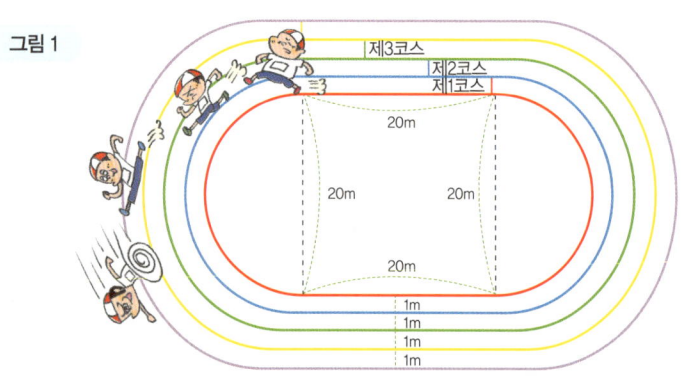

그림 1

각 코스의 길이는 안쪽 라인의 길이로 합니다.

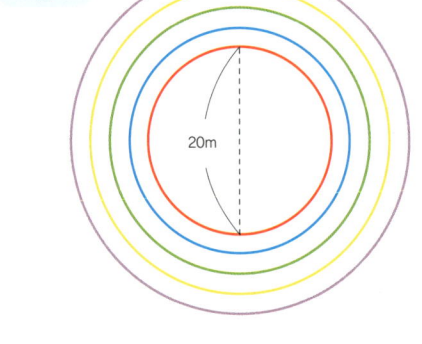

그림 2

각 코스의 길이는?

달리기는 운동회나 체육대회 등에서 흔히 볼 수 있지요. 직선 코스는 모두 출발 위치가 같지만, 트랙을 한 바퀴 도는 경주는 코스에 따라 출발 위치가 다릅니다. 바깥쪽 코스에 있는 사람이 크게 돌아야 하기 때문에 달리는 거리가 길어진다는 것은 알 거예요. 달리는 거리는 어느 정도 차이가 있을까요?

그림 1과 같은 코스를 달리는 경우를 생각해 보겠습니다. 코스에서 직선 부분의 길이는 모두 같기 때문에 직선 부분을 빼고 생각해 보세요. 커브 부분은 원의 원둘레와 길이가 같습니다.(그림 2) 그림 3과 같이 생각하면 코스 하나에 6.28m 차이가 납니다.

코스 폭을 잘 보세요

그럼 이 6.28m라는 길이는 무엇과 관계가 있을까요? 코스 폭은 1m이므로 6.28은 코스 폭을 지름으로 하는 원의 원둘레를 2개 합친 길이입니다.(그림 4) 늘어난 길이는 코스의 폭, 즉 길이의 차이는 코스의 폭과 관련이 있어요.

그림 3

제1코스
20×3.14=62.8

차이는 6.28m

제2코스
22×3.14=69.08

차이는 6.28m

제3코스
24×3.14=75.36

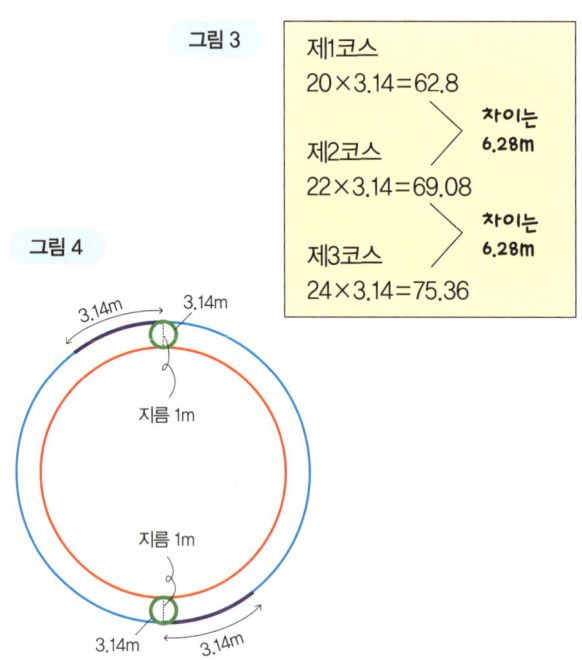

그림 4

'원둘레'란 원의 둘레 길이를 말하는데, 원의 지름×원주율로 구할 수 있습니다. 원주율은 보통 3.14라고 간주합니다.

20×20과 21×19 중 어느 쪽이 더 클까요?

9월 21일

교과서 4학년 1학기 3단원 곱셈과 나눗셈

쓰쿠바대학 부속초등학교 | 세이야마 다카오

짐작해 보세요

여러분은 20×20과 21×19의 답 중 어느 쪽이 더 클 것 같나요? 계산하기 전에 먼저 짐작해 보세요.

① 20×20이 더 크다.
② 21×19가 더 크다.
③ 같다.

예상했다면 계산해 보세요. 그렇습니다. 20×20=400, 21×19=399이므로 20×20이 더 큽니다. 차이는 1이므로 거의 비슷하다고 볼 수도 있겠네요.

20×20과 22×18은?

다음 문제입니다. 20×20과 22×18의 답 중 어느 쪽이 더 클까요? 22×18=396이므로 역시 20×20이 더 큽니다. 차이는 4입니다.

23×17은 어떨까요? 이미 20×20이 더 크리라는 예상은 가지만, 차이는 얼마일까요? 23×17=391입니다. 20×20과의 차이는 9입니다. 이런 식으로 알아보니 다음과 같은 결과가 나왔습니다.

```
20 × 20 = 400
21 × 19 = 399    뺀 값은 1
22 × 18 = 396         4
23 × 17 = 391         9
24 × 16 = 384        16
25 × 15 = 375        25
26 × 14 = 364        36
27 × 13 = 351        49
28 × 12 = 336        64
29 × 11 = 319        81
```

나도 수학자

곱해서 나온 값들을 비교해 보세요

곱해서 나온 값들끼리 뺀 값을 비교해 보면 규칙이 있어요. 뺀 값은 1×1=1, 2×2=4, 3×3=9, 4×4=16, 5×5=25, 6×6=36…. 이렇게 같은 수를 두 번 곱한 수가 연달아 나오네요. 이와 같은 수를 '제곱수'라고 합니다.

 30×30과 31×29 중에는 어느 쪽이 더 클까요? 그리고 차이는 얼마일까요? 30×30과 32×28의 차이도 얼마일지 생각해 보세요.

신기한 입체 도형 정다면체

교과서 6학년 1학기 1단원 각기둥과 각뿔

오차노미즈여자대학 부속초등학교 | 오카다 히로코

정다면체가 뭐예요?

모든 면이 합동(똑같이 포개어지는 모양)이며 모든 꼭짓점에 접하는 면의 수가 같은 다면체를 '정다면체'라고 합니다. 정다면체는 모두 다섯 종류밖에 없습니다. 더 많을 것 같은데, 다섯 종류 이상은 만들 수 없어요. 신기하지요.

변의 수는 몇 개일까요?

정십이면체의 변의 수는 몇 개일까요? 일일이 세기란 힘들지요. 그런데 계산으로 간단히 구할 수 있습니다. 정십이면체는 정오각형으로 된 면 12개로 만들어졌습니다. 정오각형의 변의 수는 5개이고, 정십이면체는 면이 12개이므로 5×12=60입니다. 그러나 60개는 면과 면이 붙어 있기 때문에 모든 변을 2번씩 셌다는 뜻이 됩니다. 따라서 정십이면체의 변의 개수는 60÷2=30개라는 사실을 알 수 있어요.

정이십면체의 변의 수는 몇 개일까요? 정십이면체와 똑같이 계산하면 정삼각형의 변의 수는 3개, 면의 수는 20개이므로 3×20=60입니다. 60÷2=30개입니다. 정십이면체와 정이십면체의 변의 수는 같아요.

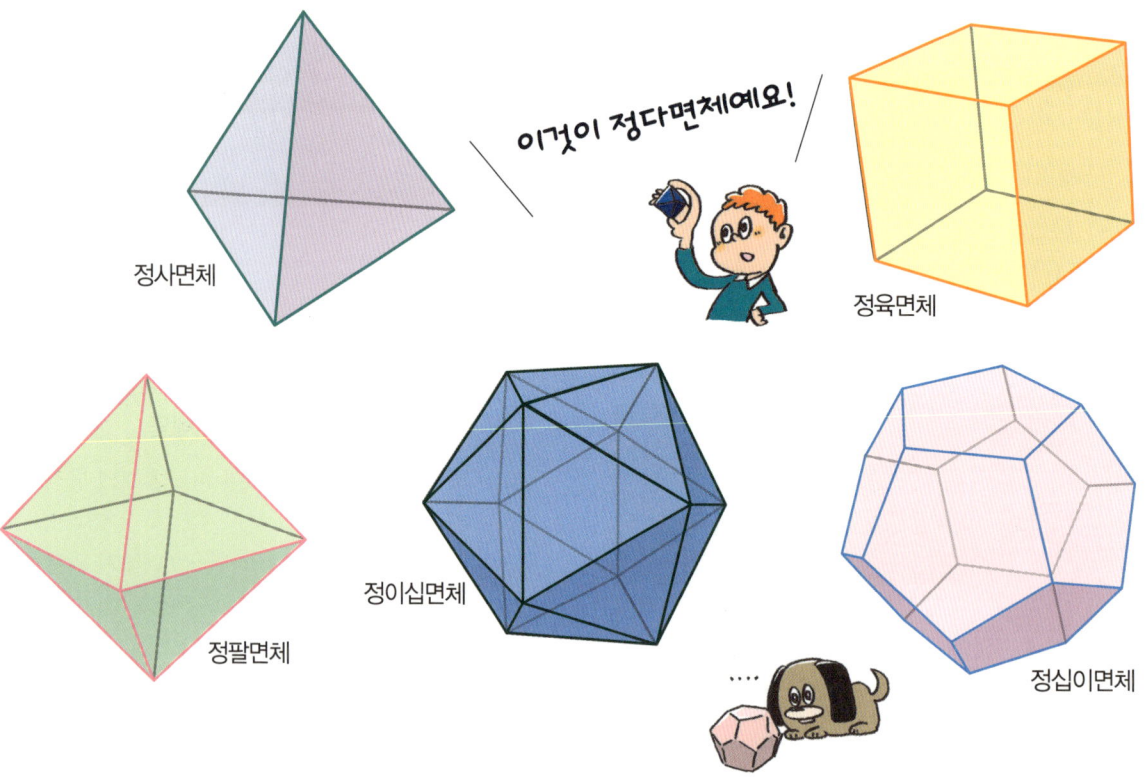

이것이 정다면체예요!

정사면체 · 정육면체 · 정팔면체 · 정이십면체 · 정십이면체

🔍 정육면체와 정팔면체의 변의 수도 각각 12개로 똑같습니다. 정십이면체와 정이십면체, 정육면체와 정팔면체의 각 면과 꼭짓점 수의 관계도 알아보면 재미난 발견을 할 수 있어요.

소책자의 쪽수에 숨은 비밀

교과서 4학년 1학기 6단원 규칙 찾기

도쿄학예대학부속 고가네이초등학교 | 다카하시 다케오

쪽 번호를 매기는 법은?

여러분은 소책자를 만들어 본 적이 있나요? 소책자를 만드는 법에는 크게 두 가지가 있습니다.

① 종이 한 장을 여러 장 겹쳐서 스테이플러나 테이프로 고정하는 방법
② 종이 한 장을 반으로 접어 겹쳐서 만드는 방법

①번 방법으로 만들면 그림 1과 같습니다. 이때 소책자 쪽 번호는 종이 한 장의 앞과 뒤에 1과 2, 3과 4처럼 숫자를 적습니다. ②번 방법으로 만들면 어떻게 될까요? 예를 들어 종이 두 장으로 만든다면 그림 2와 같습니다. 종이 세 장으로 만든다면 어떨까요?

쪽수의 규칙은?

여기에는 어떤 '법칙'이 있습니다. 종이 두 장을 반씩 접어서 끼워 만든 소책자를 한 장 한 장 보면 첫 번째 장 앞에는 1쪽과 8쪽, 첫 번째 장 뒤에는 2쪽과 7쪽, 두 번째 장 앞에는 3쪽과 6쪽, 두 번째 장 뒤에는 4쪽과 5쪽으로 되어 있습니다.

접었던 종이를 펼쳤을 때 쓰인 수를 더한 합이 첫 쪽과 마지막 쪽수를 더한 합과 같습니다. 종이 세 장을 접어서 만든 경우를 생각해 보세요. 종이 3장을 접어서 소책자를 만들어야 하므로 쪽수는 다 합쳐 12쪽입니다. 그러면 접었던 쪽을 펼친 첫 번째 장 앞에 오는 수는 1쪽과 12쪽입니다. 따라서 모든 종이에 쓰인 수를 더한 합이 13이 되도록 하면 실수 없이 쪽수를 적을 수 있어요. (그림 3)

 수의 법칙을 발견하면 어려운 것도 쉬워 보인답니다.

어떤 피자의 넓이가 가장 넓을까요?

9월 24일

교과서 6학년 1학기 5단원 원의 넓이

메이세이대학 객원교수 | 호소미즈 아스히로

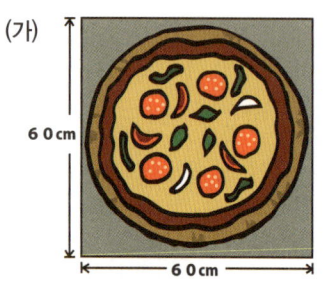
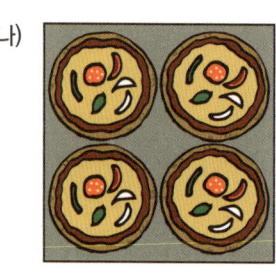
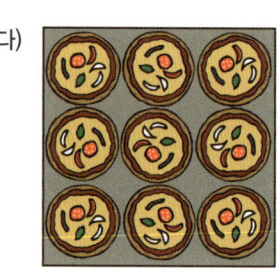

계산하면 넓이가 같아요?

'피자를 구웠습니다. (가), (나), (다) 중 어떤 피자의 넓이가 가장 넓을까요?'

이런 질문이 있다면 정답은 무엇일까요? (가)는 크지만 한 개, (다)는 작지만 9개나 있습니다. 고민이 되겠네요. 언뜻 보면 (가) 같기도 한데, 또 생각해 보면 (나) 또는 (다) 같기도 하지요. 넓이를 구해서 비교해 볼까요? 원의 넓이는 반지름×반지름×원주율로 구할 수 있습니다. 그럼 (가), (나), (다)의 넓이를 각각 구해 보세요. 원주율은 3.14입니다.

(가) $30 \times 30 \times 3.14 = 2826$
(나) $15 \times 15 \times 3.14 \times (2 \times 2) = 30 \times 30 \times 3.14 = 2826$
(다) $10 \times 10 \times 3.14 \times (3 \times 3) = 30 \times 30 \times 3.14 = 2826$

(가), (나), (다) 모두 넓이가 같아 보이지 않는데 직접 구해 보니 넓이가 같네요. 예상과 달라서 재미있지 않나요?

식을 쉽게 비교해 볼까요?

공식을 활용하여 계산해서 답을 구하면 일단 해결은 할 수 있어요. 그런데 계산을 하지 않아도 중간에 식을 변형하면 모두 $30 \times 30 \times 3.14$가 되어 넓이가 같다는 사실을 알 수 있어요. 이처럼 중간에 식을 변형해서 생각하면 간결한 식으로 나타낼 수 있거나 계산하는 수고를 덜 수 있습니다.

나도 수학자

다음 피자 넓이도 같을까요?

 '나도 수학자' 문제의 정답은 (라) $7.5 \times 7.5 \times 3.14 \times (4 \times 4) = 30 \times 30 \times 3.14$, (마) $60 \times 60 \times 3.14 \div 4 = 30 \times 30 \times 3.14$입니다. 넓이가 같다는 사실을 식만 보고 알 수 있어요. 식을 변형한다는 것은 참 편리하네요.

가을철 밤하늘에 빛나는 페가수스의 사각형

9월 25일

교과서 4학년 2학기 3단원 다각형

시마네현 이이난초립 시시초등학교 | 무라카미 유키토

가을은 밝은 별이 적다고요?

봄이나 여름에 밤하늘을 올려다본 적 있나요? 밝은 별을 이으면 커다란 삼각형을 찾을 수 있어요.(22쪽 참조)

가을은 어떨까요? 맑은 날에 밤하늘을 보세요. 그런데 밝은 별이 많이 보이지 않네요. 가을에는 밝은 별이 적습니다. 그러면 남동쪽 하늘을 올려다볼까요? 그러면 자연스레 별 4개가 눈에 들어옵니다.

별 4개를 선으로 연결하면?

별 4개를 연결하면 무슨 모양이 되나요? 그렇습니다. 사각형이지요. 직선 4개로 둘러싸인 모양이 보입니다. 가을에는 밤하늘에 사각형이 보입니다. 이것을 '페가수스의 사각형'이라고 부른답니다. 페가수스는 그리스 신화에 나오는 날개 달린 천마의 이름이에요. 한 청년이 페가수스를 얻어 여러 모험에서 성공했는데, 자만심에 빠져 페가수스를 타고 신이 사는 세계로 가려고 했어요. 이를 불쾌하게 여긴 제우스 신이 페가수스를 놀라게 해 청년을 떨어뜨렸지요. 페가수스 자리는 놀란 페가수스가 은하수로 뛰어드는 모습을 딴 것이랍니다. 페가수스의 몸통 부분이 사각형을 이루고 있어요. 이 부분은 가을에 잘 보이기 때문에 '가을철 사각형' 또는 '가을의 대사각형'이라고도 불러요. 사각형에도 여러 가지 모양이 있는데, '가을철 사각형'은 정사각형에 가까운 모습으로 눈에 잘 띈답니다.

가을에 별자리를 보고 싶다면 이 사각형을 먼저 찾으세요. 그러면 다른 별자리도 찾기 쉬울 거예요.

 변의 길이와 내각의 크기가 모두 같은 사각형을 '정사각형'이라고 합니다.

두 가지 색 테이프를 이어 하나로 만들려면?

9월 26일

교과서 2학년 1학기 3단원 덧셈과 뺄셈

/ / /

홋카이도교육대학부속 삿포로초등학교 | 다키가 히라유시

종이 테이프 두 개를 이어요

빨간색과 파란색의 종이테이프 2개가 있습니다. 이 종이테이프 2개는 모두 길이가 같습니다. 이것을 풀로 붙여 한 개로 연결하려고 합니다.(그림 1) 연결한 후 종이테이프 전체의 길이를 10cm로 하려고 해요. 풀칠 자리는 2cm입니다. '풀칠 자리'란 종이와 종이를 겹쳐서 풀을 칠할 부분의 면적을 뜻합니다.

빨간색과 파란색 종이테이프는 각각 길이가 몇 센티미터여야 주어진 조건을 만족할 수 있을까요? 한 개로 이었을 때 길이가 10cm이므로 연결하기 전에는 절반인 5cm …? 이렇게 하면 안 되겠지요. '풀칠 자리' 길이도 생각해야 합니다. '풀칠 자리'는 2cm이므로 그 부분은 종이테이프가 겹칩니다. 대체 어떻게 해야 할까요?

그림을 사용해 생각해요

이럴 때는 그림을 그리면 편리해요. 먼저 그림 2를 보세요. 완성한 모습은 그림 2처럼 되겠지요. 그렇다면 종이테이프를 한 개로 이었을 때 '풀칠 자리'는 중앙에 올 테니 길이는 그림 3과 같이 나뉠 것입니다. 이 '풀칠 자리'는 종이 두 개가 겹쳐진 부분입니다. 그러므로 테이프 한 개의 길이는 그림 4와 같이 6cm가 된다는 사실을 알 수 있어요.

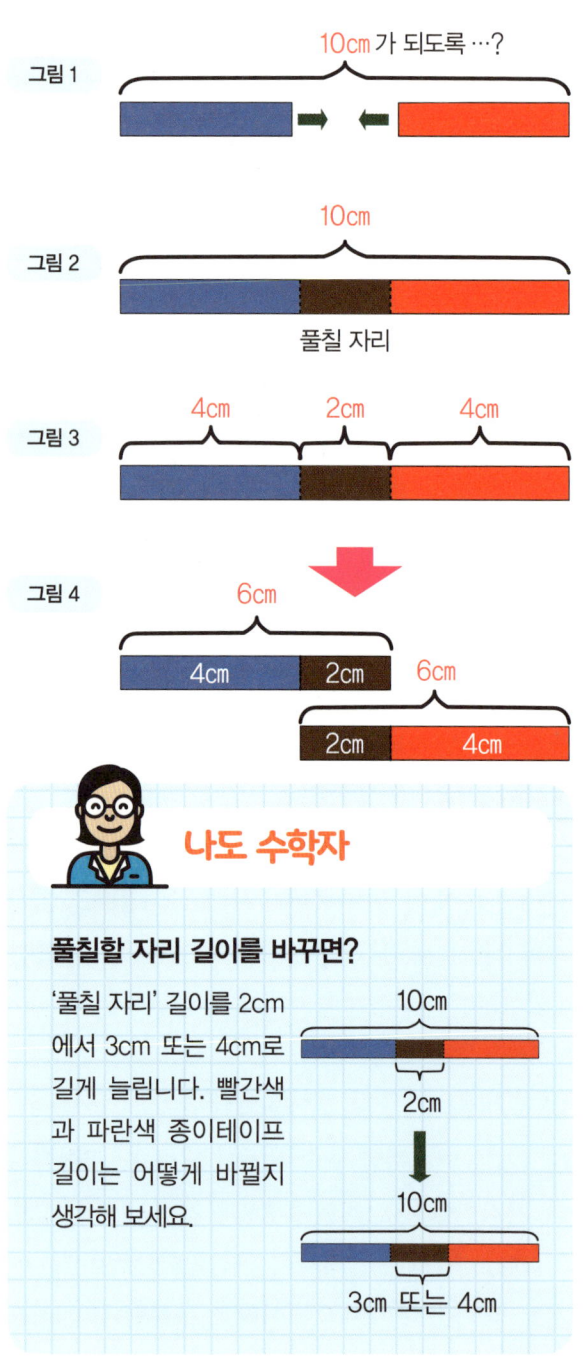

나도 수학자

풀칠할 자리 길이를 바꾸면?

'풀칠 자리' 길이를 2cm에서 3cm 또는 4cm로 길게 늘립니다. 빨간색과 파란색 종이테이프 길이는 어떻게 바뀔지 생각해 보세요.

 '나도 수학자' 문제는 밀리미터(mm)를 사용하면 생각할 수 있어요. '풀칠 자리' 길이가 1cm 늘어나면 빨강과 파랑 종이테이프는 각각 5mm씩 늘어난다는 사실을 알 수 있지요.

정육면체는 모두 몇 개일까요?

9월 27일

교과서 6학년 2학기 1단원 쌓기나무

후쿠오카현 다가와군 가와사키초립 가와사키초등학교 | 다카세 다이스케

어떻게 하면 잘 셀 수 있을까요?

모든 변의 길이가 같은 정사각형으로 둘러싸인 주사위 모양을 '정육면체'라고 합니다.(그림 1) 깔끔한 모양이지요. 그림 2의 도형에는 정육면체가 모두 몇 개 있을까요? 보이지 않는 부분에도 정육면체가 쌓여 있습니다. 빠뜨린 부분이나 겹치는 부분이 없도록 잘 생각해서 세어 보세요. 여기에서 갑자기 전체를 통째로 세려고 하면 잘못 셀 우려가 있어요.

① 단으로 나누기
② 순서대로 수를 더하기

이 방법으로 세 볼까요?

규칙이 보이나요?

먼저 그림 3을 보세요. 가장 위의 단부터 정육면체가 1개, 두 번째 단에는 2개 늘어서 3개입니다. 그림 4에서는 세 번째 단에 3개가 늘어서 합계 6입니다.

따라서 1단에서 3단까지는 1+3+6=10예요. 여기까지 식으로 나타내면 숫자가 단의 수만큼 늘어난다는 규칙이 보입니다. 그래서 그림 2에서 4단의 정육면체 수는 1+(1+2)+(1+2+3)+(1+2+3+4)=20이 되어 모두 20개입니다.

가령 몇 단이 더 늘더라도 식을 더하기만 하면 정육면체의 수를 구할 수 있겠네요. 이처럼 복잡해 보이는 문제도 간단한 경우부터 순서대로 천천히 따지는 것이 중요합니다.

위의 방법을 쓰면 몇 단으로 늘어도 정육면체의 수를 구할 수 있겠네요.

가을의 시작은 어떻게 정했을까요?

교과서 3학년 1학기 5단원 길이와 시간

도쿄학예대학부속 고가네이초등학교 | 다카하시 다케오

1년 = 31536000초
(3,153만 6,000초)

※ 1년을 365일 기준으로 해서 계산했습니다.

하루는 몇 초? 1년은 몇 초?

시간 단위인 '초'는 어떻게 만들어졌을까요? 하루가 24시간, 1시간이 60분, 1분은 60초라는 사실은 알고 있겠지요? 이것을 계산하면 하루는 60×60×24=86400이기 때문에 8만 6,400초입니다. 이것이 1년이 되면, 1년은 365일이므로 86400×365=31536000이므로 3,153만 6,000초입니다. '초'는 1년이라는 시간을 이용해 정해졌습니다.

태양 주변을 지구가 한 바퀴 도는 시간을 '공전 주기'라고 해요. 그 시간이 1년입니다. 이 지구가 태양을 한 바퀴 도는 시간의 3,153만 6,000분의 1을 1초로 정한 것입니다.

지구의 공전과 관련이 있어요

실제로 지구가 태양 주변을 한 바퀴 도는 '공전 주기'는 365일보다 약간 길기 때문에 1960년대 후반에 '1초는 3,155만 6,925.9747분의 1로 한다'고 국제적으로 정했습니다. 현재는 세슘 원자시계라는 아주 정확한 시계를 12대나 사용해서 1초가 정해집니다.

길이 단위인 m(미터)나 무게 단위인 kg(킬로그램) 등과 마찬가지로 초도 지구를 기준으로 정한 단위입니다. 단위에는 사람의 몸을 기준으로 정한 것과 지구를 기준으로 정한 것이 있어요. 재미있지요.

 전에는 지구의 자전 주기인 8만 6,400분의 1을 1초로 정했는데, 지구의 자전 속도도 변화한다는 사실을 알게 되어 공전 주기로 1초를 구하게 되었어요.

곱셈구구표에서 사라진 수는 무엇일까요?

교과서 2학년 2학기 2단원 곱셈구구

가나가와현 가와사키시립 쓰치하시초등학교 | 야마모토 나오

곱하는 수

곱해지는 수

×	A	B	8	C	D	E	F	G	H
가	16		64						56
나				3	9				
3			24						
다							42		
라					18				
마	8			12					
바							54		
6			48		54			24	
사		25							

순서가 뒤섞인 곱셈구구표

여기에 있는 표는 곱셈구구표의 '곱하는 수'나 '곱해지는 수'의 순서를 뒤섞은 것입니다. 게다가 이 표에는 많은 수들이 사라졌네요. 여러분은 이 사라진 수들을 구할 수 있나요? 보이지 않는 숫자를 구해 표를 완성해 보세요.

표에 있는 수를 찬찬히 비교해요

사라진 수는 어떻게 해야 알 수 있을까요? 먼저 '가' 단을 생각해 볼까요? 곱해지는 수를 □로 생각하면, 곱하는 수가 8이므로 □×8=64입니다. 그러면 8×8=64이므로 '가'는 8이라는 사실을 알 수 있어요. 즉, 가장 위의 단은 8단이 되겠네요.

그러면 8×A가 16이므로 A가 2, 8×H=56이므로 H가 7입니다. 그리고 A를 알면 '마'를 알 수 있고, '마'를 알면 'C'를 알 수 있고…. 이런 식으로 순서대로 빈칸의 수를 구하면 됩니다.

'사'×B는 25인데, 25가 되는 곱셈은 5×5밖에 없습니다. 따라서 '사'와 B에는 모두 5가 들어가겠네요. 이처럼 곱하는 수와 곱해지는 수, 답의 관계를 보면서 순서대로 하나씩 찾을 수 있습니다.

 곱하는 수와 곱해지는 수를 직접 써 넣어 보세요. 순서를 바꾸면 여러분만의 표를 만들 수 있어요.

야구공과 쇠공 중에 빨리 떨어지는 것은?

9 30일

교과서 5학년 2학기 1단원 소수의 곱셈

구마모토현 구마모토시립 이케노우에초등학교 | 후지모토 구니아키

같은 위치에서 떨어뜨려요

야구공 한 개와 같은 크기의 쇠공(10kg)이 한 개 있습니다. 야구공과 쇠공을 3층 창문에서 동시에 떨어뜨리면 어느 쪽이 빨리 땅에 도착할까요?(그림 1) 야구공? 쇠공? 왠지 무거운 쇠공이 더 빨리 떨어질 것 같네요.

땅까지 동시에 도착한다고요?

그런데 동시에 땅에 도착합니다. 즉 무게가 달라도 같은 높이에서 떨어뜨리면 떨어지는 속도는 같습니다. 덧붙이자면, 1초간 떨어지는 속도=9.8(중력가속도)×시간(초)입니다.

이 때문에 물체가 떨어지기 시작하고 10초 후에는 1초 동안 98m나 움직이는 속도가 됩니다. 이 식을 자세히 보면, 질량(무게)이 들어가 있지 않지요. 따라서 공기 저항을 생각하지 않았을 때, 어떤 사물이라도 같은 높이에서 동시에 떨어뜨리면 동시에 땅에 도착하는 것입니다. 신기하지요.

나도 수학자

만약 N서울타워에서 야구공을 떨어뜨리면?

사실 떨어지는 거리도 '떨어지는 거리=4.9×시간×시간'이라는 계산으로 구할 수 있어요. 4.9는 9.8(중력가속도)을 2로 나눈 값입니다. 이 식을 이용했을 때 지상에서 약 480m 높이인 N서울타워 꼭대기에서 공을 떨어뜨리면, 바람의 영향을 생각하지 않았을 때 약 10초 만에 땅에 도착한다는 사실을 알 수 있어요.

 위험하니까 실제로 창문에서 사물을 던지지 마세요.

10월

여러분이 집에서 학교로 출발하는 시간은 몇 시인가요? 네? 질문이 틀렸다고요? 그렇습니다. 우리가 흔히 쓰는 '시간'이라는 말은 수학에서 엄연히 '시각'과 구분해 써야 해요. 둘 중 하나는 시각과 시각 사이를, 또 다른 하나는 시간의 흐름 중 어떤 한 시점을 뜻하지요. 눈치 빠른 친구라면 벌써 무슨 말인지 눈치챘겠네요.

➔ 10월 20일 136쪽

답이 반드시 1089가 되는 계산이 있대요

10월 1일

교과서 2학년 2학기 1단원 네 자리 수

도쿄학예대학부속 고가네이초등학교 | 다카하시 다케오

모두 1089가 되는 신기한 계산 이야기

오늘은 세 자릿수 계산의 결과가 모두 1089가 되는 신기한 이야기를 준비했습니다.

① 백의 자릿수와 일의 자릿수가 다른 세 자릿수로 된 수를 떠올려 보세요. 여기서는 123을 예로 들어 보겠습니다.
② 그 수의 백의 자리와 일의 자리를 바꾼 다음 큰 쪽에서 작은 쪽을 뺍니다. 123을 바꾼 수는 321이므로 321−123을 계산합니다. 321−123=198입니다.
③ 계산한 값의 백의 자리와 일의 자리를 한 번 더 바꾼 다음, 이번에는 더합니다. 방금 계산한 값은 198이었으므로 바꾼 수인 891과 198을 더합니다. 891+198=1089입니다. 만약 ②에서 계산한 값이 두 자릿수일 경우에는 백의 자리에 0을 붙여서 계산합니다.

다른 수를 고르면?

예를 들어 처음에 고른 수가 132였다고 생각해 보세요. ②단계에서 132와 231의 차는 231−132=99입니다. 99처럼 두 자릿수가 나오면 백의 자리에 0을 붙여서 099로 봅니다. ③단계에서 덧셈을 하면 099+990=1089입니다. 여러분도 여러 가지 수로 친구와 함께 계산해 보세요.

 네 자릿수에서 천의 자리와 일의 자리를 바꿔서 같은 방식으로 계산해 보세요. 이번에는 10989가 됩니다.

주사위 눈과 보이지 않는 면의 진실

10월 2일

교과서 4학년 1학기 6단원 규칙 찾기

오차노미즈여자대학 부속초등학교 | 구가야 아키라

신기한 주사위 눈을 살펴보세요

여러분은 주사위 놀이를 해 본 적이 있나요? 그림 1과 같이 정육면체로 된 주사위에는 1, 2, 3, 4, 5, 6개의 눈이 있습니다.

주사위를 좀 더 자세히 관찰한 친구들은 알겠지만 주사위 눈의 위치에는 규칙이 있습니다. 눈의 개수대로 면에 이름을 붙여 설명하면, 1면과 마주 보는 면의 눈의 개수는 6, 2면과 마주 보는 면의 눈의 개수는 5, 3면과 마주 보는 면의 눈의 개수는 4예요. 이렇게 주사위는 마주 보는 두 면에 있는 눈의 개수를 더하면 반드시 7이 된답니다.

주사위 위아래 면에 있는 눈의 합계는?

그림 2와 같이 주사위 3개를 쌓아 올려 보세요. 바닥에 닿은 면이나 주사위끼리 위아래로 맞닿은 면은 보이지 않지요. 이 보이지 않는 위아래 면 5개에 있는 눈의 수를 모두 더하면 얼마일까요?

정답을 알았나요? '마주 보는 면끼리 더하면 반드시 눈의 수는 7이 된다'는 사실을 사용하면 16이라는 정답을 간단히 구할 수 있어요.(그림 3) 주사위를 4개, 5개 쌓아올려도 똑같이 생각하면 돼요. 가족이나 친구에게 문제를 내 보세요.

그림 1

그림 2

힌트! 마주 보는 면끼리 더하면 반드시 눈의 합은 7이 돼요.

그림 3

덧셈으로 나타내면,

7 + 7 + (7 − 5) = 16

- 중간에 있는 주사위의 보이지 않는 두 면의 합
- 제일 밑에 있는 주사위의 보이지 않는 두 면의 합
- 제일 위에 있는 주사위 바닥면 = 제일 위에 있는 주사위의 위아래 두 면의 차

곱셈으로 나타내면,

7 × 3 − 5 = 16

🔍 주사위라고 하면 1부터 6까지 눈이 있는 정육면체를 떠올리는데, 사실 여러 가지 종류가 있어요. 0부터 9까지 10면에 숫자가 적힌 주사위도 있답니다. 여러 가지 주사위를 모아 보면 재미있겠지요.

사각형은 끝없이 이어져요

10월 3일

교과서 4학년 2학기 3단원 다각형

학습원 초등과 | 오오사와 다카유키

사각형 각 변의 중앙에 점을 찍고, 그 점을 이으면 작은 사각형이 나타납니다. 그리고 그 사각형의 각 변 중앙에 점을 찍고 그 점을 이으면 또 작은 사각형이 나타납니다. 이를 반복하면 어떤 도형이 나타날까요?

직사각형

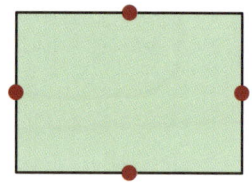
먼저 직사각형으로 해 볼까요? 직사각형 각 변의 중앙에 점을 찍고 이으면,

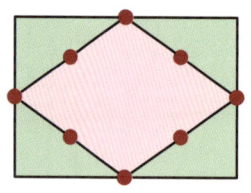
마름모꼴이 나타났습니다. 다시 마름모꼴 각 변의 중앙에 점을 찍고 이으면,

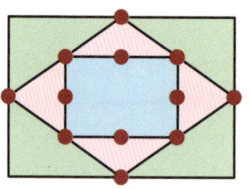
이번에는 직사각형이 나타났습니다. 다시 작은 직사각형 각 변의 중앙에 점을 찍고 이으면,

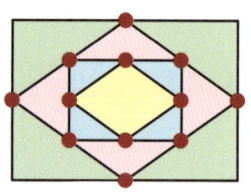
아니, 또 마름모꼴이 나타났네요.

정사각형

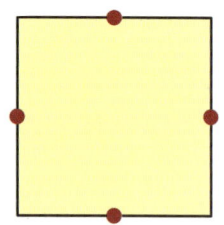
이번에는 정사각형입니다. 정사각형 각 변의 중앙에 점을 찍고 이으면,

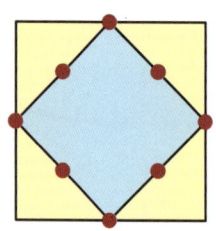
정사각형이 나타났습니다. 다시 정사각형 각 변의 중앙에 점을 찍고 이으면,

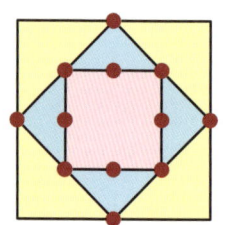
이번에도 정사각형이 나타났습니다. 다시 작은 정사각형 각 변의 중앙에 점을 찍고 이으면,

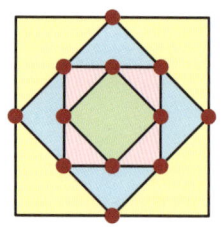
아니, 또 정사각형이 나타났네요.

평행사변형

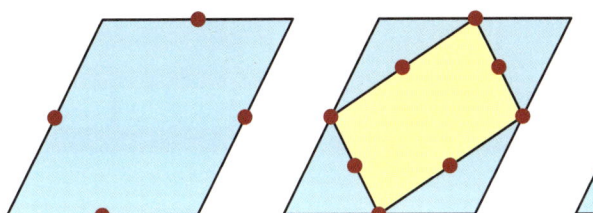

이번에는 평행사변형으로 해 볼까요? 평행사변형 각 변의 중앙에 점을 찍고 이으면,

평행사변형이 나타났습니다. 다시 평행사변형 각 변의 중앙에 점을 찍고 이어 보면,

이번에도 평행사변형이 나타났습니다. 다시 작은 평행사변형 각 변의 중앙에 점을 찍고 이으면,

아니, 또 평행사변형이 나타났네요.

사다리꼴

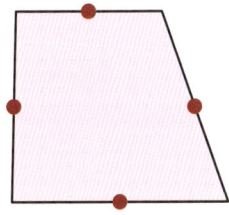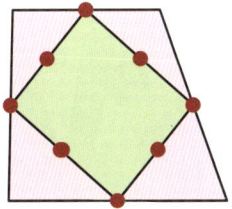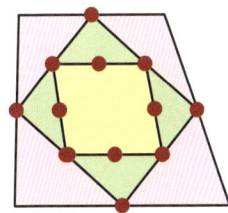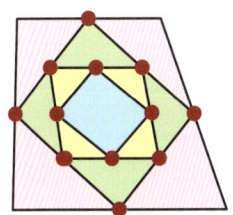

이번에는 사다리꼴입니다. 사다리꼴 각 변의 중앙에 점을 찍고 이으면,

평행사변형이 나타났습니다. 다시 평행사변형 각 변의 중앙에 점을 찍고 이어 보면,

이번에도 평행사변형이 나타났습니다. 다시 작은 평행사변형 각 변의 중앙에 점을 찍고 이으면,

아니, 또 평행사변형이 나타났네요.

삼각형

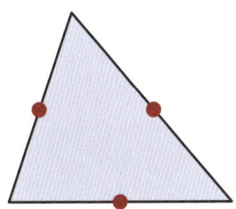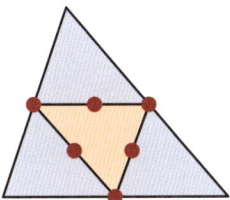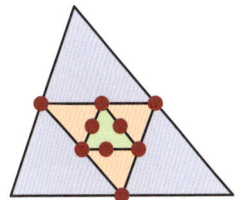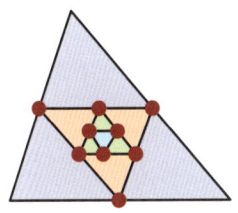

마지막은 삼각형으로 해 볼까요? 삼각형 각 변의 중앙에 점을 찍고 이으면,

물구나무 선 삼각형이 나타났습니다. 다시 물구나무 선 삼각형 각 변의 중앙에 점을 찍고 이으면,

이번에도 삼각형이 나타났습니다. 다시 작은 삼각형 각 변의 중앙에 점을 찍고 이으면,

아니, 또 삼각형이 나타났네요.

 어떤 사각형이라도 변마다 중앙에 점을 찍고 이으면 평행사변형이 나타납니다. 직사각형도, 정사각형도, 마름모꼴도 평행사변형 친구이지요. 삼각형에서는 물구나무선 삼각형이 나타났네요.

앞에서 읽어도 거꾸로 읽어도 같은 숫자

10 / 4 일

교과서 4학년 2학기 | 6단원 규칙과 대응

쓰쿠바대학 부속초등학교 | 세이야마 다카오

회문이란 무엇일까요?

'토마토'는 앞에서부터 읽어도 '토마토', 뒤에서부터 읽어도 '토마토'입니다. 그런 말이나 문장을 '회문'이라고 해요. 회문은 숫자로도 만들 수 있습니다. 예를 들어 121은 거꾸로 읽어도 같은 수가 되지요. 앞자리부터 보거나 뒷자리부터 봐도 같은 숫자가 나열되어 있기 때문입니다.

회문 수를 만들어요

91에 91을 뒤집은 숫자인 19를 더합니다. 91+19=110입니다. 110은 아직 회문이 아니기 때문에 한 번 더 뒤집어서 더합니다. 110+11=121. 두 번 뒤집어서 더했더니 회문이 되었습니다. 92는 어떨까요? 92+29=121. 92는 한 번 뒤집어서 더했는데 회문이 되었네요.

나도 수학자

91부터 99까지 수로 회문을 만들어요

91부터 99까지 두 자릿수로 회문 만들기에 도전해 볼까요? 91과 92는 이미 회문으로 만들어 보았으니 93부터 해 보세요. 회문이 될 때까지 뒤집어서 더합니다. 예를 들어 97은 6번 뒤집어서 더하면 회문이 됩니다. 하지만 98은 주의하세요. 이 수는 20번 이상 뒤집어야 회문이 되는 복잡한 수입니다.

이와 같은 수를 '회문 수'라고 합니다. 98은 24번 반복하면 88132000231188이라는 회문 수가 돼요.

두 번째로 무거운 귤은 어느 것일까요?

10월 5일

교과서 6학년 1학기 4단원 비와 비율

오차노미즈여자대학 부속초등학교 | 오카다 히로코

두 번째로 무거운 귤을 찾아라

그림 1과 같이 귤이 8개 있습니다. 이 귤 가운데 가장 무거운 귤을 양팔 저울로 알아보려고 합니다. 2개씩 달아보고 가장 무거운 귤을 찾아내 보세요. 예를 들어 귤 A와 B를 달아 보면 A가 더 무겁다는 사실을 알 수 있어요. 이번에는 C와 D 중에서 무거운 귤과 비교합니다.

토너먼트처럼 2개씩 귤을 비교하면 마지막에 A와 G를 비교하게 돼요. 그 결과 G가 가장 무겁다는 사실이 밝혀졌습니다.(그림 2) 그럼 여기서 문제 나갑니다. 두 번째로 무거운 귤은 어느 것일까요? 아마 마지막에 비교한 A가 두 번째로 무겁지 않을까요? 아니면 꼭 그렇다고는 할 수 없으니 한 번 더 A, B, C, D, E, F, H의 귤을 처음부터 양팔 저울로 비교해야 할까요? 그러면 또 양팔 저울을 여섯 번 사용해서 달아 봐야 합니다. 더 적은 횟수로 알아낼 수는 없을까요?

정답이 반드시 A는 아니다?

가장 무거운 귤 G와 비교한 귤 중에 두 번째로 무거운 귤이 반드시 있습니다. G와 비교한 귤은 H, E, A이므로 이 중에 반드시 두 번째로 무거운 귤이 있습니다. B, C는 A보다 가볍고, F는 E보다 가볍기 때문에 두 번째로 무거울 수 없지요.

따라서 H, E, A를 양팔 저울로 달아 보면 되니까 두 번만 재면 두 번째로 무거운 귤을 알아낼 수 있습니다. 예를 들어 A와 H를 비교해도 귤 H가 더 무거울 수 있다는 뜻입니다.(그림 3) 두 번째로 무거운 귤이 반드시 A가 아니라는 사실은 재미있지요.

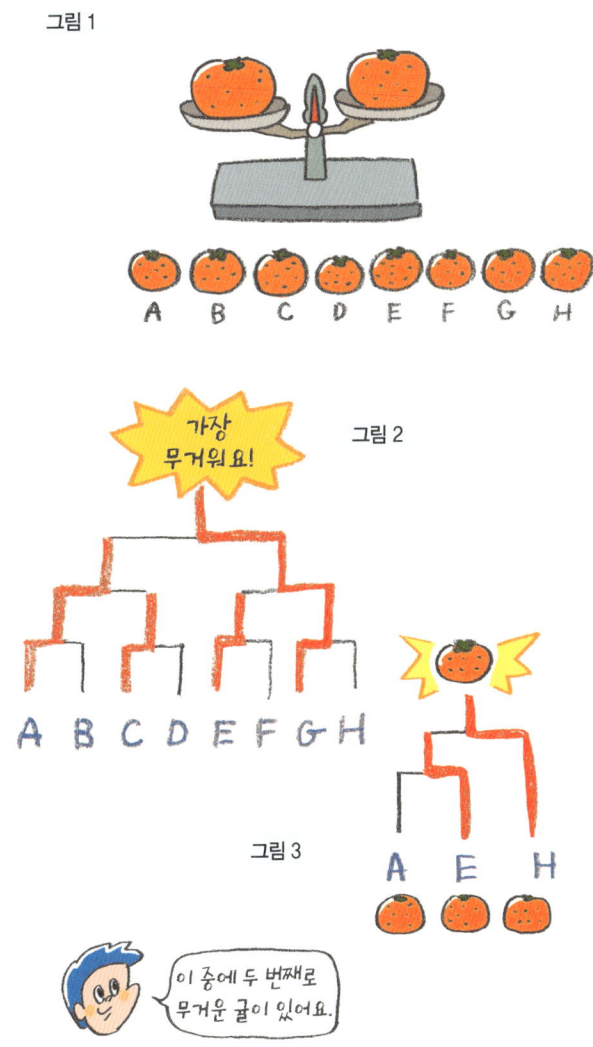

그림 1

그림 2

가장 무거워요!

그림 3

이 중에 두 번째로 무거운 귤이 있어요.

 가장 가벼운 귤은 어느 귤일까요? 첫 번째로 쟀을 때 가벼웠던 B, D, F, H를 비교하면 되니까 세 번만 더 달아 보면 알 수 있겠네요.

마방진에는 신비로운 힘이 있다고요?

10월 6일

교과서 4학년 2학기 6단원 규칙과 대응

아오모리현 산노헤초립 산노헤초등학교 | 다네이치 요시타케

옛날에는 점이나 부적으로 사용했어요

'마방진'이란 3×3이나 4×4 등 가로와 세로의 칸 수가 같은 표에 1부터 다른 정수를 넣어 세로·가로·대각선 열의 합을 모두 똑같이 만드는 것입니다. 예로부터 마방진에는 신비로운 힘이 깃들어 있다고 하여 점이나 부적 등에 사용되었습니다.

가장 오래된 일화를 알아볼까요? 약 4,500년 전 중국의 '우'라는 왕이 홍수나 가뭄의 피해를 막도록 강에 공사를 했대요. 이때 한 거북이가 강에서 나타났는데 거북이 등에 그림 1과 같은 무늬가 있었다고 합니다. 이 모양을 숫자로 고쳐 보니 세로·가로·대각선의 합계가 모두 15인 삼방진이었다고 해서 마방진에는 신비로운 힘이 숨어 있다고 믿었어요. 이 모양은 '낙서'라고 불리며 아홉 별로 보는 점성술의 원리가 되었다고 합니다.

그림 1

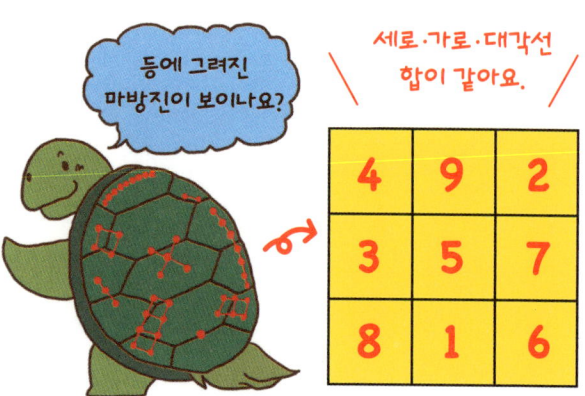

서양의 '유피테르 마방진'

서양에서도 마방진에 신비로운 힘이 있다고 믿었어요. 약 500년 전 독일 화가 뒤러의 '멜랑콜리아' 안에 그려진 그림 2와 같은 마방진에서도 엿볼 수 있습니다. 이는 세로·가로·대각선 모든 열의 합이 34인 사방진인데, '유피테르 마방진'이라 불러요.

현대에 사는 우리도 점을 볼 때 '행운 점' 같은 것을 유심히 보기도 하지요. 옛날 조상들도 그런 마음으로 마방진에서 신비로운 힘을 느꼈나 봅니다.

그림 2

자료 : Bridgeman Images

 '멜랑콜리아'에 그려진 마방진을 자세히 보면 '15'와 '14'라는 숫자가 있습니다. '1514'는 뒤러가 이 그림을 그린 해를 나타낸다고 합니다.(148쪽 참조)

정사각형 속 삼각형의 넓이를 비교해요

10월 7일

교과서 5학년 1학기 5단원 다각형의 넓이

구마모토현 구마모토시립 이케노우에초등학교 | 후지모토 구니아키

네 삼각형의 넓이

그림 1을 보세요. 정사각형에 대각선(꼭짓점과 꼭짓점을 연결한 직선)을 그리면 교점(만나는 점) O가 생기고 삼각형이 4개 나타납니다. 마주 보는 삼각형 2개의 넓이(면적)를 빨간색과 하얀색으로 칠했어요.(그림 2) 이 두 부분은 같은 삼각형이 2개씩 있으니 넓이가 같다는 사실을 알 수 있지요.

그러면 교점 O를 움직여 볼까요?(그림 3) 이때 빨간색과 흰색 부분의 넓이는 어느 쪽이 더 넓을까요? 신기하게도 이 넓이 역시 같습니다.

알기 쉽게 가로와 세로에 직선을 그려 보겠습니다.(그림 4) 자, 신기하게도 같은 모양의 삼각형이 네 쌍 생기지요?

교점 O가 어느 곳에 있어도 넓이는 같을까요?

그림 5에서도 빨간색과 흰색 부분의 넓이가 같을까요? 설명해 보세요.

교점 O가 정사각형의 변 위에 있어도 색을 칠한 부분과 칠하지 않은 부분은 넓이가 같을까요?(그림 6) 앞서 알려 준 방법대로 가로세로로 직선을 그어 보면 쉽게 알 수 있어요.

 교점 O가 정사각형 안 어느 위치에 있어도 빨간색과 하얀색 부분의 넓이는 같습니다. 고학년이 되면 교점 O가 정사각형 바깥으로 나갔을 때 어떻게 되는지 배울 거예요.

자전거 톱니바퀴의 톱니 개수

10월 8일

교과서 4학년 2학기 6단원 규칙과 대응

이와테현 구지시 교육위원회 | 고모리 아쓰시

뒷바퀴의 톱니바퀴는 어떤 역할일까요?

자전거는 페달을 돌리는 힘이 타이어를 돌리는 힘으로 바뀌어 움직입니다. 이 힘은 페달이나 뒷바퀴에 달린 톱니바퀴에 따라 다르게 전달됩니다. 사진의 자전거 뒷바퀴에는 여섯 종류의 톱니바퀴가 달려 있습니다. 각 톱니바퀴의 크기가 다른 것이 보이지요. 톱니바퀴가 크면 톱니바퀴가 작을 때보다 페달을 돌리는 힘이 적어도 됩니다. 출발할 때나 경사진 길을 오를 때 편하지요. 톱니바퀴가 크면 왜 페달을 돌리기 편해질까요? 그것은 톱니바퀴에 달린 톱니 개수와 관련이 있습니다.

그림으로 생각해 봐요

톱니바퀴 A를 페달에 달린 톱니바퀴, 톱니바퀴 B를 뒷바퀴에 달린 톱니바퀴로 생각해 보세요. 그림 1에서 페달을 한 바퀴 돌리면 톱니바퀴 A도 한 바퀴 돕니다. 톱니바퀴 A와 톱니바퀴 B의 톱니 개수가 모두 16이기 때문이지요. 하지만 그림 2에서는 톱니바퀴 C의 톱니 수가 32이므로 톱니바퀴 C를 한 바퀴 돌리려면 A를 두 바퀴 돌려야 합니다. 그림 3을 보면 이해하기 쉬울 거예요. C처럼 톱니 수가 많으면 타이어를 반 바퀴 돌릴 만한 힘만 필요하므로 훨씬 편하게 페달을 돌릴 수 있어요. 그 대신 속도를 내기 위해 페달을 많이 돌려야 합니다.

자전거 뒷바퀴에 달린 톱니바퀴
자료 : 고모리 아쓰시

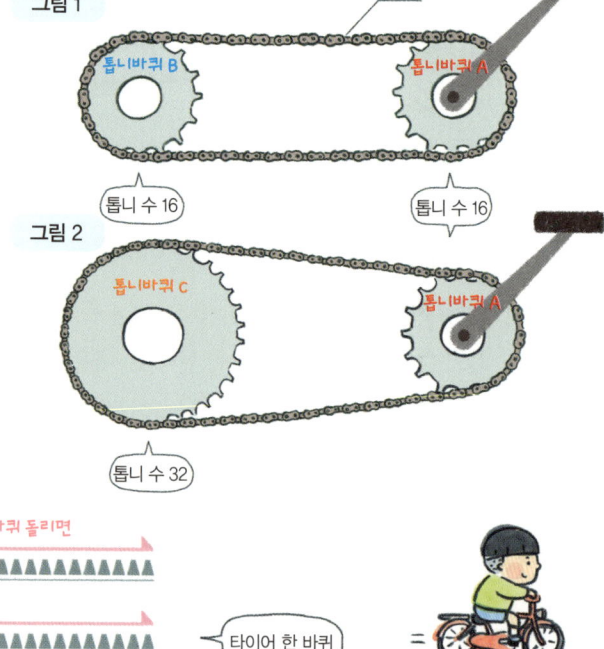

 톱니바퀴 A가 한 바퀴 돌 때 톱니바퀴 B가 얼마나 회전하는지 나타낸 수를 '기어비'라고 합니다.

옛날 곱셈구구는 오늘날 곱셈구구의 절반?

교과서 2학년 2학기 2단원 곱셈구구

아오모리현 산노헤초립 산노헤초등학교 | 다네이치 요시타케

중국에서 온 곱셈구구

곱셈구구는 '일 일은 일, 일 이는 이…구구 팔십일' 순서로 외웁니다. '일 일은 일'부터 시작하는데 왜 '구구'라는 이름이 붙었는지 궁금한 적 없나요?

처음에는 '구구 팔십일, 팔구 칠십이…일 일은 일'이라는 순서로 외운 데서 '구구'라는 이름이 붙었다고 해요. 중국의 둔황에서 발견된 목간(글씨를 쓰는 데 사용했던 얇은 판자)에 구구 팔십일부터 시작하는 곱셈구구가 쓰여 있는 것이 그 증거입니다. 일본의 《구유》라는 책에도 구구 팔십일부터 쓰여 있습니다.

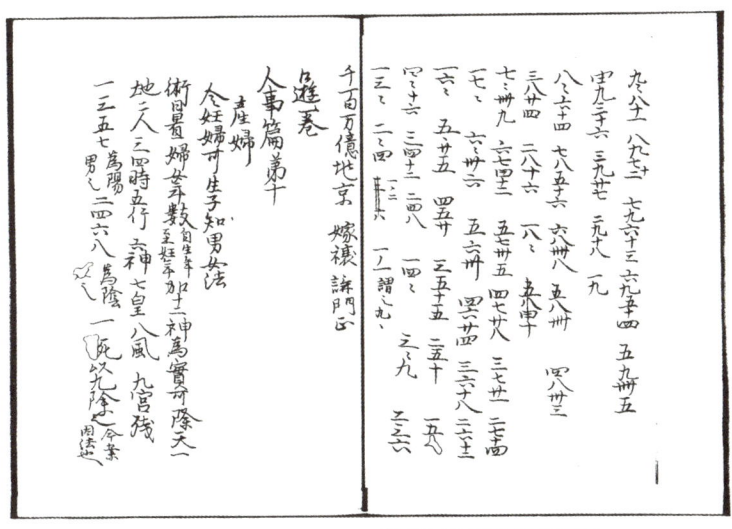

《구유》에 적힌 곱셈구구
자료 : 도호쿠대학 부속 도서관(전통 수학 자료 데이터베이스)

역시 대단한 조상들의 지혜

《구유》에 적힌 곱셈구구는 45개밖에 없습니다. 우리가 배우는 현대의 곱셈구구와 비교해 보면 약 절반밖에 없는 셈이지요. 이것은 9×8과 8×9의 값이 같기 때문에 하나만 외우는 등 최소한 적게 외우려 한 것으로 보입니다.

우리나라에서는 2011년 한국 최초로 곱셈구구가 적힌 백제 시대 목간을 발견했어요. 이는 기존 중국과 일본에서 발견된 것과 달리 매우 체계적인 것으로 밝혀졌어요.

현대에 어린이가 배우는 '곱셈구구'와는 다르게 중국 목간에 적힌 곱셈구구는 '반구구'라고 부르지요. 옛날에는 4×6과 6×4와 같은 계산은 6×4만 외우면 되었군요.

눈의 착각일까요? 신기한 도형

10월 10일

교과서 3학년 1학기 2단원 평면도형

오오이타현 오오이타시립대 니시초등학교 | 니노미야 다카아키

길이와 크기를 비교해요

눈의 착각을 이용해 만들어 '착시 그림'이라 불리는 신기한 도형을 몇 가지 소개하겠습니다. 그림 1을 보세요. 깃털이 달린 파란 가로선 2개가 나란히 있습니다. 두 파란 가로선의 길이를 비교해 보세요. 위와 아래 중에 어느 쪽 가로선이 더 길까요?

얼핏 보면 아래쪽 가로선이 더 길게 보이지요. 한 번 자로 직접 재 보세요. 그러면 위와 아래의 파란 가로선은 모두 길이가 같다는 사실을 알 수 있어요.

그림 2에는 하얀색 원으로 둘러싸인 빨간 원이 두 개 있습니다. 빨간 원의 크기를 비교해 보세요. 오른쪽과 왼쪽 중 어느 쪽 빨간 원이 더 클까요?

오른쪽 원이 더 크게 보이지요. 그러나 실제로는 오른쪽과 왼쪽 원의 크기가 같습니다. 이처럼 같은 길이나 크기인데 똑같이 보이지 않는 경우가 있습니다.

그림 1 두 파란 가로선 중 어느 쪽이 더 길까요?

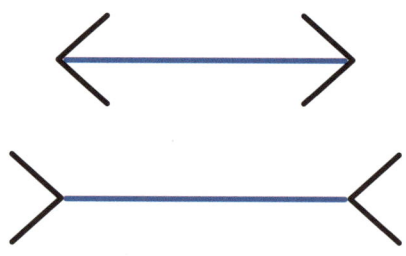

그림 2 오른쪽과 왼쪽 빨간 원 중 어느 쪽이 더 클까요?

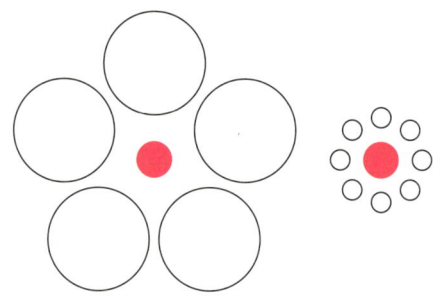

무엇이 다를까요?

그림 3을 보세요. 어딘지 이상해 보이지 않나요? 언뜻 보면 일반 삼각형처럼 내각이 60도를 이루는 것처럼 보이지만 입체 도형이에요. 세 각기둥을 하나로 합쳐 그렸기 때문에 각기둥과 각기둥이 만나는 부분이 90도를 이뤄요. 이러한 '착시 그림'은 예부터 알려져 왔습니다. 많은 과학자나 수학자, 예술가가 연구하여 그리고 있지요.

그림 3 '펜로즈의 삼각형'이라 불리는 신기한 삼각형

 그림 3은 '펜로즈의 삼각형'이라 불리며, 1934년에 스웨덴 예술가 레우테르스베르드가 만들었습니다. 그것을 1958년에 수학자인 펜로즈가 소개하면서 유명해졌습니다.

쿠키 5개를 둘이서 먹으려면?

10월 11일

교과서 3학년 1학기 6단원 분수와 소수

가나가와현 가와사키시립 쓰치하시초등학교 | 야마모토 나오

쿠키 5개를 둘이서 먹기

쿠키가 5개 있습니다. 엄마가 오빠와 동생에게 이렇게 말했습니다. "오빠는 $\frac{1}{2}$, 동생은 $\frac{1}{3}$이 되도록 나누렴. 단, 쿠키는 부수지 말아야 한다." 그런데 쿠키 5개는 2나 3으로 나누어떨어지지 않으니 나눌 수가 없습니다. 그렇다고 해서 쿠키를 부술 수도 없지요. 그러면 어떻게 나눠야 할까요?

관점을 살짝 바꿔요

$\frac{1}{2}$은 $\frac{3}{6}$과 같고, $\frac{1}{3}$은 $\frac{2}{6}$와 같습니다. 다시 말해 만약 쿠키가 6개 있으면 잘 나눌 수 있다는 말이겠네요. 그래서 둘은 이렇게 생각했습니다.

오빠 : 옆집에서 1개 빌려오자. 그럼 6개가 될 거야!

동생 : 그런데 엄마는 5개를 나누라고 말씀하셨으니까 그렇게 하면 안 돼.

오빠 : 만약 6개 있으면 난 $\frac{1}{2}$이니까 3개, 넌 $\frac{1}{3}$이니까 2개잖아. 그러면 모두 5개만 있으면 되니까 남은 1개를 옆집에 돌려주면 돼.

동생 : 그러면 5개로 나눌 수 있다는 말이네?

이 이야기, 여러분은 어떻게 생각하나요?(172쪽 참조)

나도 수학자

다른 수로도 가능할까요?

항상 이런 식으로 나눌 수 있는 것은 아닙니다. 둘의 몫을 분수로 나타내면 $\frac{5}{6}$이므로 분자가 분모보다 1이 큽니다. 이럴 때만 1개 빌려 와서 나중에 돌려주는 방법을 사용할 수 있는 것입니다. 그러면 아래와 같은 경우는 어떻게 나눌까요? 분수의 분모를 12로 통일해서 생각해 보세요.(준우는 $\frac{6}{12}$, 유미는 $\frac{3}{12}$, 희철이는 $\frac{2}{12}$)

쿠키 11개를 셋이서 나눠요

준우는 $\frac{1}{2}$, 유미는 $\frac{1}{4}$, 희철이는 $\frac{1}{6}$이 되도록 나누려고 합니다. 어떻게 나눠야 할까요?

 쿠키를 2개와 3개로 나눌 때는 2와 3의 비율로 나눈다고 표현합니다. 이 이야기는 고학년 때 공부해요.

연속하는 수 100개의 덧셈에 도전해 보세요

10월 12일

교과서 2학년 2학기 6단원 규칙 찾기

후쿠오카현 다가와군 가와사키초립 가와사키 초등하교 | 다카세 다이스케

간단히 계산하는 방법이 있다고요?

'연속하는 수 100개를 더해요!' 이 말을 듣고 좋아하는 친구는 적겠지요? 솔직히 아주 귀찮은 일이에요. 이 계산을 간단히 빠르게 할 수 있을까요?

크고 복잡한 문제는 작고 간단한 경우부터 알아보면 실마리가 보여요. 그러니 '연속하는 수 100개의 덧셈'을 하기 전에 '연속하는 수 10개의 덧셈'을 해 볼까요?

1+2+3+4+5+6+7+8+9+10=55
2+3+4+5+6+7+8+9+10+11=65
3+4+5+6+7+8+9+10+11+12=75
4+5+6+7+8+9+10+11+12+13=85

법칙이 보이나요? 모두 일의 자릿수가 5입니다. 더 큰 수로 계산해 볼까요?

8+9+10+11+12+13+14+15+16+17=125

이 식을 그림으로 그려서 생각해 보세요.(그림 1) 그림 1의 오른쪽에 점선 위에 있는 조각들을 왼쪽에 점선 아래로 옮겨 쌓아 보세요.(그림 2) 그러면 높이가 12인 산 10개와 오른쪽 위에 5 하나가 남습니다. 즉 12×10+5=125. 식에서 5번째 수가 십과 백의 자리에 오고, 일의 자리에 5가 와요.

그러면 드디어 연속하는 수 100개의 덧셈에 도전해 볼까요?(그림 3) 정답은 돋보기에 있어요.

그림 1   예) 8+9+10+11+12+13+14+15+16+17=125

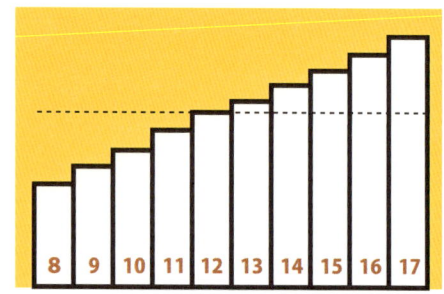

그림 2

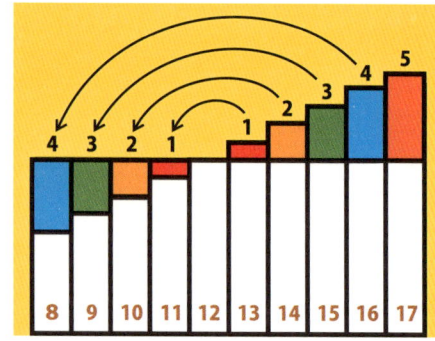

그림 3

1+2+3+⋯+49+50+51+⋯+98+99+100=?

> 본문 문제의 정답을 알려 줄게요. 숫자 100개가 나열되어 있습니다. 50번 째 수는 50이지요. 그림으로 그려 가로로 나열하면 높이가 50인 산이 편평한 줄에 홀로 불쑥 튀어 나옵니다. 즉, 50×100+50=5050. 풀었나요?

리터를 찾아봐요

10월 13일

교과서 3학년 2학기 5단원 들이와 무게

/ / /

도쿄도 스기나미구립 다카이도 제3초등학교 | 요시다 에이코

집 안에서 찾아봐요

여러분은 부피 비교를 공부하며 L(리터)나 dL(데시리터), mL(밀리리터)라는 단위를 배웠지요. 혹시 cL(센티리터)라는 단위도 본 적 있나요?

오늘은 집 안에서 'L'가 표기된 물건을 찾아볼까요? 냉장고 안에 있을 것 같네요. 세탁기 주변에서도 찾아보세요. 그 밖에 mL로 표기한 물건도 찾을 수 있어요.

- 팩에 들어 있는 우유 1L
- 페트병에 들어 있는 물 2L
- 페트병에 들어 있는 녹차 1L
- 세탁용 세제 1L

액체 외에도 찾을 수 있어요

L나 mL는 부피 단위이기 때문에 음료나 세제 등 보통 액체가 들어 있는 물건에 사용하지요. 그런데 실은 액체가 아닌 물건에도 많이 사용됩니다. 쓰레기를 모아 버릴 때 쓰는 쓰레기봉투 크기는 10L나 20L 등으로 나타내고, 냉장고 크기도 L로 나타내지요. 배낭이나 트렁크 사이즈도 L로 분류합니다.

L는 여러 가지 사물의 부피를 나타내는 단위입니다. 따라서 액체만 나타내는 것이 아니지요. 고체나 기체 등의 물건이 한 공간에 얼마나 들어가는지 나타낼 때도 사용합니다. 기체나 흙 등도 L로 나타낼 때가 있습니다. 여러 곳에서 사용하니 찾아보세요.

 일상생활에서는 dL(데시리터)가 많이 보이지 않지만, 씨앗이나 콩 등의 양을 측정할 때 사용합니다. 또한 의료 분야에서도 사용되지요.

한 면만 더 있으면 주사위 모양?

10월 14일

교과서 6학년 1학기 6단원 직육면체의 겉넓이와 부피

학습원 초등과 | 오오사와 다카유키

어느 부분이 부족할까요?

아래 그림 1을 조립하면 무엇이 될까요? 그렇습니다. 주사위 모양이 되니 정육면체이지요. 아니, 정사각형이 한 개 모자랍니다. 뚜껑이 없는 정육면체네요.

정사각형을 한 개 붙여서 정육면체를 완성하려고 합니다. 이때 정사각형을 어느 부분에 붙일까요? 머릿속으로 조립해서 생각해 보세요. 먼저 바닥에 올 정사각형을 고릅니다. 그리고 표시를 합니다. 주변에 있는 정사각형을 머릿속으로 세워 보세요. 이제 알겠지요? 그림 2와 같이 되겠네요.

그렇다면 그림 1에서 정사각형이 추가로 붙을 부분을 찾아보세요. 예를 들어 그림 3과 같이 붙이면 정육면체가 만들어져요. 완성! 붙어도 되는 부분은 한 군데가 아닙니다. 네 군데나 있어요.

그림 2
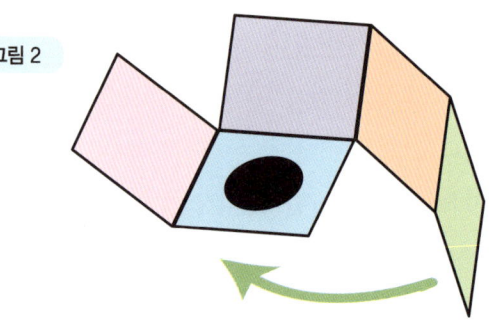

그림 3
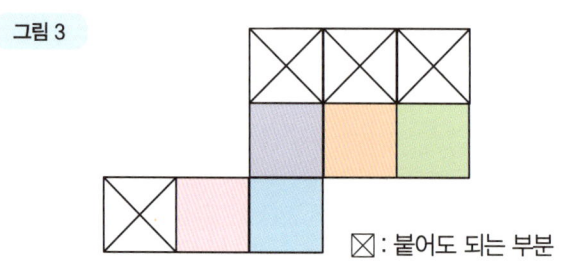

 : 붙어도 되는 부분

그림 1

나도 수학자

직접 만들어서 확인해요

다음 그림에서 정사각형을 붙일 수 있는 부분은 몇 군데일까요? 정사각형을 5장 붙여서 그림과 같은 모양을 만든 다음 직접 확인해 보세요.

 뚜껑 없는 정육면체에 정사각형 뚜껑을 붙일 수 있는 부분은 4개 변입니다.

숫자를 바꿔 넣어도 답이 같아요?

10월 15일

교과서 4학년 1학기 3단원 곱셈과 나눗셈

구마모토현 구마모토시립 이케노우에초등학교 | 후지모토 구니아키

곱셈 계산을 해요

종이와 연필을 준비하세요. 두 자릿수 곱셈을 해 볼까요? 12×42는?

답은 504입니다.(그림 1) 곱셈의 두 자릿수를 뒤집어 그림 2처럼 만들어 보겠습니다. 이 계산을 해 보면, 놀랍게도 첫 문제와 답이 같아요.(그림 3) 우연일까요?

그럼 36×21과 63×12는 어떨까요?(그림 4) 양쪽 계산을 모두 해 보세요.

비밀을 찾을 수 있을까요?

두 계산의 답은 모두 756입니다. 무슨 비밀이 있을까요? 정답은 돋보기에 있습니다. 12×42, 36×21 외에 뒤집어 계산해도 답이 같은 두 자릿수 곱셈이 있을지 생각해 보세요.

그림 1

그림 3

그림 2

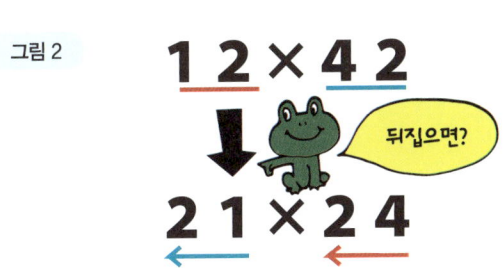

그림 4

🔍 이 밖에도 자리를 바꿨을 때 답이 같은 곱셈은 24×84=42×48, 23×64=32×46 등이 있습니다. 두 자릿수끼리의 곱셈을 AB×CD라고 생각했을 때, A×C=B×D가 성립한다면 두 자릿수를 뒤집어 곱해도 답이 같아요.

신기한 16번째 수

10월 16일

교과서 4학년 1학기 6단원 규칙 찾기

쓰쿠바대학 부속초등학교 | 세이야마 다카오

16번째 수는 무엇일까요?

한 자릿수로 된 숫자를 하나 고릅니다. 예를 들어 3을 골랐다고 생각해 보고, 한 자릿수로 된 숫자를 하나 더 고릅니다. 여기서는 5를 고르겠습니다.

3, 5로 수가 이어졌을 때 3번째 수는 3+5=8이므로 8로 하겠습니다. 그러면 3, 5, 8이 됩니다. 4번째 수는 5+8=13입니다. 이 13을 4번째 숫자로 하고 싶은데, 이 상태로 계속 더하면 숫자가 점점 커지므로 13에서 일의 자리인 3을 4번째 수로 정해요. 그러면 3, 5, 8, 3이 됩니다. 5번째 수는 8+3=11이므로 일의 자릿수인 1로 하겠습니다.

이처럼 앞의 두 수를 더한 수를 다음 수로 써서 수를 나열합니다. 이때 16번째 수는 무엇일까요?

3으로 시작했을 때 16번째 수는 1입니다. 그 밖에도 4나 5로 시작했을 때 16번째 수가 무엇인지 찾아보세요.

4로 시작했을 때
4 7 1 8 9 7 6 3 9 2
1 3 4 7 1 8

5로 시작했을 때
5 1 6 7 3 0 3 3 6 9
5 4 9 3 2 5

3 5 8 3 1 4 5 9 4 3
7 0 7 7 4 1

나도 수학자

어떤 비밀이 숨어 있을까요?

1번째 수와 16번째 수에 어떤 관계가 있는 것 같네요. 1번째 수가 1~9일 경우 16번째 수를 나타내 보겠습니다. 어떤 비밀이 있는지 생각해 보세요. 정답은 '돋보기'에 있습니다.

1 ⇒ 7
2 ⇒ 4
3 ⇒ 1
4 ⇒ 8
5 ⇒ 5
6 ⇒ 2
7 ⇒ 9
8 ⇒ 6
9 ⇒ 3

 16번째 수는 1번째 수에 7을 곱한 답의 일의 자릿수입니다. 왜 그렇게 될까요? 이유를 설명해 보세요.

직선을 늘여서 놀아요

10월 17일

교과서 3학년 1학기 2단원 평면도형

학습원 초등과 | 오오사와 다카유키

고양이와 다람쥐를 직선 안에 넣어요

그림 1과 그림 2에서 두 점을 직선으로 이어서 동물을 직선 안으로 넣어 보세요. 그림 1의 고양이를 직선 안에 넣었더니 사각형이 되었네요.(그림 3) 그림 2의 다람쥐도 들어갔나요? 위의 두 점을 이을 수 없네요. 이를 어쩌면 좋을까요?

아래 두 점은 연결할 수 있는데, 위의 두 점을 연결하면 다람쥐가 걸려서 연결할 수 없습니다. 좋은 방법 없을까요? 다람쥐 뒤를 통과할까요? 입체적으로 보면 그 방법도 괜찮을 수 있어요. 그런데 이 상태에서도 직선을 그을 수 있는 방법이 있습니다.

직선은 계속 늘일 수 있어요

'점과 점을 연결하는 직선은 점에서 멈추지 않는다'는 것이 단서입니다. 직선은 계속 늘어날 수 있다는 뜻이지요. 다시 말해 직선은 계속 늘일 수 있어요. 그 끝에서 직선이 교차하면 다람쥐를 안에 넣을 수 있지요. 다람쥐를 안에 넣었더니 삼각형이 되었습니다. 그렇게 생각하면 고양이도 삼각형을 이루는 직선 안에 넣을 수 있겠네요.(그림 4)

그림 1

그림 2

그림 3

그림 4

 '두 점을 지나는 직선'으로 삼각형이나 사각형을 만들 때, 사용한 점이 반드시 그대로 꼭짓점이 되지는 않아요. 다양한 방법으로 접근해 보세요.

어떤 순서로 줄을 섰는지 맞혀 보세요

10월 18일

교과서 1학년 2학기 6단원 규칙 찾기

/ / /

구마모토현 구마모토시립 이케노우에초등학교 | 후지모토 구니아키

어떻게 줄을 섰는지 나타내는 방법

오른쪽 아래 그림과 같이 어린이가 일렬로 줄을 서 있습니다. 이 순서를 말로 설명해 보세요.

- 모두 합쳐 5명이 서 있습니다.
- A는 가장 앞에 있습니다.
- C는 B 바로 뒤에 서 있습니다.
- B와 E 사이에는 두 어린이가 있습니다.
- D는 가장 뒤에 서 있지 않습니다.

이렇게 말로 설명할 수 있어요.

말로 순서를 알 수 있어요

이번에는 이 다섯 명의 순서를 바꿨습니다. 순서를 설명한 다음 글을 읽고 어떻게 줄을 섰는지 생각해 보세요.

■ 문제
- E는 제일 앞에 서 있지 않습니다.
- A는 C 바로 뒤에 서 있습니다.
- D와 E 사이에는 두 어린이가 있습니다.
- B는 E 바로 뒤에 서 있습니다.

어떻게 줄을 섰을까요? 한 가지 표현에도 여러 가지 해석이 가능하니 어렵지요. 이럴 때는 그림을 그려 말이 들어맞는 경우를 하나씩 생각해 보면 확실히 알 수 있어요. 정답은 돋보기에 있습니다.

어떻게 생각해야 할지 설명할까요? 먼저 나란히 붙어 서 있는 어린이를 그려 보세요. 앞에서부터 ⒸⒶ나 ⒺⒷ가 서 있을 수 있어요.

다음으로 'D와 E 사이에 두 어린이'를 생각해 보세요. 만약 D가 E보다 앞이라면 앞에서부터 D○○EB가 됩니다. 만약 D가 E보다 뒤라면 EB○○D가 되기 때문에 C와 A가 연속해서 앞뒤로 설 수 없습니다. 또한 E는 가장 앞에 서 있지 않기 때문에 EB○D○가 될 수 없습니다.

A B C D E

1. ⒸⒶ와 ⒺⒷ

2. Ⓓ○○ⒺⒷ 또는 ○ⒺⒷ○Ⓓ

3. 둘 중에 Ⓒ와 Ⓐ가 연속해서 앞뒤로 설 수 없는 경우는 제외해요.

4. 따라서 Ⓓ○○ⒺⒷ의 ○○에 ⒸⒶ가 들어가요.

 위 문제의 정답을 알았나요? 정답은 D→C→A→E→B입니다.

가장 많이 쓰는 수는 몇일까요?

교과서 6학년 2학기 6단원 여러 가지 문제

10월 19일

오차노미즈여자대학 부속초등학교 | 오카다 히로코

신문을 살펴봐요

신문에는 많은 수가 등장합니다.(그림 1) 그런데 1면만 봐도 특이한 사실을 알 수 있어요. 바로 1로 시작하는 수가 많이 나온다는 사실입니다. 예를 들어 그림 1의 기사 예시만 봐도 11, 14, 1174, 10, 17처럼 1로 시작하는 수가 많이 나오지요.

다른 책을 찾아보세요

신문에만 1로 시작하는 수가 많이 나올까요? 지금 여러분이 읽고 있는 이 책도 관찰해 보세요. 이 책 안에도 많은 수가 나오는데, 찾아보면 분명 1부터 시작하는 수가 가장 많이 나올 거예요. 1부터 9까지의 숫자가 나올 확률을 단순히 생각하면, 대략 11%의 확률로 볼 수 있습니다. 그러나 실제로는 1이 들어간 수가 약 30% 가까이 나옵니다. 2부터 시작하는 수는 약 18% 가까이 나옵니다. 그러므로 주변에 있는 수의 약 절반은 1이나 2로 시작하는 숫자라는 뜻이지요.

이것은 '벤포드의 법칙'이라고 해서 수학적으로 증명되었습니다. 벤포드의 법칙에 따르면 수가 커질수록 등장하는 횟수는 적어진다고 합니다.(그림 2) 신문이나 책 이외에도 1로 시작하는 수가 많이 나오는지 직접 찾아보세요.

그림 1

숫자를 찾아요!

신문 기사 예시 – 8월 11일 한국 외환 시장에서 원 시세가 높은 가격대로 형성되고 있다. 14시 시점에서는 달러당 1174원으로 10일 17시 시점에 비해 4원 더 높은 수준으로 움직였다.

그림 2 벤포드의 법칙
(각 숫자로 시작하는 수가 나오는 확률)

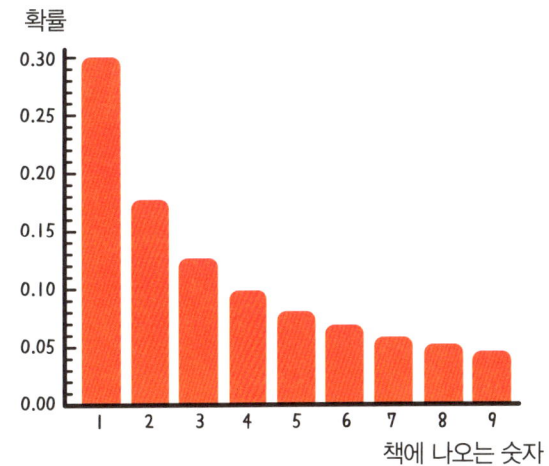

책에 나오는 숫자

 만약 숫자가 등장하는 책이나 신문 등에 1이 아닌 숫자가 많이 나온다면 그것은 누군가 의도적으로 조작했을 가능성이 있습니다. 벤포드의 법칙은 속임수를 꿰뚫는 방법이기도 합니다.

시각과 시간은 어떻게 구분할까요?

10월 20일

교과서 3학년 1학기 5단원 길이와 시간

학습원 초등과 | 오오사와 다카유키

시간과 시각, 맞는 말은?

'출발 시간은 몇 시인가요?'

　이 문장은 맞을까요? 아니면 어색할까요? 잘 보면 '시간'이라는 단어 사용법이 틀렸습니다. 여기에서는 '시각'을 써야 하지요.

　'시간'은 어느 시각부터 어느 시각까지 사이를 말합니다. 길고 짧음이 있지요. 그러나 '시각'은 시간의 흐름 중 어떤 한 시점을 말하기 때문에 길고 짧음, 많고 적음이 없습니다. '출발 시간은 몇 시인가요?'라는 문장에서 '몇 시'란 '시각'을 말하기 때문에 '출발 시각은 몇 시인가요?'라는 문장이 맞습니다.

표준국어대사전에서 둘 다 쓸까요?
일상 생활에서는 둘 다 쓸 수 있어요

표준국어대사전에 따르면 어떤 시각에서 어떤 시각까지의 사이를 나타낼 때는 '시간'을 써야 해요. 하지만 시간의 어느 한 시점을 뜻할 때는 '시간'과 '시각'을 둘 다 쓸 수 있대요. 수학에서는 시간과 시각을 엄격히 구분하지만 국어에서는 덜 엄하네요.

나도 수학자

옛날에는 시간을 어떻게 알았을까요?

신라 시대에 물시계를 처음 만든 기록이 있습니다. 시계가 만들어지기 전에는 태양이나 달, 별의 움직임이나 모양을 보고 대강 어림잡아 시간을 알았을 것으로 보여요. 조선 초기 백성들은 관리가 물시계를 보고 치는 종소리를 듣고 시각을 알았대요. 조선 후기에는 사람들이 손목시계처럼 작게 만든 해시계를 갖고 다니기도 했대요.

영어로 시간을 뜻하는 time은 '시각'일까요, '시간'일까요? 'What time is it now?'의 time은 '시각', 'a long time'의 time은 '시간'입니다.

이 세상에 숫자가 3개뿐이라면?

10월 21일

교과서 2학년 2학기 1단원 네 자리 수 심화

구마모토현 구마모토시립 이케노우에초등학교 | 후지모토 구니아키

숫자는 몇 개 있을까요?

여러분이 사용하는 숫자는 대체 몇 개일까요? 1억? 무한? 아닙니다. 딱 10개입니다. 수는 많이 있지만 숫자는 0, 1, 2, 3, 4, 5, 6, 7, 8, 9, 이렇게 10개밖에 없습니다. 이 숫자 10개를 사용해서 작은 수나 큰 수를 나타내는 것이지요.

'0, 1, 2'만 있다면?

만약 숫자가 0, 1, 2, 이렇게 3개밖에 없는 세상에 산다면 수를 어떻게 나타낼까요? 접시 위에 사탕을 놓아 보세요.

그림 1과 같이 2개까지는 평소와 같이 놓을 수 있습니다. 그런데 2개보다 1개 많아지면 수를 어떻게 나타내야 할까요? 지금 세상에서는 3개라고 나타내지만, 그 숫자는 없습니다. 그때는 자리를 하나 올려서 10개라고 할 수밖에 없습니다.(그림 2) 왜냐하면 한 자리에 2까지만 들어갈 수 있기 때문이지요. 한 개가 더 늘어나면 11개(그림 3), 한 개 더 늘어나면 12개가 됩니다.(그림 4)

숫자가 3개 있는 세상에서 사탕이 100개라면 숫자가 10개 있는 세상에서는 사탕이 몇 개일까요? 정답은 돋보기에 있어요.

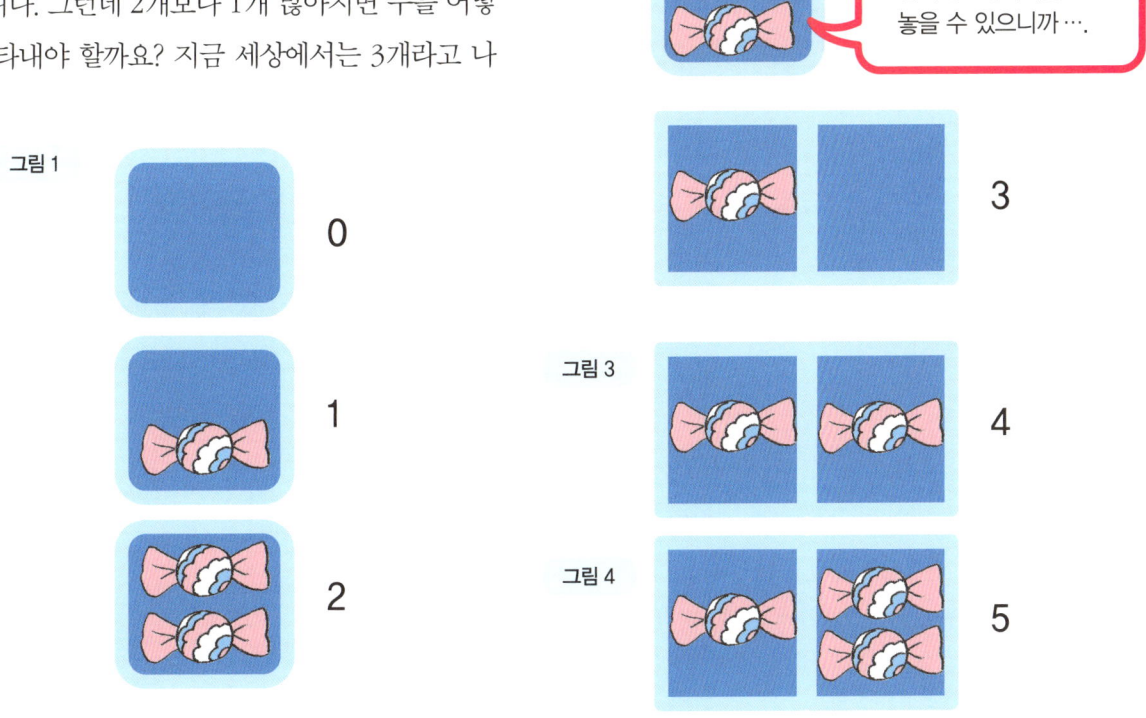

🔍 '100'개는 3개+3개+3개입니다. 따라서 지금 세계에서는 '9'개라고 나타냅니다.

화성 행차 행렬의 길이는?

교과서 3학년 1학기 5단원 길이와 시간

10월 22일

고치대학 교육학부 부속초등학교 | 다카하시 마코토

6,000명의 거대한 행렬

조선 시대 정조대왕은 새로운 정치를 펴고, 아버지인 사도세자의 무덤을 명당으로 옮기기 위해 수원 화성이라는 도시를 만들었습니다. 수원 화성은 적군과 맞서 싸울 수 있는 구조와 군사 시설을 갖추어 정조가 새로운 정치를 펴는 데 힘이 되기도 했어요. 정조는 여러 번 궁궐 밖을 나서 아버지 무덤을 참배하고, 백성의 목소리를 듣기 위해 화성을 방문했습니다.

1795년에는 어머니 혜경궁 홍씨의 회갑을 맞아 어머니를 모시고 창덕궁에서 출발하여 아버지 사도세자의 능이 있는 수원 화성까지 8일 동안 48km의 길을 행차했어요. 이를 '화성 행차' 또는 '능행차'라고 합니다. 화성까지 행차하는 행렬에는 많은 사람이 동원되었어요. 정조의 친족인 왕족, 신하, 궁녀, 호위 군사까지 약 6,000여 명에 이르렀습니다. 당시 아주 엄청난 규모였지요. 이렇게 많은 사람들이 움직이는 행렬의 길이는 얼마나 되었을까요?

행렬의 길이는?

6,000명이 5줄로 걸었다면, 한 줄에 1,200명입니다. 검을 가진 군사가 줄을 서서 걸으려면 앞 사람과 간격이 1m 이상 필요합니다. 그러면 1,200명×1m를 계산하면 1,200m입니다. 따라서 줄만 해도 길이가 1.2km입니다. 거기에 짐을 운반하는 말도 많이 있습니다. 이것까지 모두 생각하면 행렬의 길이는 1.5km쯤 되지 않았을까요? 실제로 행렬의 너비와 길이만 각각 10~30m, 1~1.5km에 달했다고 해요.

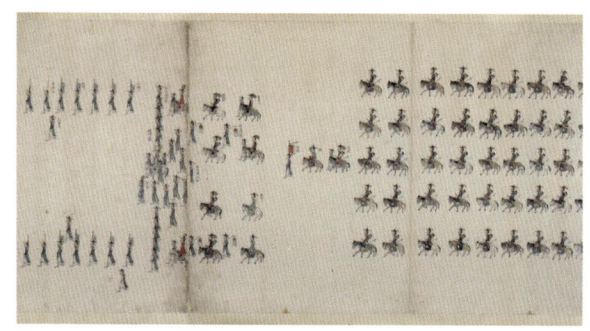

화성원행 반차도
자료 : 국립중앙박물관

나도 수학자

행렬의 걸음 속도를 구해 볼까요?

창덕궁에서 화성까지는 약 48km입니다. 그 거리를 8일 동안 걸었다고 하니,

48km÷8일=6km

하루에 걷는 거리는 약 6km(6,000m)입니다. 하루에 10시간 걸었다고 하면 속도는,

6000m÷10시간=600m

1시간에 600m(0.6km) 정도겠네요.

 정조대왕은 화성 행차의 모든 과정을 8권의 책에 기록했어요. 준비 과정부터 사후 처리까지 《원행을묘정리의궤》에 기록한 덕분에 200여 년이 흐른 지금도 행차를 완벽하게 복원할 수 있습니다.

똑똑하게 장도 보고 거스름돈도 받아요

10/23일

교과서 3학년 1학기 1단원 덧셈과 뺄셈

/ / /

아오모리현 산노헤초립 산노헤초등학교 | 다네이치 요시타케

실제 장을 볼 때는?

심부름으로 슈퍼에 가면 계산을 잘해야 해요. 다음 문제를 잘 푼다면 문제없겠지요.

■ 문제 1

1,000원 지폐 3장을 가지고 800원 하는 사과 1개와 900원 하는 양배추 1개를 샀습니다. 거스름돈은 얼마일까요?

3000−1700=1300(원)이라고 생각한 친구도 있겠지만, 실제로 그렇게 돈을 주고받을 수 있을까요? 800+900=1700(원)이므로 2000원만 주면 되기 때문입니다. 즉 2000−1700이므로 실제 거스름돈은 300원이 정답입니다.(그림 1)

동전 개수도 생각해요

■ 문제 2

물건을 사려면 2600원을 내야 합니다. 지갑에는 5000원 1장, 500원 1개, 100원 2개가 있었어요. 거스름돈은 얼마일까요?

5000−2600=2400(원)을 떠올린 친구는 수학으로 봤을 때는 정답이지만, 실제 물건을 살 때는 지갑 안에 동전이 많이 늘어나서 빵빵해집니다. 거스름돈 2,400원은 1,000원 지폐 2장과 100원 동전 4개가 생기네요. 게다가 처음 지갑에 있던 500원 1개, 100원 2개, 모두 동전 3개를 합치면 동전 개수만 7개로 상당히 늘어납니다.

동전 때문에 지갑이 무거워지면 불편하니, 지갑에서 5,600원을 꺼내서 거스름돈을 3,000원 받는 게 어떨까요? 그러면 지갑에 남는 돈은 1,000원 지폐 3장과 사용하지 않은 100원 동전 1개로 동전은 1개뿐입니다. 동전 개수가 줄어들었지요?(그림 2)

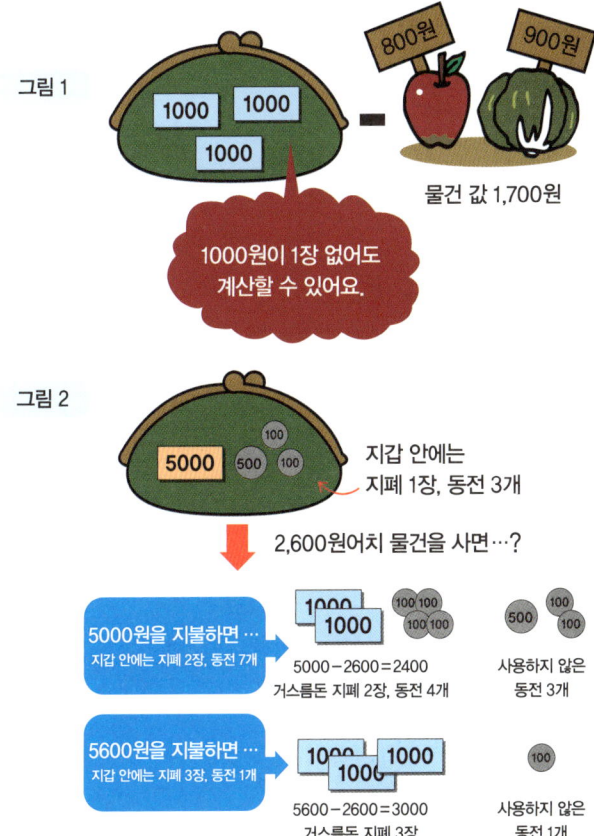

그림 1 — 물건 값 1,700원 / 1000원이 1장 없어도 계산할 수 있어요.

그림 2 — 지갑 안에는 지폐 1장, 동전 3개 / 2,600원어치 물건을 사면…?

5000원을 지불하면… 지갑 안에는 지폐 2장, 동전 7개 / 5000−2600=2400 거스름돈 지폐 2장, 동전 4개 / 사용하지 않은 동전 3개

5600원을 지불하면… 지갑 안에는 지폐 3장, 동전 1개 / 5600−2600=3000 거스름돈 지폐 3장 / 사용하지 않은 동전 1개

 스스로 돈을 내고 물건을 살 때 어떻게 해야 거스름돈의 개수가 줄어드는지 생각해서 돈을 내 보세요.

정육면체의 점에서 점까지 연결해요

10월 24일

교과서 5학년 1학기 2단원 직육면체

학습원 초등과 | 오오사와 다카유키

빨간색과 파란색 중 가까운 쪽은?

주사위처럼 정사각형 여섯 면으로 둘러싸인 도형을 '정육면체'라고 합니다. 그림 1의 '가' 점과 '나' 점을 가장 가까운 거리로 연결하는 선은 어떤 선일까요?

그림 2의 빨간 선과 같이 정사각형의 대각선(붙어 있지 않은 꼭짓점을 연결한 직선)은 어떨까요? 상당히 가깝네요. 더 가까운 거리가 있을까요?

그렇습니다. '가'에서 변을 따라 '나'를 연결한 파란 선이 더 짧습니다. 왜 그런지 설명할 수 있나요? 정육면체를 펼쳐 보면 알 수 있어요. 빨간 선은 '가'에서 꺾입니다. 파란 선은 직선이지요. 따라서 파란 선이 더 짧다는 사실을 알 수 있어요.(그림 3)

더 짧은 선이 있나요?

더 짧은 길이가 있을까요? 정육면체를 살짝 돌리면 보입니다. 안쪽에 더 짧은 녹색 선을 그릴 수 있어요.(그림 4) 이와 같이 시점을 바꾸면 짧은 선이 보이기도 합니다.(그림 5)

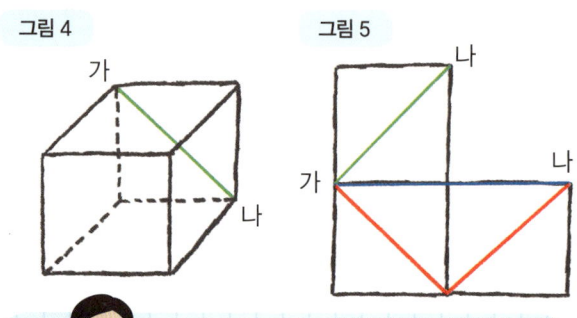

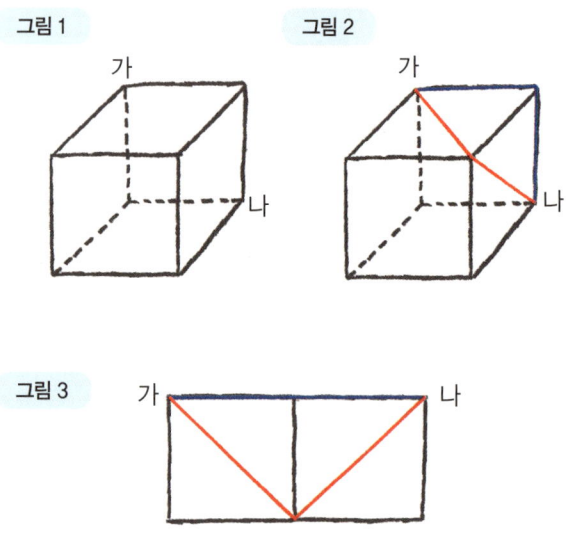

나도 수학자

'가'와 '다'를 연결하는 가장 짧은 선은?

정면을 지나는 빨간 선은 어떨까요?(그림 6) 그러나 어쩌면 파란 선이나 녹색 선이 더 짧을지도 몰라요. 어떻게 비교할 수 있을까요? 여기서 아까 썼던 '정육면체를 펼쳐 보기' 방법으로 비교하겠습니다. 파란 선은 직선이지요.(그림 7) 녹색 선은 스스로 생각해 보세요.

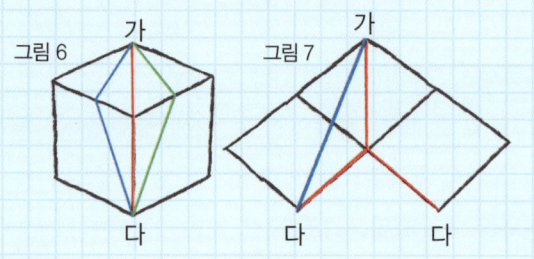

 '나도 수학자' 문제를 풀 때 찾은 선보다 사실 더 짧은 선이 있습니다. 그것은 정육면체 안을 지나는 직선이에요. 정육면체의 표면을 따라가는 것보다 안을 뚫고 지나가는 것이 더 짧아요. 직접 만들어서 확인해 보세요.

저울로 무게를 재서 가짜 동전을 찾아라!

10월 25일

교과서 3학년 2학기 5단원 들이와 무게

오차노미즈여자대학 부속초등학교 | 오카다 히로코

양팔 저울로 몇 번 재면 될까요?

동전이 8개 있습니다. 이 중에서 진짜 동전보다 무거운 가짜 동전이 딱 한 개 있습니다. 양팔 저울을 사용해서 가짜 동전을 찾아보세요.(그림 1)

두 번 만에 가짜 동전을 찾을 수 있어요?

먼저 그림 2처럼 동전을 3개, 3개, 2개로 나눕니다. 그다음 양팔 저울에 동전을 3개씩 올립니다. 만약 이때 균형을 이루면 가짜는 나머지 2개 중에 있다는 뜻이지요. 따라서 남은 동전 2개를 양팔 저울로 비교했을 때 기울어진 쪽이 가짜 동전입니다.

만약 그림 3처럼 처음에 올린 3개 묶음 중에 한쪽이 기울었다면 그 안에 가짜가 있다는 뜻이지요. 동전 3개 중에서 2개를 골라 양팔 저울에 올려 비교합니다. 이때 기운 쪽이 가짜 동전이고, 균형을 이룬다면 양팔 저울에 올리지 않은 남은 동전이 가짜입니다. 따라서 양팔 저울을 두 번만 사용하면 가짜를 알 수 있어요.

그림 1

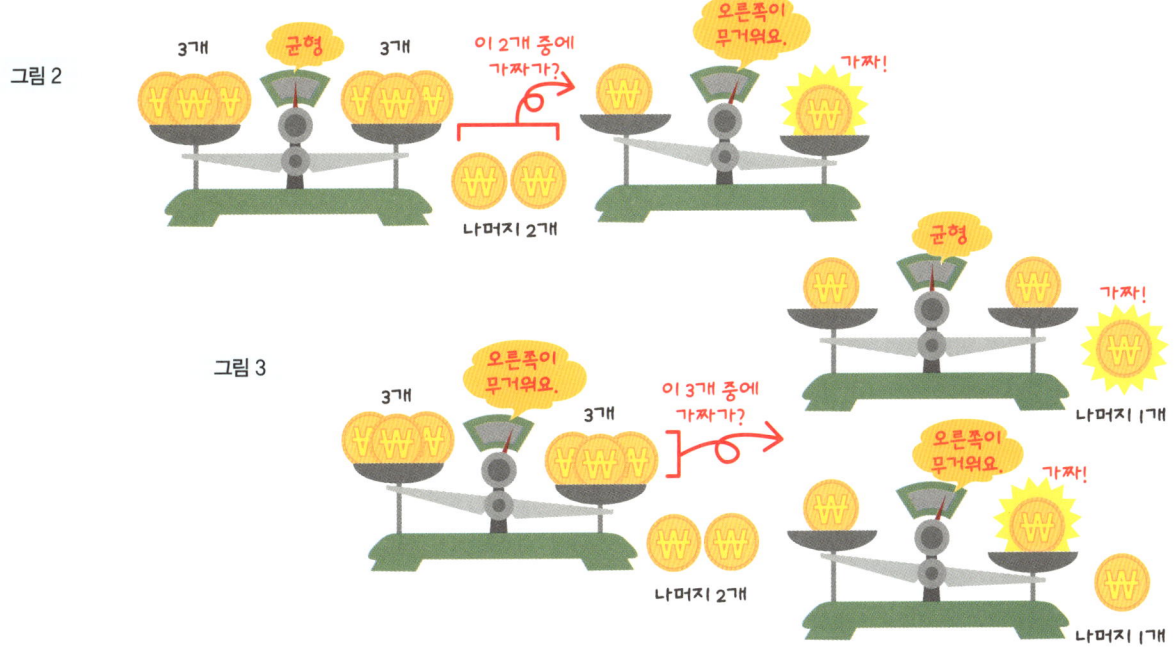

그림 2

그림 3

🔍 동전이 12개라면 양팔 저울을 몇 번 사용했을 때 가짜를 찾을 수 있을까요? 양팔 저울을 세 번 사용하면 가짜를 찾을 수 있어요. 어떤 방법인지 생각해 보세요.

1부터 6까지 수로 나누어떨어지는 수

10월 26일

교과서 3학년 1학기 3단원 나눗셈

아오모리현 산노헤초립 산노헤초등학교 | 다네이치 요시타케

1, 2, 3, 4, 5, 6으로 나누어떨어져요

1부터 6까지 어떤 수로 나눠도 나누어떨어지는 수가 있대요. 이렇게 나누어떨어지는 가장 작은 수는 몇일까요? 간단하다고 생각한 친구는 분명 1부터 6까지 전부 곱하면 된다고 생각했겠지요? 왜냐하면 나눗셈은 곱셈을 반대로 한 계산이기 때문입니다.

$$1 \times 2 \times 3 \times 4 \times 5 \times 6 = 720$$

아니? 상당히 큰 수가 되었네요. 더 작은 수가 있을 수 있으니 720의 절반인 360으로 확인해 보겠습니다. $360 \div 1 = 360$, $360 \div 2 = 180$, $360 \div 3 = 120$, $360 \div 4 = 90$, $360 \div 5 = 72$, $360 \div 6 = 60$, 모두 나누어떨어지네요. 그렇다면 720보다 작은 수가 있을 것 같아요.

더 작은 수가 있나요?

한 번 더 $1 \times 2 \times 3 \times 4 \times 5 \times 6$의 식을 살펴볼까요? 4는 2×2, 6은 2×3으로 나타낼 수 있습니다. 식으로 나타내면 $1 \times 2 \times 3 \times (2 \times 2) \times 5 \times (2 \times 3)$입니다. 4로 나누어떨어지려면 2가 2개, 6으로 나누어떨어지려면 2와 3이 1개씩 있으면 돼요. 즉, 4와 6으로 나누어 떨어지려면 2는 2개, 3은 1개가 필요합니다. 수를 곱셈으로 나타내니 어떤 수로 나누어떨어지는지 알 수 있습니다. 즉 1부터 6까지 모든 수로 나누어떨어지는 수 중에 가장 작은 수는 $1 \times 2 \times 3 \times 2 \times 5 = 60$이었습니다. 생각보다 작은 수네요.

그림 1

$$1 \times 2 \times 3 \times \underline{4} \times 5 \times \underline{6} = 720$$
$$ 2\times2 2\times3$$

$$= 1 \times 2 \times 3 \times (2 \times 2) \times 5 \times (2 \times 3)$$

4로 나누어떨어지려면…2가 2개
6으로 나누어떨어지려면…2가 1개, 3이 1개

$$1 \times 2 \times 3 \times 2 \times 5 = 60$$

1부터 6까지로 나누어떨어지는 가장 작은 수는 60이다!

그림 2

$$1 \times 2 \times 3 \times 2 \times 5 \times 7 \times 2 \times 3 = 2520$$

1로 나누어떨어지려면…1이 1개
2로 나누어떨어지려면…2가 1개
3으로 나누어떨어지려면…3이 1개
4로 나누어떨어지려면…2가 2개
5로 나누어떨어지려면…5가 1개
6으로 나누어떨어지려면…2가 1개, 3이 1개
7로 나누어떨어지려면…7이 1개
8로 나누어떨어지려면…2가 3개
9로 나누어떨어지려면…3이 2개
10으로 나누어떨어지려면…2가 1개, 5가 1개

 1부터 10까지 모든 수로 나누어떨어지는 수는 몇일까요? 위와 같이 곱셈식으로 나타내면(그림 2), 얼마인지 알 수 있어요. 정답은 2520입니다.

셋이 모이면 몇 살일까요?

교과서 4학년 2학기 6단원 규칙과 대응

가나가와현 가와사키시립 쓰치하시초등학교 | 야마모토 나오

	현재	1년 후	2년 후	3년 후	4년 후	5년 후	6년 후	7년 후
오빠	12	13	14	15	16	17	18	19
민지	9	10	11	12	13	14	15	16
여동생	4	5	6	7	8	9	10	11
합계	25	28	31	34	37	40	43	46

세 사람의 나이를 합쳐요

9살 난 민지에게는 오빠와 여동생이 있습니다. 오빠는 12살이고 여동생은 아직 4살입니다. 셋의 나이를 합치면 몇 살일까요? 셋의 나이를 합치면 되니까 12+9+4=25, 모두 25살입니다.

셋이 합쳐서 100살?

세 사람의 나이를 합쳐 딱 100살이 되는 해는 앞으로 몇 년 후일까요? 표로 나타내면 그림과 같습니다. 셋의 나이를 합하는 것이니 1년 후에는 28, 2년 후에는 31, 3년 후에는 34가 됩니다. 이런 식으로 100세가 될 때까지 표로 따져도 좋지만, 시간이 좀 걸릴 듯하네요.

조금 더 간단한 방법은 없을까요? 여기서 합계가 어떤 식으로 늘어나는지 생각해 보세요. 그러면 세 사람이 각각 1살, 나이의 합은 1년에 3살씩 늘어난다는 사실을 알 수 있지요. 그럼 현재 합계인 25세에서 100세가 되려면 몇 살이 늘어나야 할까요? 100-25=75이므로 75가 늘어나면 됩니다. 이를 3으로 나누면 75÷3=25, 즉 25년이 지나면 돼요.

확인해 보면, 25년 후에 오빠는 12세에 25를 더해서 37세, 민지는 9세에 25를 더해서 34세, 여동생은 4세에 25를 더해서 29세, 37+34+29=100이므로 정확히 합계는 100세가 되었습니다.

나도 수학자

합계가 9살이었던 때는 언제였을까요?

세 사람의 나이 합이 현재 민지의 나이와 같은 9살이었을 때는 언제일까요? 똑같이 계산해서 생각하면 25-9=16이므로 16을 3으로 나누면 나누어떨어지지 않습니다. 그러면 나이의 합이 9살이었던 적이 없었을까요? 아니요. 사실 4년 전까지 3씩 줄어들지만, 5년 전에는 여동생이 아직 태어나지 않았기 때문에 그때부터는 2씩 줄어듭니다. 따라서 6년 전이 되겠네요.

	현재	1년 전	2년 전	3년 전	4년 전	5년 전	6년 전
오빠	12	11	10	9	8	7	6
민지	9	8	7	6	5	4	3
여동생	4	3	2	1	0	-	-
합계	25	22	19	16	13	11	9

← 3씩 줄어요.   ← 여기부터는 2씩 줄어요.

 수가 늘어나거나 줄어드는 법칙을 발견하면 간단히 답을 찾을 수 있어요.

삼각형 내각의 크기는?

10/28일

교과서 4학년 1학기 2단원 각도

/ / /

구마모토현 구마모토시립 이케노우에초등학교 | 후지모토 구니아키

각도기가 없어도 알 수 있어요

연필로 삼각형 ABC의 변 둘레를 따라 움직여 보세요. 꼭짓점 A에서 출발합니다.(그림 1)

먼저 연필로 변을 따라 꼭짓점 B까지 움직입니다. 연필심 쪽이 꼭짓점 B에 도착하면 시계 방향으로 돌려서 연필 꽁무니가 꼭짓점 C 쪽으로 오게 하여 움직입니다.(그림 2)

그다음 연필 꽁무니가 꼭짓점 C에 도착하면 시계 방향으로 돌려서 연필심 쪽이 꼭짓점 A를 향하도록 하여 움직입니다.(그림 3)

연필심이 꼭짓점 A에 도착하면 시계 방향으로 돌려서 원래 출발 지점으로 움직입니다.(그림 4)

그랬더니 연필 방향이 처음과 반대로 바뀌었네요. 즉 180도 회전했다는 것이지요. 따라서 삼각형 내각의 합은 '180도'라고 할 수 있습니다.

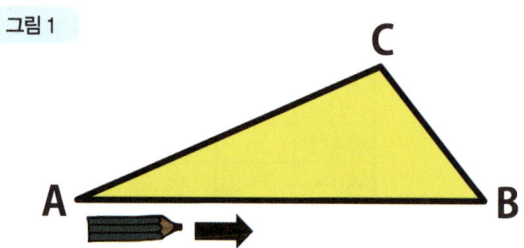

그림 1

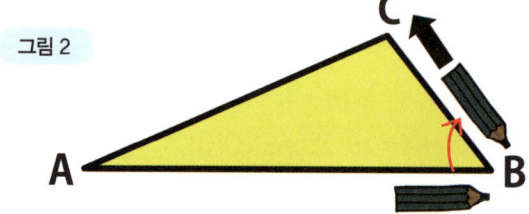

그림 2

그림 3

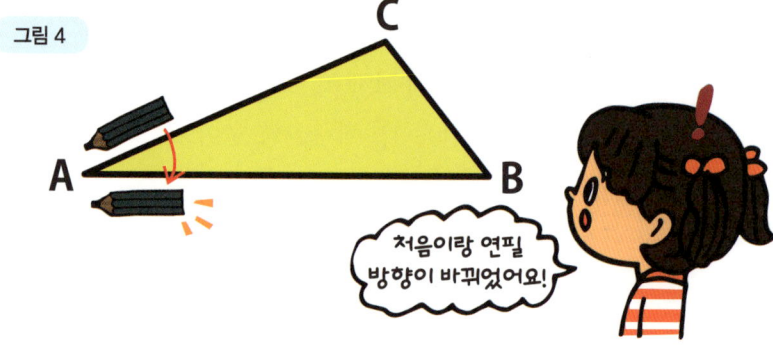

그림 4

처음이랑 연필 방향이 바뀌었어요!

그러면 사각형에서는 어떻게 될까요? 삼각형과 마찬가지로 반 바퀴일까요? 아니요, 이번에는 깔끔하게 한 바퀴 돕니다. 따라서 사각형 내각의 합은 360도라는 사실을 알 수 있어요.

다른 계산을 해도 답은 같을까요?

교과서 4학년 1학기 3단원 곱셈과 나눗셈

가나가와현 가와사키시립 쓰치하시초등학교 | 야마모토 나오

'=' 등호의 의미

'='는 '등호'라고 부르는 기호로 식을 쓸 때 자주 사용합니다. 사실 이 기호는 오른쪽 그림의 ①번 식으로 본다면 등호의 왼쪽(3×6)과 오른쪽(18)이 같다는 뜻입니다. ②번과 같이 양쪽 다 계산으로 되어 있는 식에도 쓸 수 있습니다.

다음으로 ③번 식을 보세요. □ 안에는 +, −, ×, ÷ 중 하나가 들어갑니다. 자세히 보면 숫자 나열이 같네요. □ 안에 다른 기호를 넣는다면 계산 결과는 달라지겠지요? 그런데 기호를 잘 넣으면 계산은 다르지만 계산 결과는 같게 만들 수 있습니다. 어떻게 넣으면 될까요?

① $3 \times 6 = 18$

② $3 \times 6 = 9 \times 2$

③ $8 \square 2 - 3 = 8 \square 2 \square 3$

여러 가지 기호를 넣어 봐요

먼저 왼쪽 □에 여러 가지 기호를 넣어서 계산해 보세요. +를 넣으면 7, −를 넣으면 3, ×를 넣으면 13, ÷를 넣으면 1입니다. 이 4개 중 하나와 같은 수가 되도록 오른쪽 □에 들어갈 기호를 생각해 보세요. 그러면 두 □에 +를 넣으면 13이 되어서 ×, −를 넣었을 때와 답이 같아집니다.

즉 아래와 같은 식이 나오지요.

$8 \boxed{\times} 2 - 3 = 8 \boxed{+} 2 \boxed{+} 3$

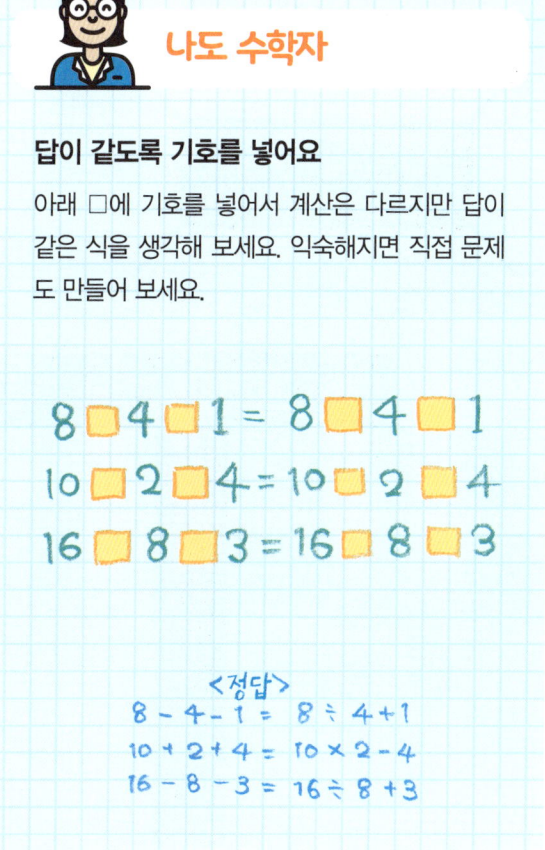

나도 수학자

답이 같도록 기호를 넣어요

아래 □에 기호를 넣어서 계산은 다르지만 답이 같은 식을 생각해 보세요. 익숙해지면 직접 문제도 만들어 보세요.

$8 \square 4 \square 1 = 8 \square 4 \square 1$
$10 \square 2 \square 4 = 10 \square 2 \square 4$
$16 \square 8 \square 3 = 16 \square 8 \square 3$

<정답>
$8 - 4 - 1 = 8 \div 4 + 1$
$10 + 2 + 4 = 10 \times 2 - 4$
$16 - 8 - 3 = 16 \div 8 + 3$

 수학에는 '+'나 '−'보다 '×'나 '÷'를 먼저 계산한다는 법칙이 있어요. 이 법칙을 사용하면 '$6 + 2 + 2 = 6 + 2 \times 2$'라는 식도 만들 수 있어요.

같을까요, 다를까요?

10월 30일

교과서 3학년 1학기 2단원 평면도형

오차노미즈여자대학 부속초등학교 | 구가야 아키라

신기한 눈의 착각

10월 10일에는 눈의 착각을 일으키는 문제를 소개했지요. 이번에도 신기한 세계를 체험해 보세요.

어느 쪽이 클까요?

먹음직스러운 양갱(그림 1)과 T자로 배치한 카스테라(그림 2), 그리고 잘린 도너츠(그림 3)가 있습니다. 이런 기회는 흔치 않으니 각각 큰 조각을 선택해 먹고 싶네요. 각 그림에서 (가)와 (나) 중에 어느 쪽이 클까요? 얼핏 봤을 때 어느 쪽이 더 커 보이나요? 실제로 자로 길이를 재어 확인해 보세요.

그림 1

그림 3

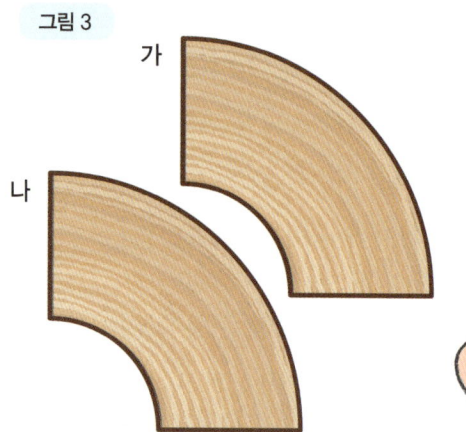

그림 2

나도 수학자

(가)와 (나) 중에 어느 쪽이 클까요?

(가)와 (나)는 모두 크기가 같아요. 그런데 얼핏 봤을 때는 (나)가 더 커 보이지요. 신기하지요.

눈의 착각을 '착시'라고 말하기도 합니다. 위에서 소개한 것은 그것을 발견한 사람의 이름을 따서 다음과 같이 불립니다. 그림 1은 '웨이트 마사로 착시', 그림 2는 '픽 착시', 그림 3은 '재스트로 착시'입니다.

그래프를 그리면 여러 가지 사실이 보여요

10월 31일

교과서 4학년 1학기 5단원 막대그래프

오오이타현 오오이타시립대 니시초등학교 | 니노미야 다카아키

수학자와 빵집 이야기

막대그래프, 꺾은선 그래프, 원그래프, 띠그래프, 기둥 그래프 등 그래프에는 여러 가지 종류가 있습니다. 그래프로 나타내면 수량의 크기나 변화 등의 특징을 한눈에 알 수 있어요. 그래프를 사용해서 속임수를 알아챈 재미난 이야기를 소개하겠습니다.

어떤 수학자의 단골 빵집에서 '1kg짜리 빵'을 팔고 있었습니다. 그러나 수학자는 매번 사는 빵이 모두 1kg일까 의심했습니다. 그래서 산 빵의 무게를 매번 기록하여 그래프로 나타냈습니다.(그림 1)

그래프로 속임수를 알아냈어요

매일 많은 빵을 굽기 때문에 당연히 차이는 조금씩 있을 수 있습니다. 만약 1kg을 기준으로 빵을 구우면 그 차이는 그림 2와 같이 산 모양 그래프로 나타납니다. 그러나 이 빵집 그래프는 그림 3과 같았습니다. 즉 50g을 속여서 950g을 기준으로 빵을 구웠던 것입니다.

수학자가 그래프를 보여 주자 빵집은 반성을 하는 듯 보였습니다. 수학자는 그 후에도 빵을 사서 그래프를 계속 그렸습니다. 그러자 그림 4와 같이 되었습니다.

즉, 빵집은 변함없이 가벼운 빵을 구웠고, 1kg 이상인 빵만 골라서 수학자에게 팔았던 것입니다. 수학자는 또 속임수를 알아챘습니다.

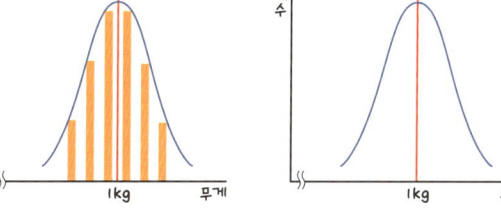

매번 빵을 사서 무게를 기록하여 막대그래프로 정리한 것.

1kg을 기준으로 빵을 구웠을 때, 1kg이 가장 높은 산 모양 그래프가 됩니다.

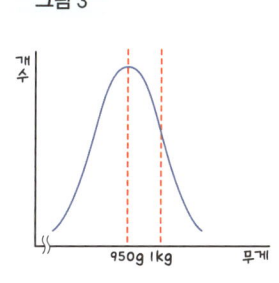
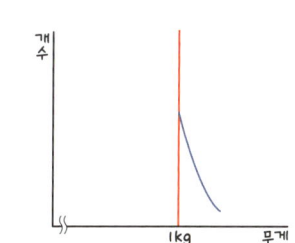

950g을 기준으로 빵을 구우면 950g이 가장 높은 산 모양 그래프가 됩니다.

1kg 이상인 빵만 골랐기 때문에 산 모양에서 왼쪽 부분이 없습니다.

 위와 같이 좌우대칭인 산 모양 그래프가 되는 것은 이 세상에 많이 있습니다. 이것을 특별히 '정규분포'라고 부릅니다.

수가 가진 신비로운 힘

확대하면!

마방진은 단순한 퍼즐이 아니었다

옛날 유럽 사람들은 수에 신비로운 힘을 느꼈습니다. 사람도 자연도 신이 만들었다고 믿었던 당시에는 자연계에 넘치는 아름다운 형태를 수학적으로 설명할 수 있기에 수를 이해한다는 것은 신에게 다가가는 것이라고 생각했습니다. 그런 옛 사람들의 생각을 알 수 있는 것이 122쪽에서 소개한 판화 '멜랑콜리아 I'(오른쪽)의 마방진입니다.

골똘히 생각에 잠긴 천사 뒤에 자그마한 마방진이 그려져 있습니다. 당시 사람들에게 마방진은 현대로 따지면 팻말과 같은 것이었는지도 모르겠네요.

⊙자료 : Bridgeman Images

11월

물건을 살 때 보면 카운터에 있는 직원이 붉은 레이저가 나오는 기계를 상품마다 대고 찍지요. 그러면 '삑' 하고 소리가 나면서 가격이 컴퓨터에 입력되고, 자동으로 얼마인지 계산이 이루어집니다. 바코드는 어떤 정보를 어떻게 품고 있는 걸까요?

➜ 11월 8일 157쪽

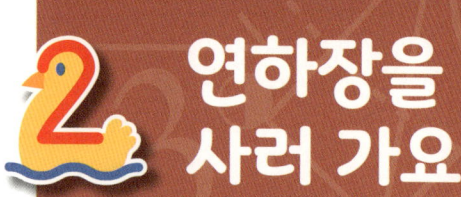

2 연하장을 사러 가요

11 / 1 일

교과서 3단원 1학기 4단원 곱셈

아오모리현 산노헤초립 산노헤초등학교 | 다네이치 요시타케

10만 원으로 150장 살 수 있어요?

우빈이에게 어머니가 5만 원 지폐 2장을 건네며 "520원짜리 연하장을 150장 사 오렴." 하고 말했습니다. 우빈이는 '10만 원으로 충분할까?' 하는 생각이 들어 암산을 해 보기로 했습니다. 여러분이라면 어떻게 암산할 건가요?

암산 방법을 세 가지 소개할게요

■ **우빈이의 암산 방법 ①**

520×150이므로 곱하는 수를 100과 50으로 나눠서 계산합니다. 520×100=52000, 520×50은 520×100의 절반이므로 26000. 즉 520×150=52000+26000=78000(원). (그림 1)

■ **우빈이의 암산 방법 ②**

520×150이므로 곱해지는 수를 500과 20으로 나눠서 계산합니다. 500×150은 1000×150=150000의 절반이므로 75000, 20×150=3000. 즉 520×150=75000+3000=78000(원). (그림 2)

■ **우빈이의 암산 방법 ③**

520×150이므로 곱하는 수를 2배로 하고, 곱해지는 수를 2로 나눠서 계산합니다. 520÷2=260, 150×2=300, 즉 260×300=78000(원). (그림 3)

우빈이는 10만 원으로 충분하다는 사실을 알고 안심하며 심부름하러 갔습니다.

우리나라 우표는 한 장에 330원입니다. (2017년 9월 기준) 우표를 5만 원으로 70장 살 수 있을지 계산해 보세요.

학교 운동장은 얼마나 넓을까요?

교과서 5학년 2학기 5단원 여러 가지 단위

이와테현 구지시 교육위원회 | 고모리 아쓰시

넓이를 구해 봐요

아래 그림과 같이 가로 50m, 세로 30m인 운동장이 있습니다. 넓이는 몇 m^2일까요?

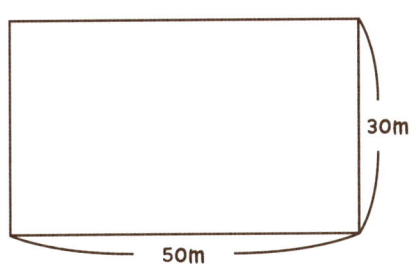

운동장의 넓이는 가로 길이와 세로 길이를 곱한 $1,500m^2$가 되겠지요. 그러면 이 단위를 a로 바꿔 보면 어떨까요?

a는 '아르'라는 단위입니다. 한 변이 10m인 정사각형의 넓이를 1a, 즉 1아르라고 해요. 그렇다면 1아르는 $100m^2$와 같네요. 앞에서 구한 운동장의 넓이는 아르로 표현하면 15아르입니다.

아르보다 더 큰 단위가 있다고요?

1m보다 작거나 큰 단위를 몇 가지 알고 있나요? 1m를 기준으로 한번 정리해 볼게요. 1m를 더 작은 단위로 바꿀 때는 '×100'을 하면 돼요. 그리고 1m의 1,000배는 1km이지요.

10,000mm = 100cm = 1m

1,000m = 1km

아르도 마찬가지예요. 1아르의 100배를 뜻하는 기호가 있답니다. 바로 ha, 즉 헥타르예요. 운동장 넓이가 만약 $150,000m^2$라면 15헥타르로 바꿀 수 있지요. 또한 1헥타르의 100배는 $1km^2$라고 합니다. 한 변이 1,000m 또는 1km인 운동장의 넓이와 같습니다.

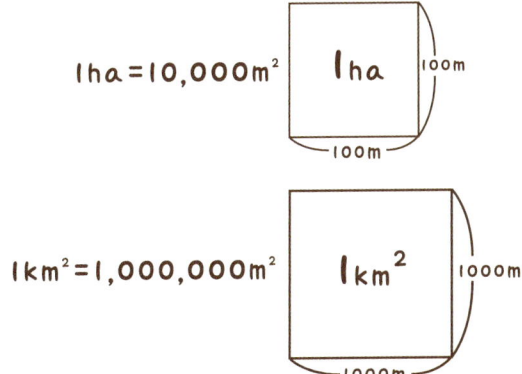

나도 수학자

헥타르를 다른 단위로 바꿔 볼까요?

신문에 '1.7헥타르 규모의 유리 온실'이라는 기사가 났어요. 1.7헥타르는 다음 중 어떤 것과 같은 면적일까요? 정답은 '돋보기'에 있어요.

① 1,700a ② $1,700m^2$ ③ $0.017km^2$

1.7ha는 170a 그리고 $17,000m^2$와 같습니다. '나도 수학자' 문제의 정답은 ③번 $0.017km^2$랍니다.

더해서 1이 되는 분수 계산

교과서 5학년 1학기 4단원 분수의 덧셈과 뺄셈

아오모리현 산노헤초립 산노헤초등학교 | 다네이치 요시타케

그림 1

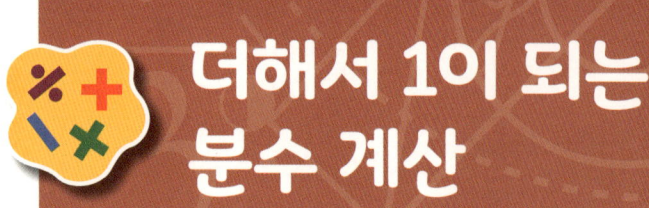

$$\frac{1}{\square} + \frac{1}{\square} + \frac{1}{\square} = 1$$

분수 계산을 할 수 있나요?

그림 1의 □에 들어가는 정수를 생각해 보세요. "간단해요, □는 3!" 하고 생각한 친구는 일단 합격입니다. 그런데 이 문제에는 두 가지 답이 더 있습니다. 과연 몇일까요? 힌트를 드리겠습니다. 아날로그시계를 보고 분자가 1인 분수를 생각해 보세요. $\frac{1}{2}$은 시계 숫자 중 6, $\frac{1}{3}$은 시계 숫자 중 4, $\frac{1}{4}$은 시계 숫자 중 3, $\frac{1}{6}$은 시계 숫자 중 2, $\frac{1}{12}$은 시계 숫자 중 1까지 크기를 나타낼 수 있습니다.(그림 2)

시계를 힌트로 생각해요

이렇게 시계를 사용한 분수를 쓰면 □에 어떤 수가 들어가는지 찾을 수 있어요. 예를 들어 왼쪽 □에 2를 넣고, 중앙 □에 4를 넣으면 오른쪽 □에는 4가 들어갑니다. 또한 왼쪽 □에 2를 넣고 중앙 □에 3을 넣으면 오른쪽에는 자연스레 6이 들어갑니다.(그림 3) 이처럼 식만 보고 알 수 없을 때는 그림으로 나타내서 생각하면 간단히 풀 수 있어요. 문제를 풀다 막혔을 때 사용해 보세요.

그림 2

그림 3

$$\frac{1}{2} + \frac{1}{4} + \frac{1}{4} = 1 \qquad \frac{1}{2} + \frac{1}{3} + \frac{1}{6} = 1$$

 분자가 1인 분수만으로 분수의 크기를 나타내는 방법은 고대 이집트에서 사용했습니다. 예를 들어 $\frac{5}{6}$는 $\frac{1}{2} + \frac{1}{3}$로 나타냅니다.

종이를 접은 선의 개수는?

11 4일

교과서 4학년 2학기 6단원 규칙과 대응

이와테현 구지시 교육위원회 | 고모리 아쓰시

종이를 접을 때마다 생기는 선

종이 한 장을 그림 1과 같은 모양이 되도록 반씩 접습니다. 접는 횟수에 따라 접은 선 개수는 그림 2처럼 생겨요. 즉 한 번 접으면 접은 선은 1개 생깁니다. 두 번 접으면 접은 선의 개수는 3개, 세 번 접으면 접은 선의 개수는 7개입니다. 다섯 번 접으면 접은 선의 개수는 몇 개일까요?

실제로 종이를 접어서 확인해도 좋아요. 하지만 일반적인 A4 용지를 기준으로 했을 때 두께는 0.1mm이므로 다섯 번 접으면 3.2mm가 되기 때문에 실제로 여러 번 접어 보기란 참 어렵지요. 개수가 늘어날 때 생기는 규칙을 살펴보고 접는 횟수에 따른 접은 선의 개수를 구해 볼까요?

표로 정리해 규칙을 찾아요

그림 2를 보면 한 번 접었을 때 접은 선을 경계로 생기는 칸이 2개입니다. 두 번 접으면 접었을 때 생기는 칸은 4, 세 번 접으면 접었을 때 생기는 칸은 8이 됩니다. 표로 정리해 볼까요? 접었을 때 생기는 칸은 표 1처럼 2배씩 늘어납니다. 접은 선의 개수는 접었을 때 생기는 칸의 개수에서 1을 빼야 하므로 다섯 번 접었을 때 생기는 칸의 개수 빼기 1을 하면 구할 수 있어요. 다섯 번 접었을 때 생기는 칸의 개수는 32이므로 접은 선의 개수는 32-1로 구할 수 있으며 답은 '31'입니다.

접은 선의 개수가 늘어날 때도 법칙이 있어요. 표 2를 보면, 접은 선의 개수는 앞서 접었을 때 접은 선이 늘어나는 개수보다 2배씩 더 늘어나요. 따라서 여섯 번 접었을 때 접은 선의 개수는 다섯 번 접었을 때 늘어난 16의 2배, 즉 16×2=32, 31+32=63으로 구할 수 있습니다. 이는 여섯 번 접었을 때 생기는 칸의 개수 64에서 1을 뺐을 때와 같네요.

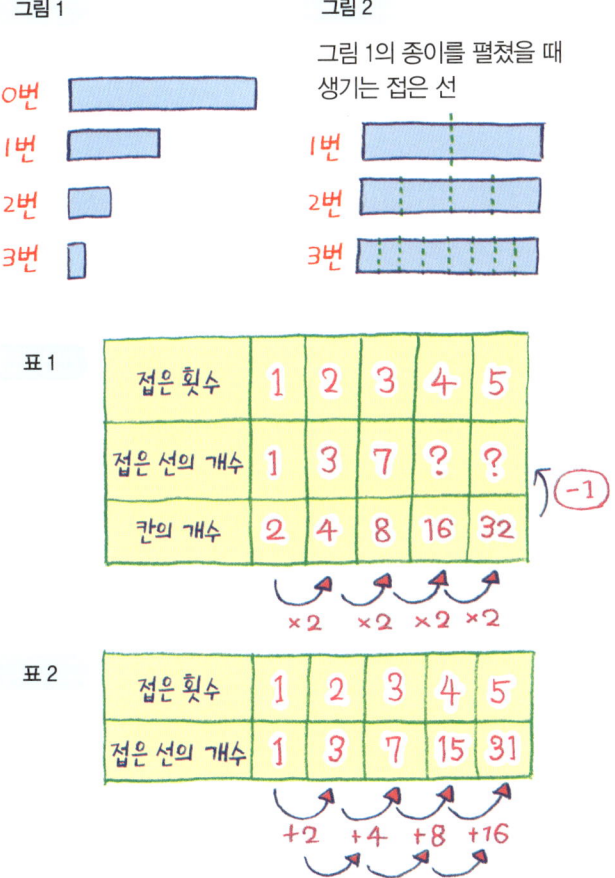

 접었을 때 생기는 칸의 개수는 접을 때마다 2배가 되고, 접은 선의 개수는 칸의 개수보다 1이 적습니다. 여기에서 접은 선의 개수를 구하는 식이 완성됩니다. (2×2×2···)와 같이 접은 횟수만큼 2를 곱한 후 1을 빼요.

인도에서 온 편리한 계산 '삼수법'

교과서 6학년 2학기 2단원 비례식과 비례배분

오오이타현 오오이타시립대 니시초등학교 | 니노미야 다카아키

인도에서 온 삼수법

인도에서 만들어 낸 '삼수법'이라는 편리한 계산 방법이 있습니다. 알고 있는 수 3개를 사용해서 답을 구하는 방법입니다. 예를 들어 다음과 같은 문제가 있다고 생각해 보세요. '귤 12개로 사과 5개와 교환할 수 있습니다. 귤을 36개 주면 사과는 몇 개 받을 수 있을까요?' 여러분은 '12, 5, 36'이라는 세 수를 알고 있습니다. 삼수법에서는 "다른 종류의 수를 곱해서 그 답을 같은 종류의 수로 나눠라."라고 가르칩니다. 귤 36개일 때 사과의 수를 알고 싶으므로 먼저 36(귤)에 5(사과)를 곱합니다. 그리고 그 답을 12(귤)로 나눕니다. 식으로 나타내면 36×5÷12 입니다. 그러면 정답은 15입니다. 즉 귤 36개와 교환할 수 있는 사과는 15개입니다.

'황금 법칙'이라 불렸어요

삼수법은 어떨 때 사용할까요? 16세기경 유럽에서 많은 배가 인도로 왔습니다. 인도의 신기한 물건들을 구하기 위해서였지요. 그러나 유럽의 돈은 인도에서 사용할 수 없었습니다. 따라서 유럽에서 가져온 물건과 교환했습니다. 그럴 때 삼수법이 사용되었지요. 삼수법은 아주 편리하다고 해서 '황금 법칙'이라고도 불렸어요.

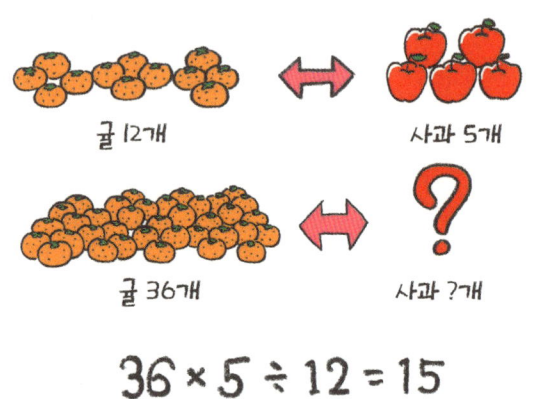

'12, 5, 36'이라는 세 수를 사용해서 계산하여 답을 구합니다.

나도 수학자

'삼수법'으로 구할 수 있을까요?

다음 문제를 삼수법으로 풀어 보세요. '사탕이 8개에 2,400원이었습니다. 사탕이 14개일 때 가격은 얼마일까요?'

개수인 14에 값인 2,400을 곱해서 나온 답을 개수인 8로 나눕니다. 그러면 14개일 때 값은 4,200원입니다.

 인도에서는 먼 옛날부터 수학 연구가 활발했습니다. '0의 발견'이나 '자릿수 기수법'(81쪽 참조) 등으로 유명하지요. 흥미가 있는 친구는 인도 수학을 조사해 보세요.

상자 안에 들어갈 물의 양은?

교과서 6학년 1학기 6단원 직육면체의 겉넓이와 부피

11 6 일

/ / /

가나가와현 가와사키시립 쓰치하시초등학교 | 야마모토 나오

옛날부터 전해 내려오던 수수께끼

다음과 같은 수수께끼가 있습니다. '세로 1m, 가로 1m, 깊이 1m인 구덩이에 흙이 얼마나 들어 있을까요?' 정답은 '0'입니다. 구덩이라서 아무것도 들어 있지 않아요. 만약 흙이 가득 차 있다면 구덩이라고 부르지 않겠지요. 얼마나 들어 있냐는 질문에 무심코 구덩이 크기만큼 흙이 들어 있다고 착각하는 것을 이용해서 속이는 문제입니다.

물이 얼마만큼 들어갈까요?

같은 크기의 상자에 물이 가득 찰 때까지 넣으면 얼마나 들어갈까요? 정답은 1,000리터입니다. 즉 1리터짜리 우유팩 1,000개 분량의 물이 들어가지요.

그렇다면 이 상자에 세로, 가로, 높이가 모두 1cm인 주사위를 가득 채우면 몇 개가 들어갈까요?

세로 1m는 100cm이므로 세로에 100개를 나열할 수 있습니다. 가로에도 100개를 나열할 수 있으니 100×100을 계산해서 10,000개, 그리고 높이도 100cm이므로 그 상태에서 100단을 쌓는 것이므로 주사위 개수는 모두 합쳐 1,000,000(100만)개입니다. 상당히 큰 구덩이이네요.

나도 수학자

부피 크기를 나타내는 단위

정수장이나 수영장 등에서는 '세로 1m, 가로 1m, 깊이 1m'라는 크기를 기본 단위 $1m^3$(1세제곱미터)로 해서 물의 양을 나타냅니다. 길이를 '1m가 몇 개인지'로 나타내는 것과 같습니다. 참고로 세로 25m, 가로 15m, 깊이 1m인 수영장에는 구덩이 크기의 물이 375개만큼 들어갑니다. 1개가 우유팩 1,000개 분량이었으니 이 수영장을 가득 채우려면 우유팩 37만 5,000개만큼의 물이 필요합니다.

 길이, 넓이, 부피에는 각각 기준이 되는 크기가 있는데, 그것이 몇 개인지로 크기를 나타낼 수 있습니다.

바둑돌 문제로 나머지를 알아봐요

11월 7일

교과서 4학년 1학기 3단원 곱셈과 나눗셈

구마모토현 구마모토시립 이케노우에초등학교 | 후지모토 구니아키

바둑돌 합계를 맞혀요

바둑돌을 많이 준비하세요. 여러분이 등을 돌리고 있는 동안 친구에게 그중 12개 이상을 사용해서 원하는 크기로 정사각형을 만들게 하세요.(그림 1)

다음으로 그 정사각형의 한 변만 남기고 다른 바둑돌은 치운 다음(그림 2), 남은 한 변을 따라 바둑돌을 나열하게 하세요.(그림 3)

나열한 바둑돌에서 제일 오른쪽(네 번째)에 남은 바둑돌 수만 상대방에게 알려 달라고 하세요. 그림에서는 '2개'가 되겠네요.(그림 4) 남은 바둑돌 개수를 알면 정사각형을 만들었던 바둑돌의 개수를 맞힐 수 있어요.

총 개수 맞히는 법

나머지 수를 들으면 다음 식에 넣어 보세요.

(나머지 수)×4+12

이때 나머지 수는 2개였으니 다음과 같은 식을 만들 수 있어요.

2×4+12=20

이렇게 해서 모두 20개로 정사각형을 만들었다는 사실을 맞힐 수 있어요.

그림 1 — 한 변에 6개

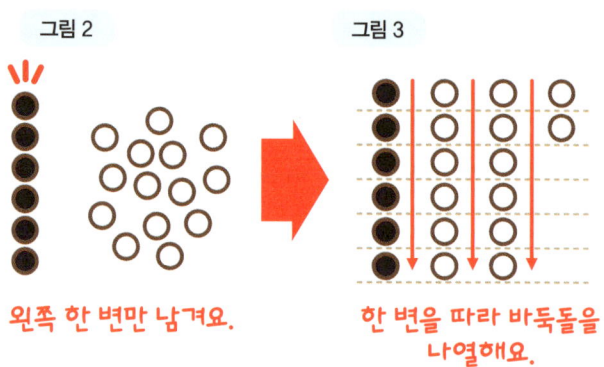

그림 2 — 왼쪽 한 변만 남겨요.
그림 3 — 한 변을 따라 바둑돌을 나열해요.

그림 4 — 나머지는 2개야. 흠…

(나머지 수)×4+12라는 식은 어떤 원리로 만들었을까요? 그림 3의 바둑돌을 세로가 아니라 가로로 나누어 세어 보세요. 맨 위 두 줄의 바둑돌이 2×4, 나머지 바둑돌이 12랍니다.

물건에 붙은 바코드에 많은 정보가 있어요

11월 8일

교과서 4학년 2학기 6단원 규칙과 대응

도쿄학예대학부속 고가네이초등학교 | 다카하시 다케오

계산할 때 익숙한 줄무늬

여러분은 바코드를 아나요? 바코드는 흰색과 검은색의 줄무늬 개수와 위치로 수를 표시함으로써 여러 가지를 나타냅니다. 예를 들어 그림 1과 같은 10개의 칸 중 색을 어디에 칠하느냐에 따라 1023까지 수를 나타낼 수 있어요. 이 수 하나하나에 상품 이름이나 가격, 만든 곳이나 지명을 입력해 두면 그 정보를 '삑' 하는 소리와 함께 계산대에서 읽어 들이는 것이지요.

여러분의 출석 번호라면 어떨까요? 한 반에 40명이라면 바코드로 쓸 칸은 6칸이면 됩니다. 1번부터 5번까지 바코드로 나타내면 그림 2와 같습니다. 각 칸이 그림 3과 같은 수를 나타내는데, 그것을 더해서 표시하는 것입니다.

여러 가지 정보가 들어가요

상품에 붙어 있는 바코드 줄무늬는 그 아래에 나열된 숫자를 나타냅니다. 숫자에는 회사 이름이나 상품 이름 등이 등록됩니다. 우리가 자주 보는 바코드에는 숫자가 13자리나 8자리 나열되어 있어요.

또한 바코드 앞 세 자리는 국가를 나타냅니다. 전 세계에서 사용되는 바코드의 우리나라 번호는 880입니다. 따라서 나라별 번호로 880이 표시되어 있으면 우리나라 제품이라는 뜻이에요.

그림 1

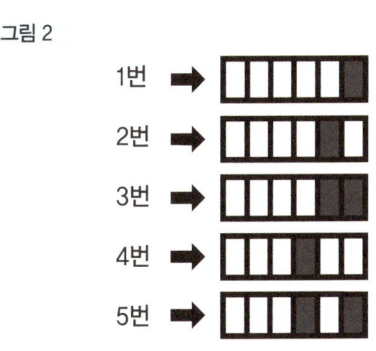

그림 2

그림 3

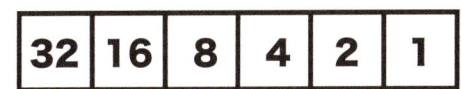

 더 많은 정보를 작은 공간에 나타내기 위해 QR 코드도 사용해요. QR 코드는 바코드를 조합해서 가로와 세로 두 방향으로 정보를 넣은 코드입니다.

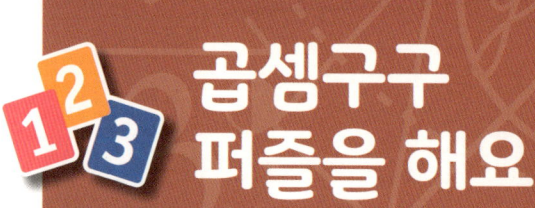

곱셈구구 퍼즐을 해요

11 / 9일

교과서 2학년 2학기 2단원 곱셈구구

가나가와현 가와사키시립 쓰치하시초등학교 | 야마모토 나오

'곱셈구구표'란 곱셈구구 계산을 표로 나타낸 것입니다. 이 곱셈구구표로 퍼즐을 만들어서 놀아 볼까요?

준비물
▶ 곱셈구구표
▶ 가위

곱셈구구표를 퍼즐로 만들어요

곱셈구구를 외우기가 쉽지 않지요? 숫자들이 머릿속에서 뒤죽박죽이 되어 헷갈릴 때가 많습니다. 이럴 때는 곱셈구구를 재미있는 놀이로 만들어 보면 어떨까요? 먼저 곱셈구구표를 퍼즐로 만듭니다. 오른쪽 곱셈구구표를 크게 복사해서 굵은 선을 따라 가위로 자르세요.

표의 흰 부분은 그대로 두고 사용할 거예요.

곱하는 수

×	1	2	3	4	5	6	7	8	9
1	1	2	3	4	5	6	7	8	9
2	2	4	6	8	10	12	14	16	18
3	3	6	9	12	15	18	21	24	27
4	4	8	12	16	20	24	28	32	36
5	5	10	15	20	25	30	35	40	45
6	6	12	18	24	30	36	42	48	54
7	7	14	21	28	35	42	49	56	63
8	8	16	24	32	40	48	56	64	72
9	9	18	27	36	45	54	63	72	81

곱해지는 수

조각을 맞춰 곱셈구구표를 완성해요

그럼 어떻게 갖고 노는지 소개하겠습니다. 먼저 잘라 낸 조각을 섞으세요. 다음으로 그 조각을 원래 곱셈구구표가 되도록 나열합니다. 단, 책은 보지 않고요. 원래대로 곱셈구구표가 완성되면 성공입니다.

조각은 이렇게 나열해요

시험 삼아 A 조각, B 조각, C 조각을 사용해서 어떻게 나열해야 하는지 볼까요?

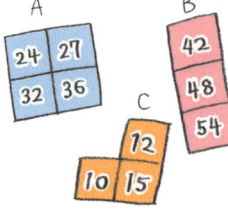

158

A 조각은?

27을 보세요. 27은 곱셈구구에서 3×9, 9×3으로 구할 수 있어요. 그렇다면 27은 3의 단이나 9의 단 중에 들어갑니다.

다음으로 조각 윗줄의 숫자 2개를 보니 24에서 27로 한 칸에 3이 늘었다는 것은 3의 단이라는 뜻이지요. 따라서 A 조각은 오른쪽 그림 위치에 들어갑니다.

B 조각은?

42를 보세요. 42는 곱셈구구에서 6×7, 7×6으로 구할 수 있어요. 따라서 6의 단이나 7의 단에 들어갑니다.

42 아래의 수는 48로 6이 늘었습니다. 곱셈은 곱하는 수와 곱해지는 수를 바꿔도 답이 같기 때문에 세로줄을 봐도 6의 단이라는 사실을 알 수 있어요. 따라서 B조각은 오른쪽 그림 위치에 들어갑니다.

C 조각은?

12를 보세요. 12는 곱셈구구에서 3×4, 4×3, 2×6, 6×2로 구할 수 있어요. 그렇다면 12는 3의 단이나 4의 단 또는 2의 단이나 6의 단에 들어갑니다.

여기서 10과 15를 봤더니 10 다음이 15로 5가 늘어났지요. 한 칸에 5가 늘었으니 5의 단이겠네요. 즉, 10과 15는 5의 단입니다. 12는 5의 단보다 한 단 위이므로 4의 단입니다.

 25, 36, 49 등 곱셈구구에서 한 번만 나오는 수는 중요한 단서가 되지요. 이런 수들이 들어간 조각은 곱셈구구표 어느 부분에 들어가는지 생각해 보세요.

분모를 배로 하면 영원히 이어지는 모양

교과서 5학년 1학기 4단원 분수의 덧셈과 뺄셈

학습원 초등과 | 오오사와 다카유키

그림 1

계산을 도형으로 생각해요

$\frac{1}{2}+\frac{1}{4}+\frac{1}{8}+\frac{1}{16}+\cdots$의 답은 얼마가 될까요? 계산도 어렵고, 영원히 이어지니 알 수 없지요. 그런데 이것을 도형으로 생각해 보면 알 수 있을지도 몰라요. 먼저 원래 도형을 1이라고 합니다. 그리고 $\frac{1}{2}$에 색을 칠합니다. 다음으로 $\frac{1}{4}$에 색을 칠합니다. 이어서 $\frac{1}{8}$에 색을 칠합니다. 지금 색을 칠한 부분이 원래 도형의 $\frac{1}{2}+\frac{1}{4}+\frac{1}{8}$입니다. $\frac{7}{8}$과도 같지요. 이어서 $\frac{1}{16}$에도 색을 칠합니다. 그러면 칠한 부분은 점점 전체를 채워 갑니다. 1을 넘을까요?

이 계산을 영원히 계속하면 끝없이 1에 가까워집니다. 직각삼각형에서도 똑같이 생각할 수 있는지 해 보세요.

역시 절반씩 더하면 1에 가까워지네요.

그림 2

전체는 1

 그림 1의 방법을 삼각형에서도 쓸 수 있을까요? 그림 1과 같은 방법으로 칠하면 똑같이 할 수 있겠네요. 꼭 도전해 보세요. 가족이나 친구와 함께해도 재미있어요.

숫자 피라미드를 만들어요

11월 11일

교과서 4학년 1학기 3단원 곱셈과 나눗셈

/ / /

시마네현 이이난초립 시시초등학교 | 무라카미 유키토

1이 나열된 수끼리 곱하면?

오늘은 11월 11일입니다. 1이 나란히 4개 서 있네요. 그러면 11×11을 계산해 보세요. 얼마가 나왔나요? 그렇습니다. 121이지요.

그럼 111×111을 계산해 보세요. 12321이 나왔습니다. 그럼 1111×1111은…? 계산하지 않아도 이들 식을 그림과 같이 나열하면 짐작이 되겠지요. '뭐야, 써서 계산하지 않아도 됐네.' 하고 생각했다면 귀찮아도 써서 계산해 보세요. 그러면 이렇게 규칙적으로 숫자가 나열됩니다.

1투성이 수를 만들어요

이번에는 반대로 1투성이 수를 계산해서 만들어 볼까요? '그게 가능해요?' 하는 생각이 들 수도 있겠네요. 먼저 식을 보세요. 계산할 수 있겠지요?

$1 \times 9 + 2 = 11$

어떤가요? 1이 2개 생겼습니다. 다음 식을 보세요.

$12 \times 9 + 3 = 111$

써서 계산했나요? 정답은 1이 3개입니다. 여기서 1이 4개나 5개, 9개나 10개가 되는 식을 생각할 수 있는 친구는 추리 능력이 있는 친구예요. 식이 어떻게 바뀌는지 잘 보세요.

$123 \times 9 + 4 = 1111$

$1234 \times 9 + 5 = 11111$

$12345 \times 9 + 6 = 111111$

순서대로 나열되어 있던 수가 전부 1로 변하다니 마술 같네요. 하지만 여기에는 속임수가 없답니다.

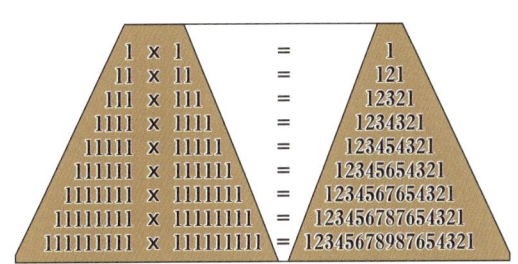

나도 수학자

다음 식을 계산기로 계산해 보세요

다음 A, B, C 식을 순서대로 계산한 후 답을 비교해 보세요. 그런 후 그다음 식도 생각해 보세요.

A 12345679 × 3 × 9 =
B 12345679 × 2 × 9 =
C 12345679 × 1 × 9 =

 그 밖에도 정답으로 1투성이 수가 나오는 식이 있을지도 몰라요. 계산기로 여러 가지 계산을 해 보면 찾을 수도 있어요. 한번 도전해 볼까요?

161

하노이의 탑 퍼즐에 도전해요

교과서 6학년 2학기 6단원 여러 가지 문제

오차노미즈여자대학 부속초등학교 | 구가야 아키라

원반이 3장이면?

하노이의 탑 퍼즐을 아나요? '하노이의 탑'이란 그림 1과 같은 법칙을 기본으로 한 퍼즐 게임입니다. 예를 들어 원반이 2장일 때, 다음과 같이 움직이면 세 번 만에 원반을 이동할 수 있어요.(그림 2) 원반이 3장일 때는 몇 번 만에 다른 기둥으로 옮길 수 있을까요? 가장 적은 횟수로 움직이기에 도전해 보세요. 정답은 '돋보기'에 있어요.

3장일 때를 풀었다면 다음엔 어떻게 할까요? 그렇지요. 3장을 풀었으면 다음은 4장에 도전해 보세요. 원반 4장은 몇 번 만에 이동할 수 있을까요?

그림 2

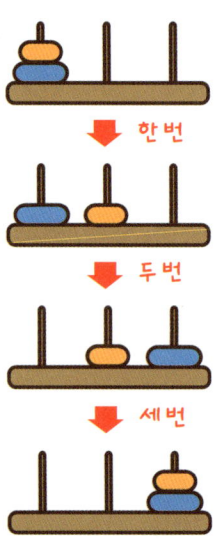

그림 1

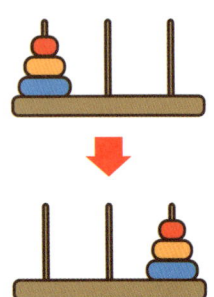

하노이의 탑 퍼즐

판자 위에 기둥이 3개 세워져 있고, 한 기둥에 원반이 몇 장 꽂혀 있습니다. 이 원반을 비어 있는 다른 기둥에 가능한 적은 횟수 만에 이동합니다. 단, 움직일 때에는 다음 두 가지 법칙을 지켜야 합니다.

① 원반은 한 번에 한 장만 옮겨야 해요.
② 작은 원반 위에 큰 원반을 올리면 안 돼요.

 나도 수학자

직접 만들 수 있어요

하노이의 탑 퍼즐은 시중에서 팔고 있지만, 잘 생각하면 사지 않아도 주변에 있는 물건들을 갖고 간단히 만들 수 있어요. 사진과 같이 크기와 색깔이 다른 종이를 원반 대신 써도 좋아요. 원반 대신 크기가 다른 지우개를 쓸 수도 있겠네요. 기둥도 마찬가지로 꼭 막대기를 세울 것 없이 막대기 위치만 표시하면 충분해요. 집에서 한번 해 보세요.

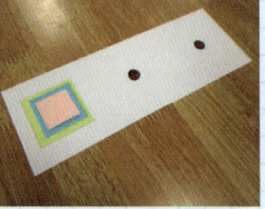

 '하노이의 탑' 퍼즐에서 몇 번 만에 원반 3장을 이동했나요? 가장 적게 이동한 횟수는 일곱 번이에요.

4등분한 크기는 얼마만큼일까요?

11 13일

교과서 3학년 1학기 2단원 평면도형

학습원 초등과 | 오오사와 다카유키

색종이로 해 봐요

그림 1과 같이 색종이를 $\frac{1}{4}$로 만들어 보세요. 어떤 사물을 나누어 똑같은 크기로 4개 만들었을 때, 그 중 하나를 원래 크기의 $\frac{1}{4}$이라고 합니다. 그림 2에서 색이 칠해진 부분은 $\frac{1}{4}$이라고 할 수 있을까요?

태훈 : 색칠한 부분이 다른 부분들과 모양이 다르니까 $\frac{1}{4}$이라고 할 수 없어.

선아 : 절반의 절반이니까 $\frac{1}{4}$이라고 할 수 있어.

여러분은 누구의 의견이 맞다고 생각하나요?

그림 1

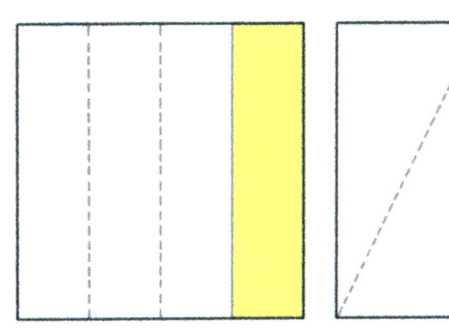

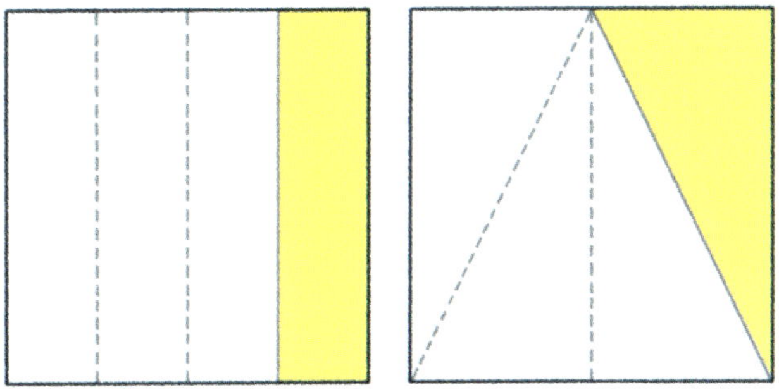

그림 2

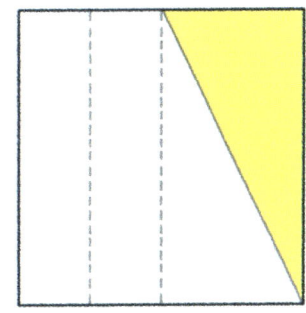

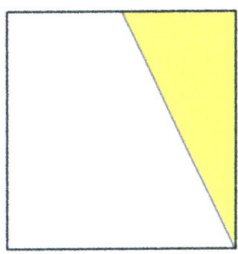

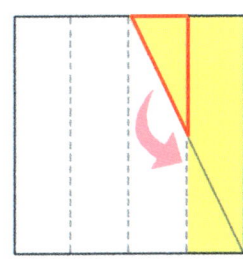

고민될 때는 나누어 보세요

그럼 그림 3 도형의 색칠한 부분은 $\frac{1}{4}$일까요? 어려워졌네요. 처음부터 다시 생각해 볼까요? '어떤 사물을 똑같은 크기로 4개 만들었을 때, 그중 하나를 원래 크기의 $\frac{1}{4}$이라고 한다'고 했으니 모양이 달라도 크기가 같으면 됩니다. 그림 4처럼 나누어보면 크기가 같다는 사실을 알 수 있지요.

그림 3

그림 4

 고민될 때는 '같은 크기인지 아닌지'를 확인해 보세요.

주사위를 펼치려면?

11월 14일

교과서 5학년 1학기 2단원 직육면체

홋카이도교육대학부속 삿포로초등학교 | 다키가 히라유시

주사위 모양 상자를 열어 봐요

그림 1과 같은 주사위 모양 상자가 있습니다. 정사각형 면 6개, 꼭짓점 8개와 변 12개로 이루어진 상자입니다. 이 상자의 면과 면의 모든 변은 테이프로 붙어 있습니다. 이 상자를 펼치려면 테이프를 몇 군데 벗겨야 할까요?

먼저 그림 2와 같이 '가' 면을 상자 뚜껑처럼 열어 볼까요? 그러려면 세 군데를 벗겨야겠네요.

다음으로 그림 3처럼 양쪽에 있는 '나'와 '다' 면을 열어 보겠습니다. 각각 두 군데씩 모두 테이프를 네 군데 벗기면 열 수 있네요.

이러면 상자를 완전히 펼칠 수 있어요. 결국 벗겨 낸 테이프 수는 처음 벗긴 세 군데와 두 번째 벗긴 네 군데를 합쳐 3+4=7, 즉 일곱 군데였습니다.

펼친 모양을 보고 생각하면?

이번에는 펼친 모양을 보고 생각해 보세요. 처음에 주사위 모양 상자는 변이 12개라는 사실을 확인했지요. 그중 펼쳤을 때 남은 테이프 수는 몇 개일까요? 모두 다섯 군데입니다. 즉, 변 12개 가운데 테이프 5개가 남아 있으니 벗겨 낸 테이프는 12-5=7. 펼친 모양을 보고 생각해도 일곱 군데라는 사실을 알 수 있어요.

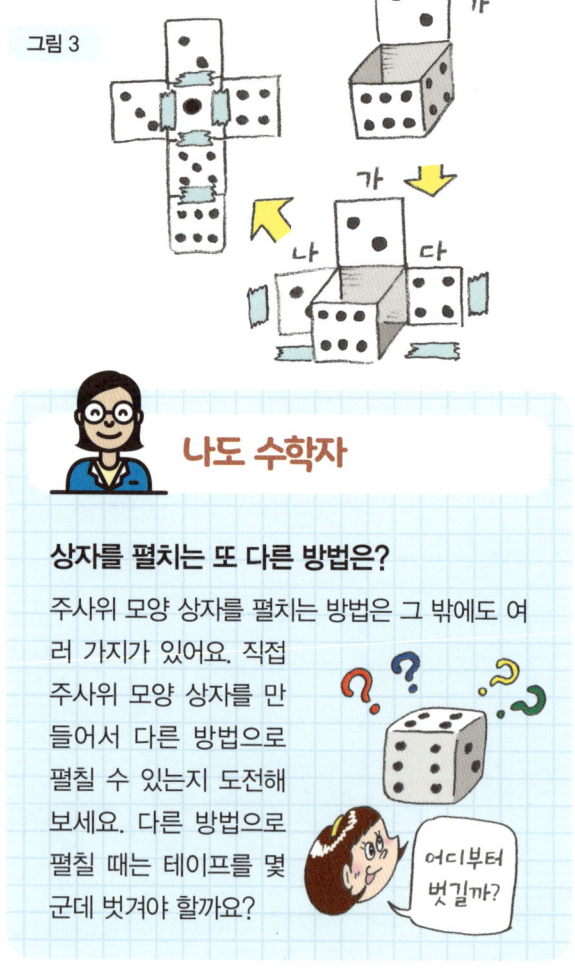

그림 3

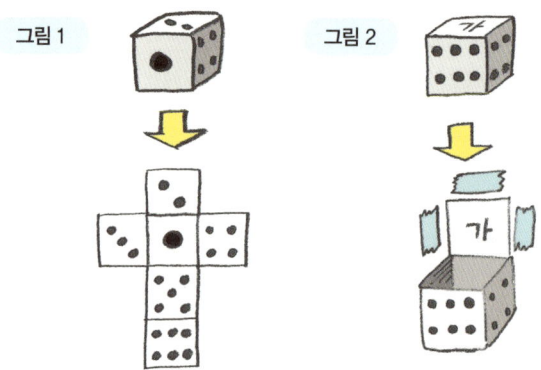

그림 1 그림 2

나도 수학자

상자를 펼치는 또 다른 방법은?

주사위 모양 상자를 펼치는 방법은 그 밖에도 여러 가지가 있어요. 직접 주사위 모양 상자를 만들어서 다른 방법으로 펼칠 수 있는지 도전해 보세요. 다른 방법으로 펼칠 때는 테이프를 몇 군데 벗겨야 할까요?

어디부터 벗길까?

 정사각형으로 둘러싸인 주사위 모양 상자를 '정육면체'라고 부릅니다. 이 상자를 여는 방법은 11가지 종류가 있어요. 모든 방법을 찾을 수 있는지 꼭 도전해 보세요.

거짓일까? 진실일까? 알 수 없는 패러독스

11월 15일

교과서 6학년 2학기 6단원 여러 가지 문제

후쿠오카현 다가와군 가와사키초립 가와사키초등학교 | 다카세 다이스케

소크라테스와 플라톤이 나눈 대화

그리스어로 모순이나 역설을 뜻하는 '패러독스'라는 말을 들어 보았나요? 잘못된 이야기인 듯하지만 잘못되었다고 말할 수 없는, 맞는 이야기 같지만 맞다고도 할 수 없는, 머릿속이 뒤죽박죽 되는 신기한 이야기가 있습니다.

먼 옛날 고대 그리스의 두 철학자 소크라테스와 플라톤이 나눈 유명한 대화가 있어요.

소크라테스가 말했습니다.
"플라톤이 하는 말은 거짓이다."
플라톤이 말했습니다.
"소크라테스가 하는 말은 진실이다."

여러분은 누구의 말을 믿나요? 만약 소크라테스가 하는 말이 진실이라면 플라톤은 거짓을 말한다는 뜻이므로 플라톤의 말은 이상합니다.

반대로 만약 소크라테스가 하는 말이 거짓이라면 플라톤은 진실을 말하는 것이므로 역시 모순이 일어납니다. 이와 같은 이야기는 많이 있습니다.

이발사의 패러독스

어느 마을에 단 한 명의 남자 이발사가 있었습니다. 이 이발사는 항상 이런 말을 했습니다.

"직접 수염을 밀지 않는 모든 사람의 수염을 밀지. 하지만 직접 수염을 미는 사람의 수염은 밀지 않아."

그럼 그 이발사의 수염은 누가 밀까요?

만약 이발사가 직접 수염을 민다면, 직접 수염을 미는 사람의 수염은 밀지 않는다고 했으니 말이 뒤죽박죽됩니다.

반대로 만약 이발사가 직접 수염을 밀지 않는다면 직접 수염을 밀지 않는 모든 사람의 수염을 민다고 했으니 역시 모순이 일어납니다. 신기하지요.

 플라톤은 소크라테스의 제자입니다. 아리스토텔레스의 스승이기도 하지요.

UFO로 신기한 표 계산을 해요

11 16일

교과서 3학년 1학기 1단원 덧셈과 뺄셈

구마모토현 구마모토시립 이케노우에초등학교 | 후지모토 구니아키

표 계산을 해요

그림 1과 같이 숫자를 가로로 3개, 세로로 3개 넣어 보세요. 여기에서는 가로에 8, 7, 6, 세로에 4, 5, 9를 넣었습니다.

다음으로 각각 교차되는 칸에 덧셈의 답(합)을 적어 넣으세요. 그러면 숫자 9개로 칸을 채우게 됩니다.(그림 2) 이렇게 준비가 끝났습니다.

UFO가 숫자를 지우면?

그림 3과 같이 덧셈 답이 쓰여 있는 아홉 칸 중 하나인 '13'에 UFO①이 착지합니다. 그리고 UFO에서 사방으로 레이저 빔이 발사되어 숫자를 지웠습니다.(그림 4)

이번에는 남은 네 칸 가운데 한 칸에 UFO②가 착지합니다. 이때는 '16'에 착지해서 레이저빔을 사방으로 발사합니다.(그림 5) 마찬가지로 위와 좌우에 있는 수가 사라졌습니다. 마지막 남은 '10' 위에도 UFO③이 착지합니다.(그림 6)

이제 UFO 3대가 착지한 칸의 수를 모두 더해 보세요. 13+16+10=39네요. 이처럼 UFO 3대를 마음에 드는 곳에 순서대로 착지시킨 다음 계산해 보세요. 어떤가요? 아무 데나 UFO를 착지시켜도 합은 39입니다! 신기하지요.

🔍 UFO가 착지한 칸 세 숫자의 합은 항상 칸의 바깥에 있는 숫자 6개를 합한 수가 됩니다. 바깥쪽에 있는 숫자 여섯 개의 위치를 바꾸거나 숫자를 바꾸면 좋아하는 합계의 수로 표를 만들 수 있어요.

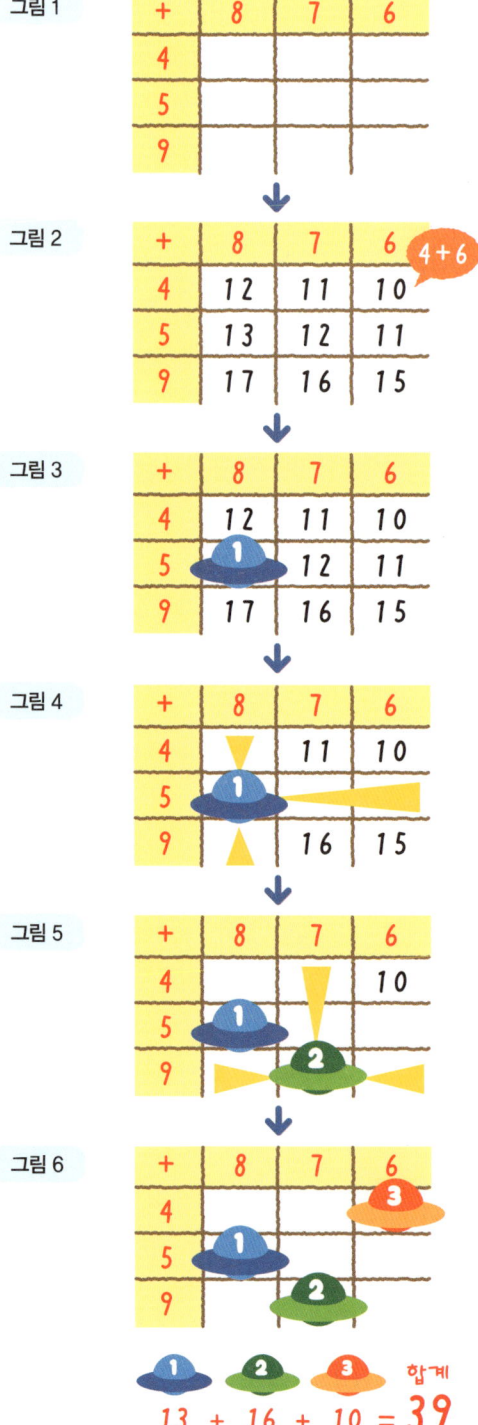

롤러코스터는 생각만큼 빠르지 않아요?

11월 17일

교과서 5학년 2학기 5단원 여러 가지 단위

도쿄도 도시마구립 다카마쓰초등학교 | 호소가야 유코

육상 세계 기록과 비교하면?

롤러코스터는 빠른 속도로 긴장감과 재미를 주는 인기 놀이 기구이지요. 대체 얼마나 빠를까요? 롤러코스터의 속도는 '코스의 전체 길이 ÷ 걸리는 시간'으로 구할 수 있어요. 여러 가지 롤러코스터가 있는데, 거의 20~30km입니다.

시속 10km대로 달리는 롤러코스터도 많아요. 시속 30km를 넘는 롤러코스터도 있지만, 많지 않아요. 이 속도는 자전거로 달리는 정도의 속도입니다. 참고로 우사인 볼트가 기록한 100m 세계 기록인 9초 58은 시속 38km입니다.

평균 속도와 순간 속도

롤러코스터는 우사인 볼트가 100m를 달리는 속도보다 느릴까요? 롤러코스터는 생각만큼 빠르지 않을까요? 아니요, 그렇지 않습니다. 방금 구한 것은 평균 속도예요. 롤러코스터는 처음부터 마지막까지 계속 빨리 달리지는 않지요. 정상으로 올라갈 때나 도착점에 다 왔을 때는 아주 천천히 달립니다. 그런 속도도 모두 포함해서 평균을 낸 속도입니다.

그에 비해 순간 속도(한때의 속도)는 대부분 시속 80~100km 정도입니다. 그중에는 시속 170km로 달리는 롤러코스터도 있어요. 롤러코스터가 빠르다고 느끼는 것은 이 순간 속도 때문이에요.

나도 수학자

달리는 유형을 알 수 있어요?

단거리 달리기를 할 때 10m마다 시간을 재서 각 지점의 속도를 구해 볼까요? 처음 달리는 속도가 빠른 '스타트 대시형'인지 달리기 막바지에 속도를 내는 '막판 스퍼트형'인지 자신의 달리기 타입을 알 수 있어요.

🔍 롤러코스터의 기원은 17세기 러시아에서 타던 눈썰매와 같다고 해요. 당시 나무로 약 50도 경사진 언덕을 만들어 그 위에 얼음을 덮고 썰매를 탔습니다. 롤러코스터와 눈썰매 모두 엔진 없이 달린다는 공통점이 있지요. 둘 다 높은 곳에서 낮은 곳으로 움직이며 위치 에너지를 운동 에너지로 바꾸어 달린답니다.

늘어나는 정사각형 퍼즐

11월 18일

교과서 5학년 1학기 5단원 다각형의 넓이

오오이타현 오오이타시립대 니시초등학교 | 니노미야 다카아키

퍼즐을 만들어요

눈앞에 64칸짜리 모눈종이가 있습니다. 그런데 어디서 나타났는지 갑자기 한 칸이 늘어서 65칸이 되었습니다. 수학을 사용하면 그런 신기한 일도 해낼 수 있어요. 백문이 불여일견이니 실제로 이 퍼즐을 만들어서 직접 눈으로 확인해 보세요.

먼저 8칸×8칸짜리 정사각형 모양 모눈종이를 준비해서 그림 1과 같이 선을 그어 보세요. 8×8이니까 모두 64칸입니다. 이번에는 방금 그은 선을 따라 4조각으로 자릅니다. 그리고 그림 2와 같이 직사각형으로 나열해요. 그럼 모두 몇 칸일까요? 5칸×13칸이니 다 해서 65칸입니다. 아니? 칸이 하나 늘었네요. 이 1개는 어디에서 나타났을까요?

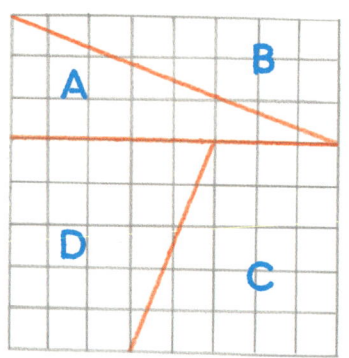

그림 1

8칸×8칸짜리 모눈종이에 선을 그은 다음 잘라 냅니다.

사실 칸이 늘어난 것이 아니에요

다시 나열해서 만든 직사각형의 대각선에 해당하는 부분에 수수께끼를 풀 열쇠가 있습니다. 자세히 보면 대각선에 해당하는 부분은 직선이 아니라 곡선이라 살짝 틈이 생겼어요. 이 틈의 넓이는 한 칸과 크기가 같아요. 다시 말해 칸이 늘어난 것이 아니에요. 알기 쉽게 그리면 그림 3과 같습니다. 그리고 변의 길이인 5칸, 8칸, 13칸은 '피보나치수열'이라고 불리는 신기한 수열입니다.(피보나치수열은 197쪽 참조)

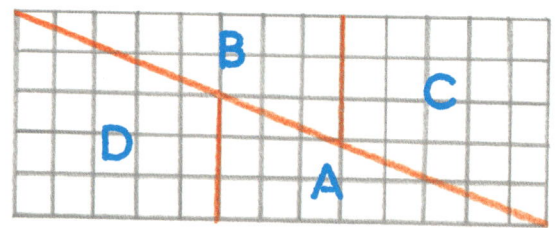

그림 2

5칸×13칸이 되도록 다시 나열합니다.

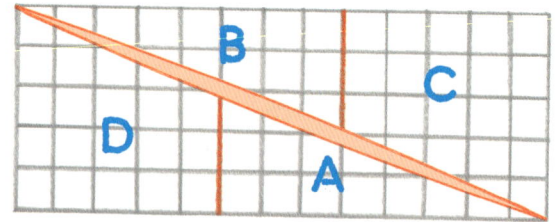

그림 3

사실 한 칸 크기의 틈이 벌어져 있어요.

 '피보나치수열'이란 1, 1, 2, 3, 5, 8, 13, 21…처럼 바로 앞에 있는 수 2개를 합친 수를 나열한 수열을 말합니다. 수열에서 2와 3을 더하면 5가 되고, 5와 8을 더하면 13이지요.

대각선 수는 몇 개일까요?

교과서 4학년 2학기 3단원 다각형

도쿄도 스기나미구립 다카이도 제3초등학교 | 요시다 에이코

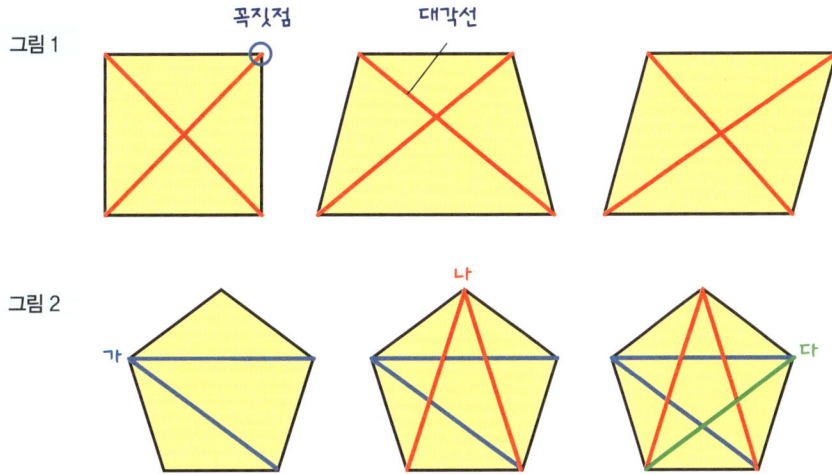

사각형의 대각선은 2개

평면에서 각을 이루는 두 변이 만나는 점 또는 다각형의 두 모서리가 만나는 점을 '꼭짓점'이라고 합니다. 그리고 꼭짓점과 꼭짓점을 연결한 직선을 '대각선'이라고 합니다. 사각형에는 대각선이 2개 있어요.(그림 1) 그림 1을 보면 모든 사각형에는 대각선이 2개 있다는 사실을 알 수 있습니다.

오각형의 대각선은 몇 개일까요?

오각형은 어떨지 알아볼까요?(그림 2) 꼭짓점 가에서는 대각선을 2개 그릴 수 있습니다. 다음 꼭짓점 나에서도 2개 그릴 수 있어요. 세 번째 꼭짓점 다에서는 1개를 그릴 수 있어요. 더는 그릴 수 없으니 오각형의 대각선은 5개네요.

이 오각형은 변의 길이가 모두 같고 각도도 모두 같기 때문에 '정오각형'이라고 부릅니다. 정오각형의 대각선은 예쁜 별 모양이 되네요.

나도 수학자

한붓그리기에 도전해 보세요

오각형의 대각선은 한붓그리기로 그릴 수 있어요. 별 모양을 한붓그리기로 그릴 때는 둘레에 정오각형이 있다고 생각하며 그리면 깔끔하게 그릴 수 있겠네요. 그럼 육각형이나 칠각형은 어떨까요? 실제로 그려서 알아보세요.

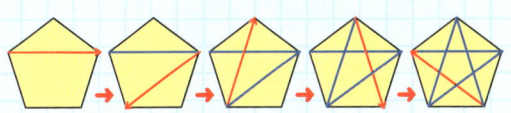

🔍 꼭짓점 개수가 홀수인 다각형의 대각선은 모두 한붓그리기로 그릴 수 있어요. 그러나 꼭짓점 개수가 짝수인 다각형의 대각선은 한붓그리기로 그릴 수 없어요.

나눗셈에서 '0 떼기'는 무슨 말일까요?

교과서 3학년 2학기 2단원 나눗셈

도쿄학예대학부속 고가네이초등학교 | 다카하시 다케오

계산이 쉬워지는 비결

여러분은 나눗셈의 법칙을 알고 있나요? 예를 들어 780÷60이라는 나눗셈식이 있다고 생각해 보세요. 써서 계산하는 방법을 배웠다면 정답을 구할 수 있는 가장 손쉬운 방법은 써서 계산하는 방법일 수 있어요. 그런데 잠깐만요. 무작정 써서 계산하기보다는 자릿수를 작게 만들어서 계산하면 실수도 줄어들고 계산도 쉽지 않을까요? 이때 자주 쓰는 방법이 나누는 수와 나누어지는 수에서 '0 떼기'예요. 지금 계산할 780÷60에서 0을 뗀 78÷6을 계산하는 것이지요.

어떤 원리일까요?

나누는 수와 나누어지는 수에서 '0 떼기'를 더 자세히 알아볼까요? 문제로 예를 들어 볼게요. '사탕 780개를 한 사람에게 60개씩 나눕니다. 몇 명에게 나눠 줄 수 있을까요?' 이 문제를 푸는 식은 780÷60=13입니다. 이 사탕을 먼저 10개씩 주머니에 넣으면 어떨까요?

그렇습니다. 사탕 780개는 주머니 78개에 들어가고, 한 사람당 60개씩 나눈다는 것은 주머니 6개씩 나눈다는 뜻입니다. 따라서 식은 78÷6이 되고, 받는 인원은 13명으로 변하지 않습니다. 즉 이때 나눗셈에서 '0을 떼고 나눈다'는 것은 10을 한꺼번에 미리 계산한다는 의미입니다. 그럼 7800÷600이라는 나눗셈 식은 어떨까요? 0 떼기 방법을 사용할 수 있을까요? 00을 떼서 78÷6으로 계산할 수 있겠네요.

 그럼 78000÷6000과 같은 계산은 무엇을 먼저 한꺼번에 계산하면 간단하게 계산할 수 있을까요?

170

정사각형 2개를 겹치면?

11월 21일

교과서 5학년 1학기 5단원 다각형의 넓이

/ / /

구마모토현 구마모토시립 이케노우에초등학교 | 후지모토 구니아키

크기가 같은 정사각형을 겹치면?

크기가 같은 정사각형이 2개 있습니다. 그림 1에서 오른쪽 정사각형의 대각선(꼭짓점과 꼭짓점을 연결한 직선)을 2개 긋습니다. 그림 2처럼 두 직선이 교차하는 지점에 다른 정사각형의 꼭짓점을 붙여 보세요. 겹치는 부분이 생기네요.

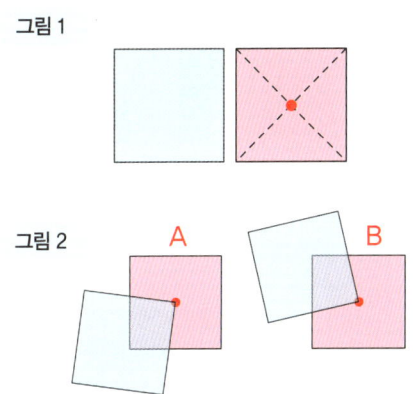

그림 1

그림 2

A와 B가 겹치는 부분은 어느 쪽이 더 넓을까요? 그림 3을 보세요. 사실 모두 넓이가 같으며 원래 정사각형의 $\frac{1}{4}$ 크기입니다. 대각선의 교점을 중심으로 돌려 보면 겹치는 부분의 넓이는 항상 정사각형의 $\frac{1}{4}$ 크기라는 사실을 알 수 있어요.

크기가 같은 직사각형끼리 겹치면?

직사각형일 때도 마찬가지로 $\frac{1}{4}$이 될까요? 그림 4와 같이 대각선의 교점에 꼭짓점을 붙여서 겹쳐 보겠습니다. 역시 $\frac{1}{4}$이네요. 그런데 조금 돌려 보면…. 아무래도 이번에는 $\frac{1}{4}$보다 커질 것 같습니다. 직사각형에서는 겹치는 부분의 넓이가 항상 같지는 않아요. 한편 정육각형은 겹치는 부분의 넓이가 항상 같습니다.(그림 5)

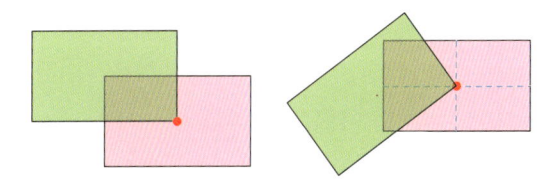

그림 4

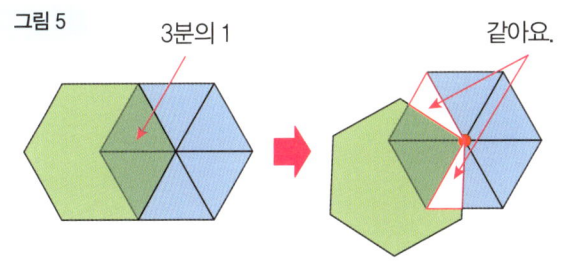

그림 5   3분의 1   같아요.

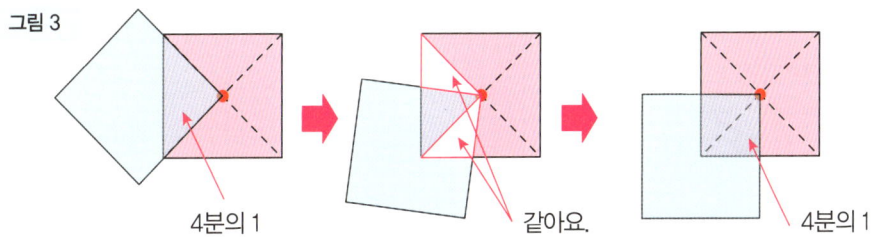

그림 3

4분의 1   같아요.   4분의 1

🔍 그림 5와 같이 정육각형에서는 겹치는 부분의 넓이가 항상 같으며 원래 정육각형 크기의 $\frac{1}{3}$입니다. 이와 같이 겹친 부분의 넓이가 항상 같은 도형이 또 있을지도 몰라요.

낙타를 나누려면 분수가 필요해요

11 22일

교과서 3학년 1학기 6단원 분수와 소수

메이세이대학 객원교수 | 호소미즈 야스히로

낙타 17마리를 어떻게 나눌까요?

분수를 사용한 유명한 수학 이야기가 있습니다. 낙타를 17마리 가진 노인이 다음과 같은 유언을 남긴 채 세상을 떠났어요. "장남에게는 $\frac{1}{2}$, 차남에게는 $\frac{1}{3}$, 삼남에게는 $\frac{1}{9}$이 되도록 낙타를 나누어 가져라."

그러나 17마리는 2로도 3으로도 9로도 나눌 수 없습니다. 이때 곤란에 빠진 세 사람에게 낯선 사람이 다가와 잘 나눠 주었습니다. 어떻게 나눴을까요? 풀 수 있나요?

한 마리를 더하면 나눌 수 있어요

낙타 17마리를 어떻게 나누었을까요? 먼저 낯선 사람이 자신의 낙타를 한 마리 더해서 모두 18마리가 되었습니다. 그것을 장남에게는 $\frac{1}{2}$인 9마리, 차남에게는 $\frac{1}{3}$인 6마리, 삼남에게는 $\frac{1}{9}$인 2마리를 주었습니다. 그러자 3명이 받은 낙타는 9+6+2=17마리였습니다. 남은 한 마리는 낯선 사람이 데리고 갔다고 합니다.

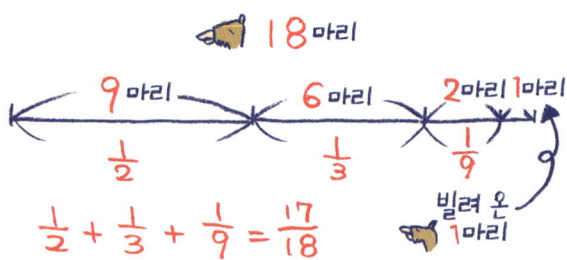

나도 수학자

낙타 11마리는 어떻게 나눌까요?

낙타 11마리를 갖고 있던 노인이 다음과 같은 유언을 남긴 채 세상을 떠났습니다.
'장남에게는 $\frac{1}{2}$, 차남에게는 $\frac{1}{3}$, 삼남에게는 $\frac{1}{6}$이 되도록 낙타를 나누어라.'

그러자 이 이야기를 들은 다른 사람이 역시 자신의 낙타 한 마리를 더해서 12마리로 만든 다음 장남에게는 $\frac{1}{2}$인 6마리, 차남에게는 $\frac{1}{3}$인 4마리, 삼남에게는 $\frac{1}{6}$인 2마리를 주었습니다. 그러자 이번에는 세 사람이 챙긴 낙타를 합쳐 보니 6+4+2=12마리가 되어 데려 온 낙타를 다시 데리고 갈 수 없게 되었습니다. 어떤 점이 다를까요?

 '나도 수학자' 문제에서 낙타는 $\frac{1}{2}+\frac{1}{3}+\frac{1}{6}=\frac{12}{12}=1$이므로 한 마리도 남지 않았던 것입니다.

감추면 어긋나 보이는 착시의 함정

11 / 23일

교과서 4학년 2학기 2단원 수직과 평행

오차노미즈여자대학 부속초등학교 | 구가야 아키라

어느 쪽이 당첨일까요?

눈의 착각을 일으키는 이야기를 126쪽과 146쪽에서 알아보았지요. 가을에 맞는 새롭고 신기한 착시 문제가 더 있습니다. 즐거운 가을 축제날, 친구와 함께 뽑기 가게에 갔습니다.

넓은 천 아래 놓인 끈(그림의 직선) 끝에는 '당첨'이 달려 있어요. ①, ②, ③ 가운데 '당첨'이 달린 것은 1개뿐입니다. 여러분은 어떤 끈을 고를까요? 자를 사용하지 말고 느낌으로 딱 뽑아 보세요. 어떤 것을 골랐나요? 당첨과 연결된 끈은 ①부터 ③ 중 어떤 끈인지 자를 대서 확인해 보세요. 정답은 '돋보기'에 있어요.

나도 수학자

착시의 함정은 이렇게 일어나요

비스듬히 기운 선은 1개의 직선이지만, 가운데를 가리면 두 선이 비뚤어 보입니다. 눈의 착각이 일어나는 것이지요. 신기하지요?

 본문 문제의 정답은 ②번입니다. 위에서 소개한 이야기는 '포겐도르프 착시'라고 불러요.

○☆△◎◇□는 1부터 9 중에 어떤 숫자일까요?

교과서 2학년 1학기 6단원 곱셈

홋카이도교육대학부속 삿포로초등학교 | 다키가 히라유시

어떤 수를 나타낼까요?

다음 기호를 보세요. ○, ☆, △, ◎, ◇, □는 각각 1~9까지 숫자 중 하나를 나타냅니다. 그림 1의 힌트를 바탕으로 어떤 기호가 어떤 숫자인지 생각해 보세요. 먼저 ①번 단서를 생각해 보세요. 들어갈 수 있는 수가 1부터 9 사이에 있다는 사실을 생각하면 ◇×◇는 1×1, 2×2, 3×3 중 하나가 되겠네요. 1×1은 답도 1이 되니까 들어갈 수 없습니다. 즉, ◇에는 2나 3이 들어갑니다.

만약 ~라면?

만약 ◇가 2라면, ②는 어떻게 될까요? 답이 ◇, 즉, 2가 되는 덧셈이라는 뜻이지요. 그런데 2가 되는 덧셈은 1+1밖에 없으므로 들어갈 수 없겠네요. ☆+△는 다른 수를 나타내기 때문입니다. 이 결과 ◇는 3, ①의 ◇에 3을 넣으면 ○는 9입니다.(그림 2)

그러면 ◇를 3으로 하고 다시 ②를 보세요. 답이 3이 되는 덧셈은 1+2, 2+1 중 하나입니다. 따라서 ☆과 △ 중 하나는 1이고 다른 하나는 2입니다.

다음으로 ③번을 보세요. 만약 ☆이 2라면 2×◎=7이므로 ◎에 들어갈 수 있는 수가 없습니다. 이 결과, ☆는 1, △는 2가 되겠네요.(그림 3)

마지막으로 ☆을 1로 하고 ③을 보면 1×◎=7, 즉 ◎는 7입니다.

그림 1

① ◇ × ◇ = ○
② ☆ + △ = ◇
③ ☆ × ◎ = 7

그림 2

① 3 × 3 = 9
② ☆ + △ = 3
③ ☆ × ◎ = 7

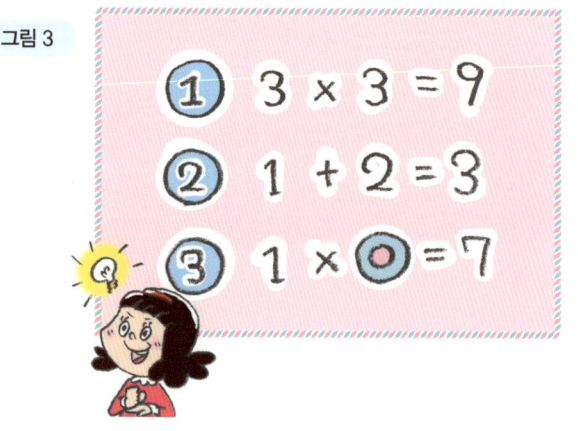

그림 3

① 3 × 3 = 9
② 1 + 2 = 3
③ 1 × ◎ = 7

 문제를 '어디서부터 생각해야 할지 모르겠어요.' 하는 친구는 기호에 1부터 9까지 숫자 가운데 하나가 들어간다는 사실을 알았으니 일단 수를 하나씩 넣어 보는 것이 중요해요. 그러다 보면 감을 잡을 수 있어요.

이집트 계산은 오른쪽부터 해요

교과서 3학년 1학기 4단원 곱셈

11월 25일

학습원 초등과 | 오오사와 다카유키

그림 1

그림 2

그림 3

123+405=528

수는 오른쪽부터 큰 자리?

고대 이집트의 수학 문제는 파피루스(풀로 만들어진 종이 같은 것)에 쓰여 있었습니다. 오래된 것은 3,500년이나 전에 만들어졌습니다.

1, 10, 100, 1000…을 기호로 나타냈습니다.(그림 1) 일의 자리나 십의 자리처럼 수의 자리라는 개념은 없었기 때문에 기호를 필요한 개수만큼 써서 수를 표현했습니다.(그림 2)

아라비아어는 지금도 오른쪽에서 왼쪽으로 쓰는데, 당시 이집트에서도 마찬가지였습니다. 수도 오른쪽부터 씁니다. 큰 자릿수부터 썼어요. 덧셈을 해 볼까요?(그림 3)

나도 수학자

곱셈은 어떻게 할까요?

곱셈은 덧셈 방법으로 구했습니다. 예를 들어 14×15를 계산해 볼까요?

1배 14
2배 28
4배 56
8배 112

1배와 2배와 4배와 8배의 답을 더하면 15배의 답이 나오기 때문에 아래와 같이 계산합니다.

14 + 28 + 56 + 112 + 210

이 덧셈 조합으로 곱셈 답을 찾았습니다.

고대 이집트에 수의 자리라는 개념은 없었지만, 오른쪽부터 큰 순서대로 수를 나열했습니다.

결투로 목숨을 잃은 천재 수학자 갈루아

11/26일

교과서 6학년 2학기 6단원 여러 가지 문제

/ / /

메이세이대학 객원교수 | 호소미즈 야스히로

수학 천재가 나타났어요

유명한 수학자 중에는 10대 때 깜짝 놀랄 만한 발견을 한 위인이 많습니다. 프랑스의 에바리스트 갈루아(1811~1832년)도 그런 천재 소년 중 한 명이었어요. 15세 때 갈루아는 어른도 읽는 데 2년은 걸리는 책을 단 이틀 만에 술술 읽었습니다. 여러 가지 도형 문제와 해법이 실려 있는 아주 어려운 책이었습니다.

그 후로 갈루아는 항상 수학만 생각했습니다. 그리고 아직 아무도 푼 적 없는 수식에 도전해서 첫 논문을 썼습니다. 수학자 갈루아가 탄생하는 순간이었지요. 그러나 갈루아의 아이디어가 바로 세상에서 인정받은 것은 아닙니다. 사실 쓴 내용이 너무 어려워서 다른 사람들은 잘 이해하지 못했거든요.

나에게는 이제 시간이 없소

16세가 된 갈루아는 프랑스에서 가장 어려운 이과계 대학의 시험을 보기로 했습니다. 그 학교에 들어가면 더 수준 높은 수학을 마음껏 배울 수 있다고 생각했기 때문입니다. 그러나 결과는 예상치 못한 불합격이었습니다. 이듬해에 한 번 더 도전했지만 또 실패했습니다. 왜 그렇게 되었는지는 큰 수수께끼입니다. 그래도 갈루아는 묵묵히 연구에 집중하여 계속해서 논문을 썼습니다.

그때 갈루아에게 큰일이 생겼습니다. 어떤 사내에게 갑자기 결투를 신청받은 것이었습니다. 어떤 이유인지 자세한 내용은 알려지지 않았어요.

결투 전날 밤, 갈루아는 서둘러 친구에게 긴 편지를 썼습니다. 머릿속에 있었던 여러 가지 새로운 발견도 함께 써 두었지요. 그중에는 '갈루아 이론'이라고 해서 수학의 역사를 뒤집을 만한 내용이 있었습니다. 아쉽게도 갈루아는 결투 결과 20세의 젊은 나이에 세상을 떠났습니다. 그러나 수학 세계에서 그 이름은 영원히 잊히지 않을 것입니다.

나를 잊지 마시오.

🔍 갈루아가 합격에 실패한 프랑스 이공과 대학교 '에코르 폴리 테크닉'은 이공계 엘리트를 육성하는 프랑스에서 제일가는 명문 학교입니다. 졸업생 중에는 프랑스 대통령이나 노벨상 수상자도 있어요.

단순하지만 심오한 계산 퍼즐 '메이크텐'

11월 27일

교과서 4학년 1학기 3단원 곱셈과 나눗셈

오오이타현 오오이타시립대 니시초등학교 | 니노미야 다카아키

먼저 숫자를 4개 찾아요

숫자 4개를 사용해서 하는 단순하지만 심오한 계산 퍼즐이 있습니다. 영어로 10을 만든다는 의미의 '메이크텐'(make 10)이라는 이름으로 알려진 퍼즐입니다. 준비물은 아무것도 필요 없어요. 주위를 둘러보고 숫자 4개를 찾으면 그걸로 충분합니다.

예를 들어 오늘이 11월 27일이라면, 숫자를 따로 떨어뜨려서 '1, 1, 2, 7'로 정합니다. 이 숫자 4개와 +, −, ×, ÷, 필요하면 괄호를 사용하여 10을 만들면 돼요. 숫자 순서는 바꿔도 됩니다. 또한 +, −, ×, ÷ 기호 중에서 쓰지 않는 기호가 있어도 괜찮고, 기호를 두 번 이상 써도 괜찮아요. 단, 2, 7을 27과 같이 두 자릿수로 만들면 안 됩니다.

답을 알 수 있을까요?

'1, 1, 2, 7'은 어떻게 될까요? 답은 '(1+1)×(7−2)'입니다. '이게 뭐야, 간단하잖아.' 하고 생각한 친구도 있겠네요. 그러나 며칠이 걸려도 답을 찾지 못하는 어려운 문제도 있어요. 유명한 문제 중에 '1, 1, 5, 8'이 있습니다. 답은 굳이 쓰지 않을 테니 천천히 생각해 보세요.

이 퍼즐은 차의 번호판이나 전화번호 등에 적힌 숫자 4개만 있으면 쉽게 할 수 있어요. 친구와 서로 문제를 내거나 빨리 풀기를 겨뤄도 재미있겠네요.

 **나도 수학자**

메이크텐 문제를 풀 수 있을까요?

'메이크텐' 문제를 ①부터 ⑤까지 준비했습니다. 어떤 식을 만들 수 있을까요? 정답은 '돋보기'에 있습니다.

① 2, 2, 0, 7
② 2, 3, 4, 5
③ 8, 6, 4, 1
④ 4, 4, 6, 7
⑤ 3, 4, 9, 9

①~⑤로 메이크텐에 도전!

 '나도 수학자' 문제의 정답은 다음과 같습니다. ① (7−2)×2+0, ② 2×4−3+5, ③ (8+6−4)×1, ④ (6−4)×7−4, ⑤ 4+9−9÷3 ※단, 답이 한 가지 이상 나올 수도 있어요.

때로는 넓게, 때로는 좁게 느껴져요

교과서 6학년 2학기 6단원 여러 가지 문제

11 / 28일

가나가와현 가와사키시립 쓰치하시초등학교 | 야마모토 나오

너무 넓어요.

넓을까요? 좁을까요?

학교에 있는 체육관이나 운동장의 넓이를 '넓다'고 생각하나요, '좁다'고 생각하나요? 사람에 따라 다를지도 모르겠네요. 한 반에서 피구를 한다면 체육관의 넓이는 알맞게 느낄 것 같아요. 그런데 만약 전교생이 500명인 학교에서 전원이 피구 대회를 한다면 체육관만으로는 좁게 느낄지도 모르겠네요.

조금 과장해서 생각해 볼까요? 만약 야구 시합을 한다면 학교 체육관은 좁겠네요. 그러나 집 화장실 넓이가 학교 체육관과 같다면 어떨까요? 너무 넓어서 불안하겠지요. 이처럼 넓이가 같은 장소도 무엇을 하는지, 사용 목적에 따라 넓게 느껴지기도 하고 좁게 느껴지기도 하는 것이 사람의 감각입니다.

시간도 그때그때 다르게 느껴져요

100m라는 길이는 길까요, 짧을까요? 이것도 목적에 따라 다릅니다. 자전거로 사이클링을 즐기고 싶을 때는 100m가 너무 짧아서 재미없겠네요. 그런데 만약 학교 복도가 100m인데 무거운 짐을 옮겨 달라고 부탁받으면 아주 멀게 느껴져요.

시간도 마찬가지로 재미있는 놀이를 할 때는 짧게 느껴지지만, 지겨운 일을 할 때는 길게 느껴집니다. 그래서 시계로 재서 비교하는 것이 중요해요.

우리는 이런 감각을 바탕으로 생활하고 있어요. 따라서 거리도 넓이도 시간도 목적에 맞는 '알맞은' 크기를 생각하는 일이 중요합니다. 화장실은 무조건 넓다고 좋은 것이 아니지요.

 그 밖에도 무게나 부피 등 목적에 따라 다르게 느껴지는 것들이 있습니다. 여러 가지 장면을 상상해 보면 재미있어요.

9를 네 개 가지고 1~9 만들기

교과서 4학년 1학기 3단원 곱셈과 나눗셈

도쿄학예대학부속 고가네이초등학교 | 다카하시 다케오

1은 어떻게 만들까요?

숫자 9를 네 개 가지고 +, −, ×, ÷, 괄호를 사용하여 1부터 9까지 모든 숫자를 만들 수 있을까요? 예를 들어 답이 1이 되는 식을 만들어 볼게요. 9÷9=1, 1+9=10, 10−9=1을 차례대로 계산하면 마지막에 1이 나오네요. 여기에서는 계산을 하나의 식으로 나타내겠습니다. 1=9÷9+9−9로 나타낼 수 있어요.

2와 3은 어떻게 만들까요?

2를 만들어 볼까요? 9÷9+9÷9를 계산하면 2가 됩니다. 하나의 식에서는 덧셈보다 나눗셈을 먼저 계산하기 때문에 두 개의 9÷9를 먼저 계산합니다. 그러면 9÷9+9÷9는 1+1이므로 답은 2입니다.

3은 어떨까요? 이때는 괄호를 잘 사용하면 만들 수 있어요. (9+9+9)÷9를 계산하면 돼요. 괄호가 있는 식은 괄호 안을 먼저 계산하기로 약속되어 있습니다. 따라서 (9+9+9)÷9의 식은 27÷9가 되고, 답은 3입니다.(그림 1)

계산을 하는 순서에는 그림 2와 같은 규칙이 있어요. 계산의 약속을 잘 사용하여 답이 4, 5, 6, 7, 8, 9가 되는 식을 생각해 보세요.

그림 1

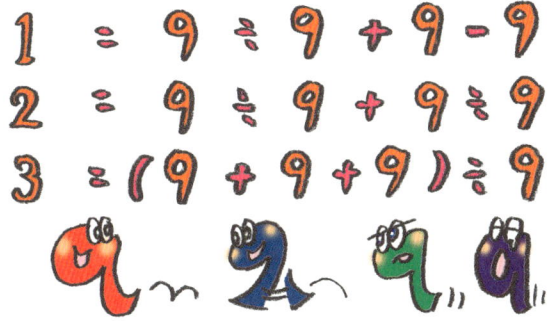

그림 2

계산의 약속

- 곱셈, 나눗셈, 덧셈, 뺄셈이 섞인 식에서는 덧셈, 뺄셈보다 곱셈, 나눗셈을 먼저 계산합니다.
- 괄호가 들어간 식은 괄호 안을 먼저 계산합니다.

🔍 숫자 4를 4개 가지고 +, −, ×, ÷와 괄호를 사용하여 1부터 9까지 모든 수를 만들 수 있어요.

1부터 9까지 숫자가 들어 있는 사자성어

교과서 6학년 2학기 6단원 여러 가지 문제

학습원 초등과 | 오오사와 다카유키

천이 들어간 말도 있어요

'십인십색'(十人十色)이란 말을 알고 있나요? 열 명이 모이면 열 명 모두 각자 생각이 다르다는 뜻입니다. 같은 뜻의 말 중에 '천차만별'(千差萬別)도 있습니다. 천, 만이라는 수가 사용되었네요.

수가 사용되는 말이 더 있는지 알아볼까요? 먼저 1을 사용한 말부터 찾아보세요. '일조일석'(一朝一夕)은 '짧은 시간'이라는 뜻입니다. '시험공부는 일조일석으로는 할 수 없다'처럼 쓸 수 있어요.

팔방미인(八方美人)
십중팔구(十中八九)
위기일발(危機一髮)
오리무중(五里霧中)

한자를 알면 더 재미있는 사자성어

숫자가 들어 있는 사자성어는 참 많습니다. 무엇이 있는지 알아보세요.

'일장일단'(一長一短)은 '좋은 점도 나쁜 점도 있다'는 뜻입니다.

'일석이조'(一石二鳥)는 '한 가지 일을 해서 두 가지를 얻는다'는 뜻입니다.

'토끼 둘을 잡으려다가 하나도 못 잡는다'는 '먹잇감을 두 개 동시에 노려도 결국 다 놓친다'는 뜻입니다.

'삼한사온'(三寒四溫)이란 '사흘 춥고 나흘 따뜻하다', 즉 '추운 날, 더운 날이 번갈아 있다가 점점 따뜻해지는 현상'을 뜻합니다.

🔍 이번 이야기를 읽는 것도 '일기일회'(一期一會. 생애 단 한 번뿐인 일이나 만남이라는 뜻)일지도 몰라요. 척척 박사가 될 '천재일우'(千載一遇. 좀처럼 만나기 어려운 좋은 기회라는 뜻)의 기회이지요.

나도 수학자

사전에서 찾아봐요

수를 사용한 다음 사자성어의 뜻을 사전에서 찾아보세요.

- 일진일퇴(一進一退)
- 일생일대(一生一代)
- 위기일발(危機一髮)
- 이인삼각(二人三脚)
- 재삼재사(再三再四)
- 사면초가(四面楚歌)
- 사고팔고(四苦八苦)
- 오리무중(五里霧中)
- 칠전팔기(七顚八起)
- 팔방미인(八方美人)
- 십중팔구(十中八九)
- 구사일생(九死一生)

12월

수학은 겉으로 보이는 숫자나 도형뿐만 아니라 자연 속에서도 쉽게 찾을 수 있어요. 그동안 땅에 떨어진 솔방울을 무심코 지나쳤다면, 다음에는 주워서 솔방울에 씨앗이 박힌 모양을 살펴볼래요? 솔방울의 중심에서부터 나선형을 따라 난 씨앗 수를 세어 적어 보면 숫자들 사이에 규칙이 있답니다. 이뿐만 아니라 갈라진 나뭇가지 수, 꽃잎 수 등에도 같은 규칙이 숨어 있어요.

➜ 12월 15일 197쪽

자동차 타이어 이야기

12 / 1일

교과서 6학년 1학기 5단원 원의 넓이

이와테현 구지시 교육위원회 | 고모리 아쓰시

타이어 표시의 의미는?

자동차 타이어에는 숫자와 알파벳을 나열한 표시가 있습니다. 그림 1에는 '205/55 R16'이라고 표시되어 있어요. 이들 숫자나 알파벳에는 각각 어떤 뜻이 담겨 있을까요?(그림 2)

'205'라는 수는 타이어 폭을 나타냅니다. 단위는 mm예요.(그림 3) 수치가 커질수록 타이어가 두껍다는 뜻입니다. '55'라는 수는 타이어의 편평률을 나타냅니다. 타이어 고무 부분의 두께라고 생각하면 쉬워요. 이 수치가 클수록 타이어 고무 부분이 두껍고, 작을수록 고무 부분이 얇아집니다.(그림 4)

'R'이라는 알파벳은 타이어 종류가 '레이디얼 타이어'라는 것을 나타냅니다. 대부분의 승용차 타이어는 이 종류이지요.

'16'이라는 수는 림의 지름을 나타냅니다. 타이어 안쪽 구멍의 원 지름이지요. 휠의 지름과 크기가 같습니다. 단위는 인치(1인치=2.54cm)입니다. 인치는 텔레비전 화면 크기에도 사용되는 단위예요. 이 수치가 클수록 타이어가 커집니다.

그림 2

그림 1

그림 3

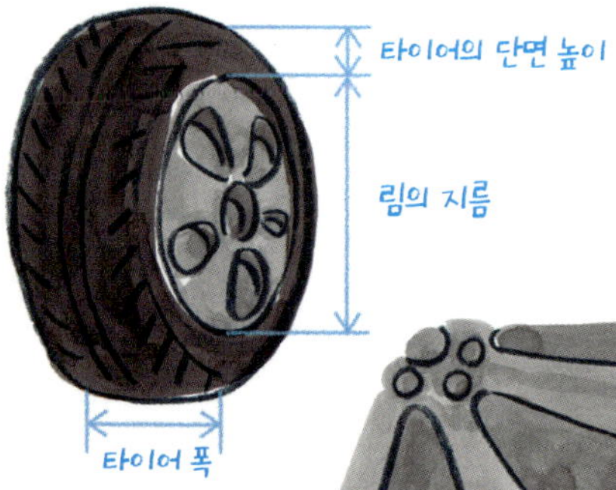

그림 4

나도 수학자

'편평률' 계산 방법

타이어의 편평률은 다음과 같은 계산으로 구할 수 있어요. 승용차용 타이어는 편평률이 25, 55, 60, 이렇게 5 간격으로 만들어져요.

편평률 = 타이어의 단면 높이 ÷ 타이어의 단면 폭

 림의 지름을 나타내는 수 뒤에 오는 숫자나 알파벳은 '최대 부하 하중'이나 '속도 범위'를 나타냅니다.

직선으로 곡선을 그려 봐요

12 **2일**

교과서 3학년 1학기 2단원 평면도형 심화

/ / /

오차노미즈여자대학 부속초등학교 | 오카다 히로코

직선으로 곡선을 만들 수 있어요?

'직선'이란 선분을 양쪽으로 끝없이 늘인 곧은 선을 말합니다. '곡선'이란 직선과 반대되는 말로 부드럽게 굽은 선을 말해요. 직선을 몇 개 그으면 마치 곡선과 같은 모양을 만들 수 있습니다. 실제로 그려서 확인해 볼까요?

■ 그리는 방법

가로축과 세로축의 숫자 합이 11이 되도록 두 점을 직선으로 연결합니다. 자를 사용해서 똑바로 직선을 그어 보세요.(그림 1)

깔끔한 모양을 만들어요

그림 1의 곡선 그리는 방법을 사용해 깔끔한 모양을 만들어 보세요. 점의 수를 늘리면 더 부드러운 곡선을 그릴 수 있어요. 곡선을 조합하거나 색을 칠해서 여러 분만의 모양을 만들어 보세요.(그림 2, 그림 3)

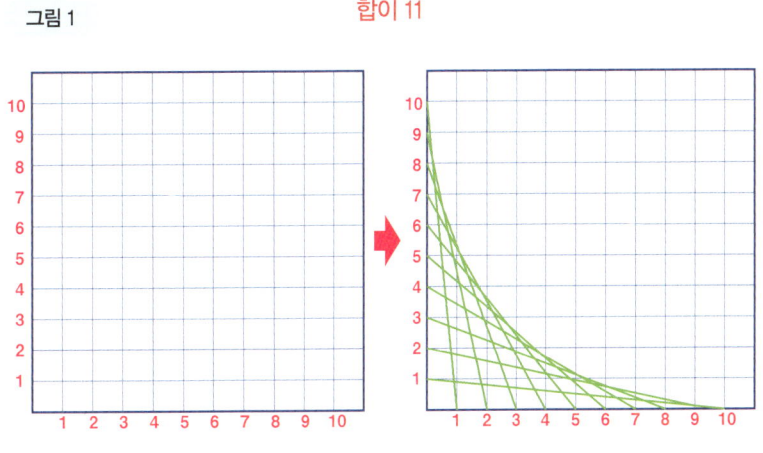

그림 1 / 합이 11

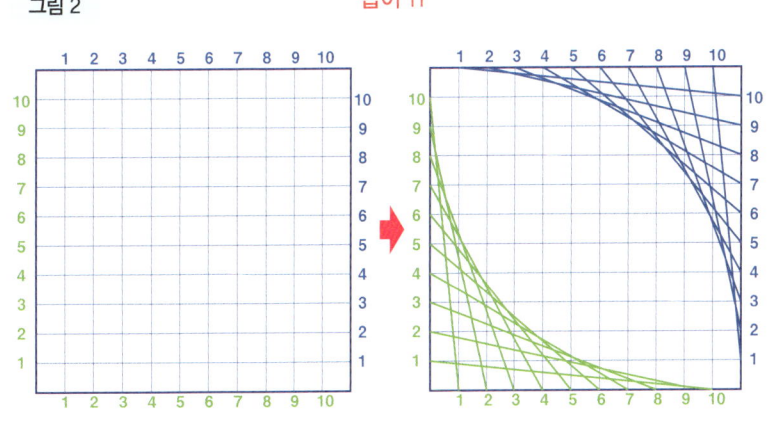

그림 2 / 합이 11

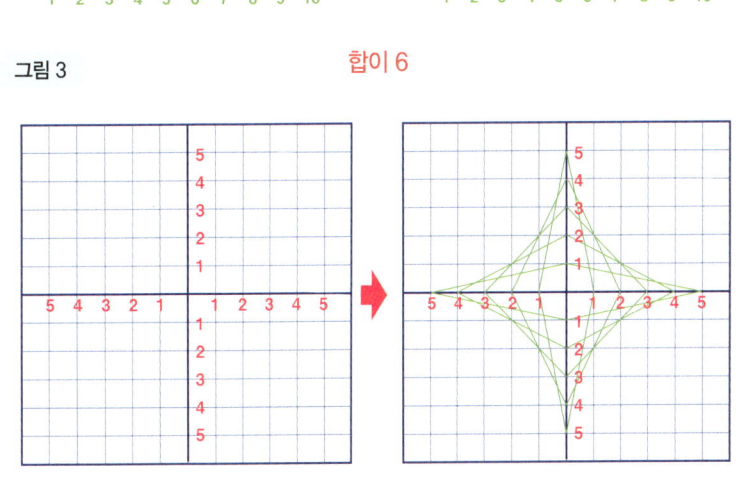

그림 3 / 합이 6

자에도 여러 종류가 있다는 사실을 알고 있나요? 길이를 재는 용도는 같지만 선을 긋거나 자를 때 쓰는 자는 또 다르답니다.

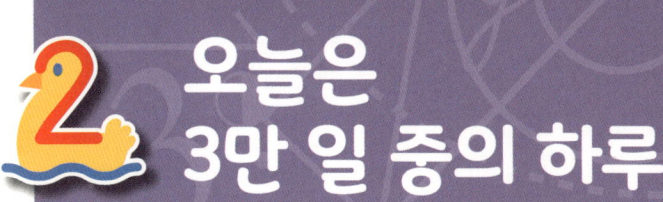

오늘은 3만 일 중의 하루

12 / 3일

교과서 3학년 1학기 5단원 길이와 시간

고치대학교육학부 부속초등학교 | 다카하시 마코토

오늘은 태어난 후 며칠 째일까요?

1년은 365일입니다. 여러분이 오늘 10살이 되었다고 생각해 보세요. 오늘이 생일이기 때문에 9세까지 '365일×9년분'과 1을 더해서(365×9+1) 3286일째가 됩니다. 11살인 친구는 어떨까요? 마찬가지로 계산해서 구하면 3651일째가 되겠네요.

사람의 일생은 며칠일까요? 한국인의 평균 수명은 약 82세입니다. 82이라는 수를 써서 인생을 계산해 보면 365일×82년=29930일입니다. 한국인은 대체로 3만 일쯤 살 수 있다고 할 수 있겠네요. 오늘은 3만 일 중에 소중한 하루입니다. 여러분은 어떻게 사용하고 있나요?

일생의 27년은 잠을 자요

3만 일 동안 계속 달리거나 먹는 등 활기차게 활동할 수 있을까요? 그렇지는 않습니다. 사람에게는 잠자는 시간이 있기 때문이지요. 여러분은 얼마 동안 잠을 자나요? 만약 하루에 8시간 잔다고 생각해 보세요. 8시간은 하루의 $\frac{1}{3}$이므로 사람은 3만 일 가운데 1만 일 동안 잠을 자는 것이네요. 해로 나타내면 무려 27년이나 됩니다.

이렇게 생각하면 시간 사용법을 살짝 되돌아봐야겠다는 생각이 들지 않나요? 예를 들어 매일 1시간씩 게임을 하는 친구는 평생 가운데 1250일 동안 게임을 하는 것이나 마찬가지예요. 만약 2시간이라면 2500일, 3시간이라면 3750일입니다. 이 시간은 10살인 친구가 지금까지 살아온 시간과 같아

 나도 수학자

태어난 후 몇 초가 지났을까요?

태어난 후 몇 초가 지났는지 계산해 볼까요? 하루는 24시간, 24시간은 1,440분입니다. 1,440분은 8만 6,400초. 자신이 태어난 후 며칠이 지났는지 안다면 그 숫자에 86400을 곱해 보세요. 오늘 10세 생일을 맞이한 친구는 태어난 시각을 기준으로 보면 태어난 지 2억 8,391만 400초가 된 것입니다.

하루=24시간=1,440분=86,400초

 4년에 한 번, '윤년'이라고 해서 366일인 해가 있는데, 여기에서는 편하게 1년=365일로 계산했어요.

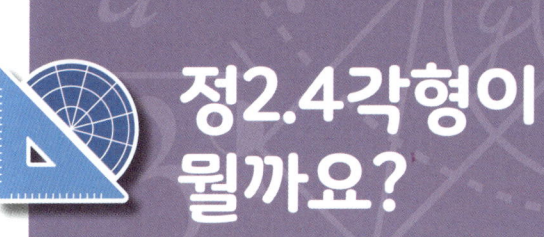

정2.4각형이 뭘까요?

12 / 4일

교과서 4학년 2학기 3단원 다각형

쓰쿠바대학 부속초등학교 | 세이야마 다카오

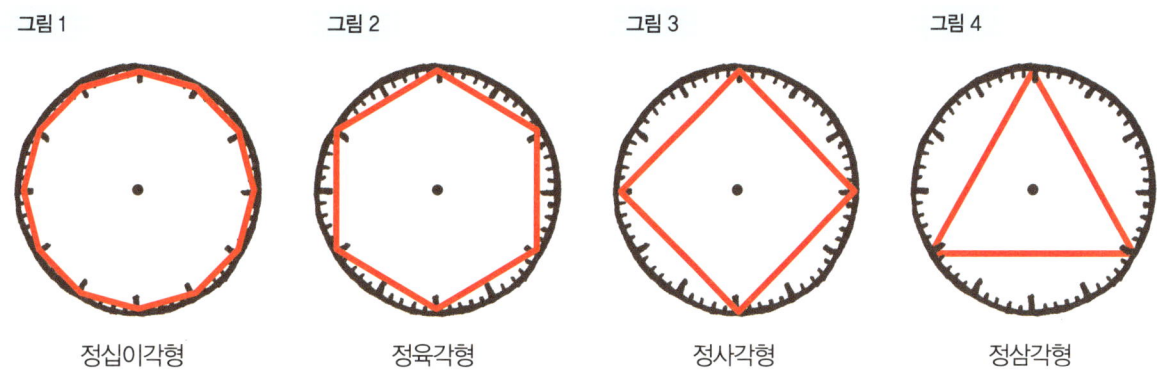

그림 1	그림 2	그림 3	그림 4
정십이각형	정육각형	정사각형	정삼각형

정다각형이란 무엇일까요?

모든 변의 길이가 같고 모든 내각의 크기가 같은 다각형을 '정다각형'이라고 합니다. 시계를 사용하여 정다각형을 그려 보세요. 1시간 간격으로 연결하면 정십이각형(그림 1), 2시간 간격으로 연결하면 정육각형(그림 2), 3시간 간격으로 연결하면 정사각형(그림 3), 4시간 간격으로 연결하면 정삼각형(그림 4)이 만들어집니다. 그럼 5시간 간격으로 연결하면 어떤 모양이 그려질까요?

정2.4사각형이 있나요?

실제로 그려 보면 오른쪽 그림과 같이 예쁜 도형을 그릴 수 있어요. 눈금 12개를 2개씩 연결하면 12÷2=6이므로 정육각형입니다. 3개씩 연결하면 12÷3=4이므로 정사각형, 4개씩 연결하면 12÷4=3이므로 정삼각형이 됩니다. 눈금 12개를 5개씩 연결하면 12÷5=2.4이므로 정2.4각형(정$\frac{12}{5}$각형)이라고 부를 수 있어요. 별 모양과 비슷하지요?

이게 정2.4각형이야!

별모양 정다각형

우리 주변에는 여러 가지 정다각형이 있습니다. 정다각형 모양의 사물을 찾아보세요.

주차장 요금, 어느 쪽이 이득일까요?

12월 5일

교과서 6학년 1학기 4단원 비와 비율

/ / /

가나가와현 가와사키시립 쓰치하시초등학교 | 야마모토 나오

주변에서 볼 수 있는 주차 요금

집 주변에서 '○분 □원'이라는 간판을 세운 주차장을 본 적이 있나요? 그런데 그림과 같이 주차장 두 군데가 집 주변에 있습니다. 어느 주차장에 주차하는 것이 더 이득일까요?

어느 쪽이 더 이득일까요?

A 주차장은 10분에 1,000원이므로 30분까지는 3,000원이라서 이득이지만, 50분 주차하면 5,000원이 되어 B 주차장의 4,000원보다 비싸집니다. 따라서 오래 주차한다면 B가 더 이득입니다. 그러나 '하루(24시간) 이내라면 아무리 오래 주차해도 20,000원'이라는 부분에서 어떤 이득이 있을 것 같네요. 어떻게 비교하면 좋을까요?

A 주차장은 하루 이내에만 주차한다면 20,000원보다 비싸지지 않습니다. 그렇다면 B 주차장에 주차했을 때 20,000원을 넘는 시점이 언제인지 생각하면 됩니다.

20000÷4000=5이므로 딱 5시간 주차했을 때는 A 주차장도 B 주차장도 똑같이 20,000원입니다. 거기서 조금이라도 더 오래 주차하면 A는 20,000원이 그대로 유지되지만 B는 추가 요금이 발생합니다. 따라서 5시간 이상일 때는 A 주차장에 주차하는 것이 이득이네요.

나도 수학자

이럴 때는 어떻게 될까요?

백화점 같은 대형 쇼핑몰의 주차장에서는 '○원 이상 구입한 고객님은 □시간 주차 무료'라는 서비스를 자주 볼 수 있지요. 물건을 구입한 사람은 당연히 그곳에 주차하는 편이 이득입니다. 그러나 다른 볼일이 있어서 오랜 시간 주차할 때는 어떨까요? 이득인지 아닌지는 그 사람이 어떻게 이용하는지에 따라 다릅니다. 그때그때 목적에 맞게 잘 구분해서 이용해야 해요.

다른 조건에서 크기를 비교할 때는 조건을 통일한 다음에 생각하는 것이 중요해요.

고깔모자를 만들어요

교과서 6학년 2학기 3단원 원기둥, 원뿔, 구

학습원 초등과 | 오오사와 다카유키

컴퍼스를 사용하면 간단해요

원목 쌓기 장난감이나 종이로 성을 만들 때 가장 위에 올리는 고깔모자 모양 지붕을 직접 만들어 볼까요? 컴퍼스를 사용할 줄 아는 친구는 간단히 만들 수 있어요. 이런 모양을 종이로 만들어서 둥글둥글 말아서 붙여요. 색이나 모양을 칠하면 더 좋겠네요.(그림 1) 만들기 어렵다고요? 그럼 잘 만드는 비결을 살짝 공개할게요.

비결을 외워서 해 보세요

준비물은 도화지, 컴퍼스, 가위, 투명 테이프입니다. 그리고 지붕 모양을 그릴 펜이 필요해요. 색이 들어간 종이를 사용하면 색깔이 고와서 예쁘겠네요. 먼저 밑면의 모양은 원이니까 크기를 정해서 도화지에 원을 그린 다음 오려 내세요.

다음으로 방금 그린 원보다 반지름이 2배 큰 원을 도화지에 그립니다. 그 원을 반으로 잘라서 둥글둥글 말면 밑면으로 쓸 원과 딱 맞아요.(그림 2)

더 긴 고깔모자 모양을 만들려면 밑면인 원의 반지름보다 4배 더 큰 원을 그린 다음 그 절반의 절반($\frac{1}{4}$)을 사용하면 딱 맞아요. 커다란 원의 중심각을 직각으로 하는 것이지요.(그림 3)

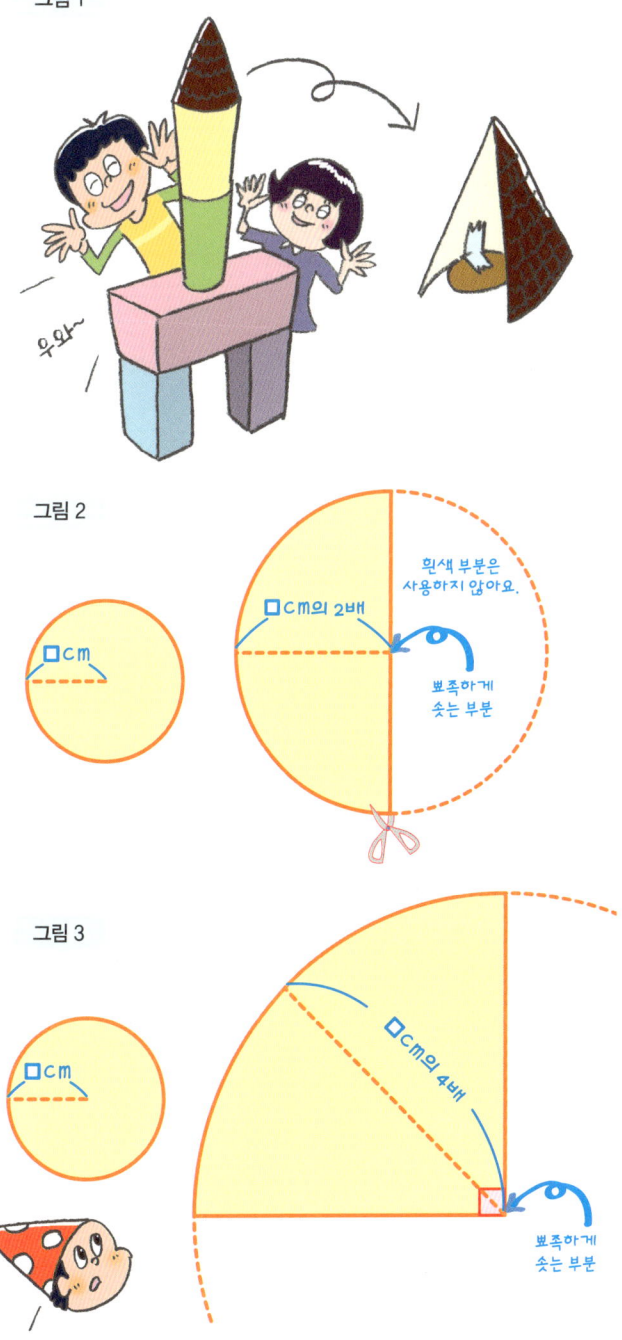

그림 1

그림 2

그림 3

고깔모자 모양을 '원뿔'이라고 해요.

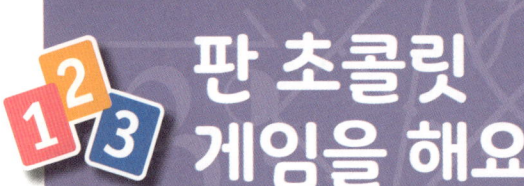

판 초콜릿 게임을 해요

12 / 7 일

교과서 6학년 2학기 2단원 비례식과 비례배분

오차노미즈여자대학 부속초등학교 | 구가야 아키라

오늘은 판 초콜릿 게임을 소개할게요. 규칙은 간단해요. 둘이서 초콜릿을 나눠서 마지막 남은 조각을 가지는 사람이 지는 게임입니다. 친구나 가족과 함께해 보세요.

준비물
▶ 종이
▶ 가위

종이 초콜릿을 준비해요

게임에서는 실제 초콜릿이 아니라 종이 초콜릿을 사용합니다. 아래 종이를 복사해서 사용하세요. 종이에 (가로 6칸) × (세로 4칸)으로 된 표를 그려서 직접 만들어도 좋아요.

아래 그림을 복사해서 사용하세요.

- 둘이 가위바위보를 합니다. 이긴 사람이 먼저 자릅니다.
- 자기 차례가 되면 선을 따라 초콜릿을 가로로 자르세요. 중간에 꺾으면 안 됩니다. 자르면 초콜릿의 남은 부분을 짝에게 건네주세요.
- 남은 부분을 받은 사람도 똑같은 방법으로 초콜릿을 가로로 자르세요. 자르면 또 남은 부분을 짝에게 건네주세요.
- 이 과정을 교대로 반복합니다.
- 마지막 한 조각을 주는 사람이 이기고 그 조각을 받은 사람은 지는 게임입니다.

짝꿍

나

잘라서 주세요.

패배

승리

게임에 이기는 방법은 190쪽에 있어요.

게임을 몇 번 하면 점점 이기는 비법이 보여요. 5×7조각, 6×8조각 등 조각 개수를 바꿔서도 해 보세요.

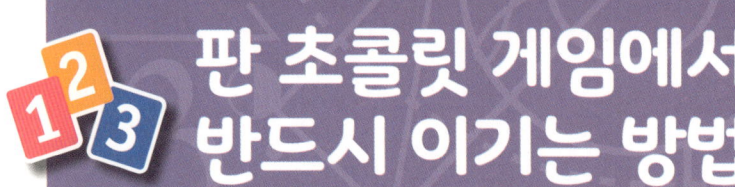

12 / 8일

교과서 6학년 2학기 2단원 비례식과 비례배분

오차노미즈여자대학 부속초등학교 | 구가야 아키라

정사각형을 건네주는 친구가 이겨요

오늘은 188쪽에서 소개한 판 초콜릿 게임에서 반드시 이기는 방법을 소개하겠습니다. 이 게임에서는 2×2 조각을 상대방에게 건네면 반드시 이길 수 있어요.

예를 들어 짝에게 2×3 조각을 건네준다고 생각해 보세요.

이때 여러분은 A, B, C의 세 가지 방법 중 하나로 자를 수 있어요.

A나 B와 같이 잘라서 주면 다음에 짝이 한 조각만 넘겨주기 때문에 지게 됩니다.

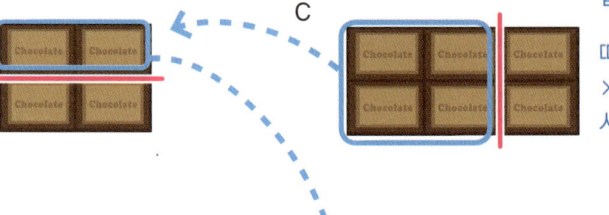

따라서 C와 같이 2×2 조각으로 잘라서 짝에게 주세요.

그러면 짝은 여러분에게 반드시 두 조각이 붙은 초콜릿을 주게 되지요.

여러분은 짝에게 한 조각을 줄 수 있으니 승리합니다.

 어떤 크기의 조각을 건네받아도 똑같이 생각하면 돼요. 2×2 조각을 가장 먼저 짝에게 건네주는 사람이 이깁니다. 몇 번 게임을 재미있게 한 다음 짝에게도 이 방법을 알려주세요.

숫자가 없던 먼 옛날 양을 어떻게 셌을까요?

12월 9일

교과서 6학년 1학기 4단원 비와 비율

아오모리현 산노헤초립 산노헤초등학교 | 다네이치 요시타케

옛날에는 돌로 양을 셌대요

양은 오래전부터 사람이 기르던 동물 중 하나입니다. 글자나 숫자가 없던 시절부터 사람과 함께 지냈지요. 옛날에는 울타리에 가두지 않았대요. 낮에는 넓은 땅에 풀어 놓고 밤에는 늑대에게 공격받지 않도록 오두막에 모아 놓고 지켜봤다고 합니다. 숫자가 없는데 어떻게 기르는 양이 전부 돌아왔는지 확인했을까요?

바로 오두막에서 양이 나갈 때 돌을 놓아 확인했다고 해요. 한 마리 나갈 때마다 돌을 한 개씩 두고, 돌아오면 그 돌을 치웠습니다. 이렇게 하면 숫자가 없어도 확인할 수 있겠지요. 양 하나를 돌 하나로 보고 센 방법이에요.

밧줄 매듭도 이용했어요

지금 몇 마리 기르는지 잊지 않도록 허리에 늘어뜨린 밧줄에 매듭을 짓는 방법도 사용했다고 합니다. 양 한 마리마다 밧줄에 매듭을 하나씩 짓는 것이지요. 만약 양이 늑대에 물려 돌아오지 않을 때는 매듭을 풀었다고 해요. 이것은 양 하나를 매듭 하나로 본 방법이에요. 먼 옛날 양을 기르는 사람이 만약 수학을 알았다면 수학을 아주 잘했겠지요.

 양의 수를 돌 대신 땅에 선을 그어 나타내던 것이 숫자로 만들어졌다고 해요.

하트 퍼즐을 하며 놀아요

12월 10일

교과서 4학년 2학기 3단원 다각형

학습원 초등과 | 오오사와 다카유키

하트 모양을 만드는 도형은?

하트 모양은 여기저기서 쉽게 볼 수 있지요. 그림 1의 하트 모양을 자세히 보세요.

반원 두 개와 정사각형이 합쳐져 만들어졌다는 사실을 눈치챘나요? 그 사실을 알았다면 이 하트 모양은 간단히 그릴 수 있겠네요. 먼저 정사각형을 그립니다. 다음으로 정사각형의 한 변 길이를 지름으로 한 반원을 정사각형의 이어진 두 변에 각각 그립니다. 정사각형의 한 변 길이를 바꾸면 여러 가지 크기의 하트 모양을 그릴 수 있습니다.(그림 2)

나만의 퍼즐을 만들어요

하트 모양을 그렸다면 그것을 두꺼운 종이에 그려서 잘라 낸 다음 퍼즐을 만들어 보세요. 정사각형을 대각선으로 잘라서 삼각형 두 개로 나눈 다음 반원 두 개와 합치면 네 조각이 생깁니다. 이 조각들을 사용해서 그림 3과 같은 모양을 만들어 보세요.

그림 3

그림 1

그림 2

나도 수학자

깨어진 하트 퍼즐?

이 하트 모양을 이루는 반원과 정사각형을 더 잘게 나눠서 퍼즐로 만든 것 중에 '브로큰 하트 퍼즐'이 있습니다. '깨어진 마음'이라는 뜻이에요. 이름이 참 재미있네요.

 정사각형도 원도 같은 모양 4개로 나누면 더 재미있는 모양을 만들 수 있어요. 즐겁게 만들어 보세요.

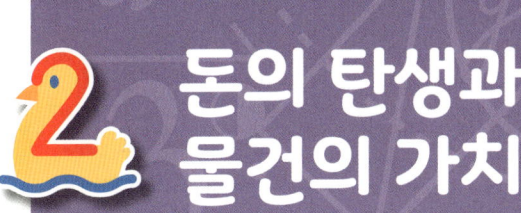

돈의 탄생과 물건의 가치

교과서 6학년 2학기 6단원 여러 가지 문제

12월 11일

후쿠오카현 다가와군 가와사키초립 가와사키초등학교 | 다카세 다이스케

원숭이와 게 중 누가 더 이득일까요?

'내 1만 원이랑 너의 5만 원이랑 바꾸자.' 하는 말을 듣고 기뻐하며 바꾸는 친구는 없겠지요? 그 이유는 5만 원 지폐의 가치가 더 높아서 1만 원과 바꾼다면 4만 원 손해 보기 때문입니다.

'원숭이와 게의 싸움'이라는 이야기가 있는데, 이 동화는 감 씨앗을 갖고 있던 원숭이와 주먹밥을 갖고 있던 게가 서로의 물건을 교환하면서 이야기가 시작됩니다. 이 교환은 누가 더 이득일까요? 주먹밥은 바로 먹을 수 있다는 가치가 있지만, 한 개 먹으면 없어집니다. 한편 감 씨앗을 가지면 감을 먹을 때까지 시간이 아주 많이 걸리지만, 감나무가 자라고 있는 한은 해마다 많은 감을 먹을 수 있다는 가치가 있어요. 어쩌면 서로에게 좋은 교환인지도 몰라요. 나중에 게가 감을 딸 수 있다면 말이지요.

감 씨앗이랑 바꿀래?

먼 옛날에는 물건과 물건을 교환했어요

먼 옛날, 아직 돈이 없던 시절에는 '원숭이와 게의 싸움'처럼 물물교환을 했어요. 서로 원하는 것을 비교해서 그 가치에 수긍이 가면 교환이 성립했지요.

하지만 사회가 커지고 더 많은 사람이 더 많은 곳에서 교환하기 위해 편리하게 사용하기 위한 도구로 '돈'이 탄생했습니다. 이 '돈'의 탄생 덕분에 교환하는 사람들에게 공통 가치가 생겼고, 원활히 교환할 수 있게 되었어요.

나도 수학자

물건의 가치 파악하기

같은 과자라도 배가 고플 때와 배가 부를 때 느끼는 감정이 다르지요. 용돈을 쓸 때는 자신에게 물건의 가치가 어떤지 확실히 파악한 다음 잘 교환할 수 있어야겠지요?

 다른 나라 중에는 지금도 시장 같은 곳에서 물물교환을 하는 곳이 있어요. 우리나라에서도 벼룩시장 등에서는 돈을 사용하지 않고 물물교환을 하기도 해요.

둘레 길이가 12cm인 넓이

교과서 5학년 1학기 5단원 다각형의 넓이

아오모리현 산노헤초립 산노헤초등학교 | 다네이치 요시타케

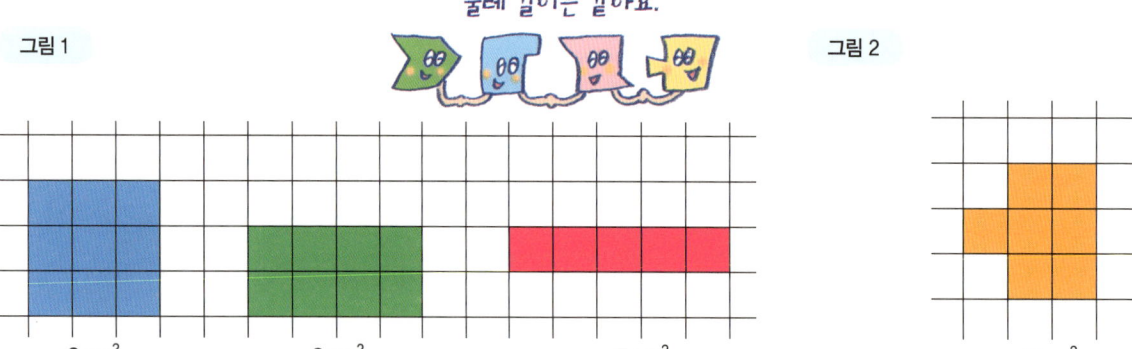

먼저 정사각형이나 직사각형

둘레 길이가 같은 도형이라도 모양이 다르면 넓이가 다릅니다. 먼저 모눈 한 변이 1cm, 넓이가 $1cm^2$인 모눈종이와 연필을 준비하고 둘레 길이가 12cm인 도형의 넓이를 생각해 보세요. 값이 소수점 이하 수까지 나오지 않는 넓이만 구해 보겠습니다. 먼저 9, 8, 5를 찾을 수 있네요.(그림 1)

모양에 따라 넓이가 달라져요

직사각형이나 정사각형만 있는 것이 아니에요. 그렇습니다. 넓이가 $7cm^2$인 凸 모양이 있네요.(그림 2) 이 도형도 둘레 길이는 정확히 12cm입니다.

더 있어요. 울퉁불퉁한 모양을 생각해 보세요. 찾았나요? 정사각형을 그림 3처럼 변형하면 넓이 6이나 $5cm^2$를 만들 수 있어요.

지금까지 만든 것을 돌아보면 넓이가 9, 8, 7, 6, 5, 이렇게 다섯 종류네요. 4나 3도 있을 것 같지 않나요? '화살표 모양'을 단서로 찾아보세요.(그림 4) 이 모양을 사용하면 1이나 2도 만들 수 있어요. 이처럼 둘레 길이가 같아도 모양이 다르면 넓이는 크게 달라져요.

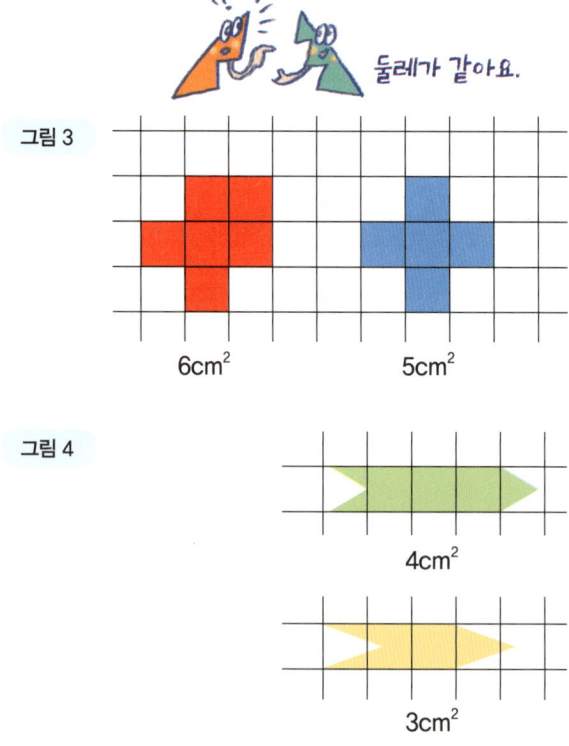

 초등학교에서는 직사각형, 평행사변형, 사다리꼴, 마름모꼴, 원, 부채꼴 등의 넓이 구하는 법을 배워요. 중학교에서는 구의 겉넓이를 배우지요. 이미 배운 도형의 넓이 구하는 법을 이용하여 새로운 도형의 넓이도 구하도록 연습할 거예요.

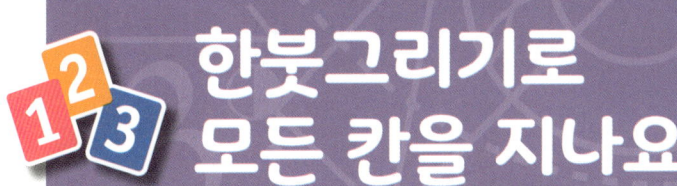

한붓그리기로 모든 칸을 지나요

12월 13일

교과서 6학년 2학기 6단원 여러 가지 문제 심화

구마모토현 구마모토시립 이케노우에초등학교 | 후지모토 구니아키

모든 칸을 지날 수 있을까요?

그림 1과 같이 9칸짜리 정사각형이 있습니다. 이 칸을 한붓그리기로 이동해서 모든 칸을 지날 수 있는지 알아볼까요? 단, 이동은 세로와 가로로만 할 수 있어요. 대각선으로는 갈 수 없고, 한 번 지난 칸은 두 번 지날 수 없어요. 지나는 방법을 여러 가지로 생각해 보면, 출발 지점에 따라 모든 칸을 지날 수 없는 경우가 있어요.(그림 2) 이때는 아무리 노력해도 한 칸이 남습니다.

전부 지날 수 있는 출발 지점은?

아홉 칸 가운데 어떤 칸에서 출발하면 모든 칸을 지날 수 있을까요? 출발 지점을 바꿔서 알아보니 격자무늬 같네요.(그림 3)

×표시 된 칸에서 출발하면 한 칸이 반드시 남아요. 왜 그럴까요? ○와 × 표시가 되어 있는 칸의 수를 세어 보면 ○가 5개이고 ×가 4개입니다. 게다가 이동은 세로나 가로로만 할 수 있으니 ○ 다음에는 반드시 ×를 지나지요. 즉 ○와 ×를 교대로 지나야 하기 때문에 ×에서 출발하면 ○가 한 개 남아요.

그림 2

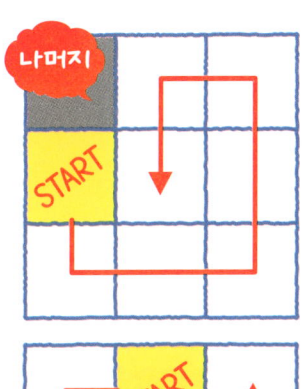

그림 1

모두 지날 수 있는 출발 지점은 ○,
모두 지날 수 없는 출발 지점은 ×.

그림 3

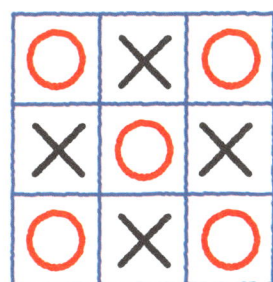

🔍 칸 개수를 세로 4칸, 가로 4칸, 모두 16칸으로 해 보세요. 아무 데서나 출발해도 전부 지날 수 있을까요? 그 이유는 무엇일까요?

하루의 시작은 언제일까요?

교과서 3학년 1학기 5단원 길이와 시간

학습원 초등과 | 오오사와 다카유키

오후 11시에서 1시간 지난 시각은 몇 시?

오후 11시에서 1시간 후는 오전 12시일까요? 아니면 오후 12시일까요? 땡. 둘 다 틀렸습니다. 정확한 표현을 알려면 옛날 시간 표현을 익혀야 해요.

예전에는 밤 11시에서 1시 사이를 '자시'라고 불렀습니다. 그래서 밤 12시는 자시의 정중앙에 있다고 하여 '자정'이라고 부릅니다. 한편 낮 11시에서 1시 사이는 '오시'라고 불렀어요. 낮 12시는 오시의 정중앙에 있기에 '정오'라고 부르지요. 그러니 오후 11시에서 1시간이 지난 시각은 자정 또는 밤 12시라고 불러야겠지요.

저녁에 하루를 시작하는 나라

옛날 우리나라 하루를 시작하는 시각은 '자시'였어요. 조선 시대 효종 이후부터는 오늘날 자정, 즉 밤 12시를 가리키는 자시 반각이 하루의 시작 시각이었습니다.

한편 이슬람 국가나 팔레스타인 지방에서는 하루의 시작이 저녁, 해가 저물 때(일몰 후 약 30분)였습니다. 크리스마스이브나 단식과 같은 종교 기념일 또는 행사가 저녁에 시작하는 이유는 이 때문입니다. 사막이 많은 지방에서는 더운 낮에 움직이기 어려워서 저녁에 하루를 시작했기 때문이겠지요.

그러나 해가 뜨고 지는 시각은 계절에 따라 다릅니다. 계절마다 하루의 시작이 바뀌면 난처하지요.

그래서 유럽에서는 산업혁명 때부터 밤 12시를 하루의 시작으로 보았습니다. 전등을 켜고 일하는 시간이 길어지면서 하루의 시작과 끝을 확실히 정해야 했기 때문이지요. 혹시 그동안 하루의 시작은 밤 12시가 당연하다고 생각하지 않았나요? 하루의 시작은 시대에 따라, 그리고 나라에 따라 각양각색이었습니다.

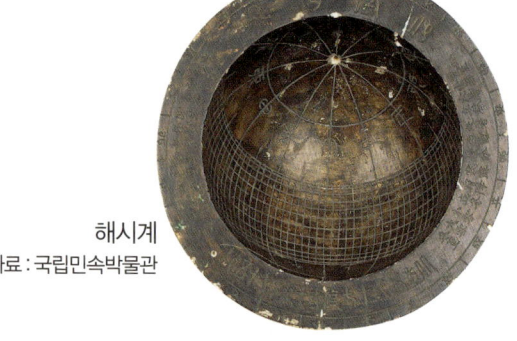

해시계
자료 : 국립민속박물관

나도 수학자

조선 시대 관료의 출근 시간

오늘날로 치면 공무원인 조선 시대 관료는 당시 오전 5~7시에 출근해 오후 5~7시에 퇴근했다고 해요. 겨울에는 오후 3~5시에 퇴근했습니다. 궁궐에서 왕과 함께 하는 아침 회의는 한 달에 여섯 번 새벽 3~5시에 열렸다니, 당시에 일하던 관료는 참 힘들었겠지요.

 우리나라에서는 삼국 시대부터 물시계를 사용했다는 기록이 있어요. 정확도가 비교적 높아 제일 오랫동안 쓰였지요. 조선 시대 장영실이 만든 '자격루'도 물시계랍니다. 자동으로 시각을 알려준다는 점이 특징이에요.

2 솔방울과 나뭇가지 수에 숨은 피보나치수열

12 / 15일

교과서 4학년 2학기 6단원 규칙과 대응

/ / /

구마모토현 구마모토시립 이케노우에초등학교 | 후지모토 구니아키

다음 수의 나열을 알고 있나요?

다음 숫자들은 어떤 규칙으로 나열되어 있을까요?

1, 1, 2, 3, 5, 8, 13, 21, 34, 55, 89 …

앞의 두 수인 1과 1을 더한 값인 2가 세 번째 수가 되고, 앞에서 두 번째 수인 1과 세 번째 수인 2를 더한 값인 3이 네 번째 수가 되네요. 이렇게 앞의 두 수를 더해 다음 수를 만드는 수 배열을 '피보나치수열'이라고 합니다. '피보나치'란 12~13세기 이탈리아 수학자의 이름이에요.

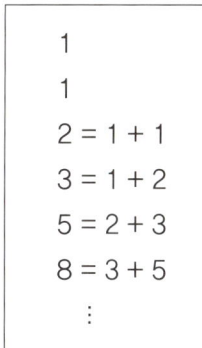

솔방울에도 피보나치수열이?

자연 속에서 볼 수 있는 수열

이 피보나치수열은 자연에서도 흔히 발견할 수 있습니다. 예를 들어 솔방울의 방울 수나 갈라진 나뭇가지 수는 피보나치수열로 되어 있어요. 또한 해바라기 씨의 한 줄 개수 등을 찾아보면 5, 8이나 21, 34라는 수가 자주 보인다고 합니다.

13개
8개
5개
3개
2개
1개
1개

나도 수학자

'0'을 사용하지 않고 만들 수 있을까요?

피보나치수열은 '앞에 오는 수 2개를 더해서 다음 수를 만든다'는 법칙으로 이루어져 있어요. 이 법칙을 사용하면 직접 여러 가지 수열을 만들 수 있습니다. 이 법칙으로 수열을 만들었을 때 다섯 번째에 오는 수가 '10'일 때, 첫 번째부터 네 번째 수는 몇일까요? 단, 0을 사용할 수 없어요.

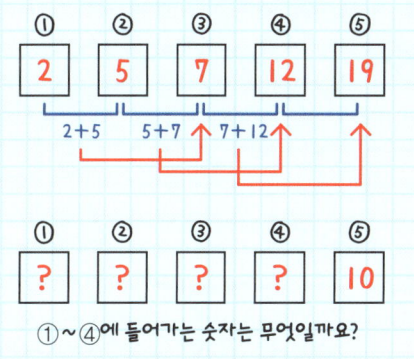

①~④에 들어가는 숫자는 무엇일까요?

 '나도 수학자' 문제의 정답은 2, 2, 4, 6입니다. 오른쪽부터 차례대로 생각하면 풀 수 있어요. 그 밖에도 직접 다섯 번째 수를 정해서 첫 번째~네 번째 수를 찾아보세요. 정답이 여러 개 나오기도 하고 법칙도 발견할 수 있어요.

197

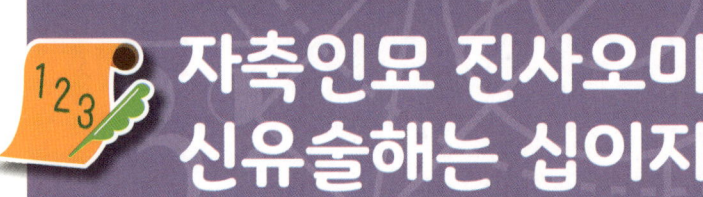

자축인묘 진사오미 신유술해는 십이지

12월 16일

교과서 3학년 1학기 5단원 길이와 시간

메이세이대학 객원교수 | 호소미즈 야스히로

십이지를 아나요?

옛날 시간은 십이지에서 유래한 자시, 축시 등으로 나누어 불렀지요. 연말연시가 되면 정유년, 무술년 등으로 새해를 부르기도 하고요. 십이지가 무엇인지 자세히 알아볼까요?

십이지는 '자, 축, 인, 묘, 진, 사, 오, 미, 신, 유, 술, 해'와 같은 열두 가지 지지를 뜻합니다. 고대 중국에서는 하늘 둘레를 12등분하여 열두 방위를 정한 후, 그 위치에 십이지를 놓고 불렀습니다.

북쪽 방위가 자(子, 쥐), 남쪽이 오(午, 말)입니다. 따라서 북극과 남극을 지나는 경선은 '자오선'이라고 부르지요. 또한 중국에서는 1개월을 3등분해서 상순, 중순, 하순으로 정하고 각각 열흘마다 '갑, 을, 병, 정, 무, 기, 경, 신, 임, 계'를 반복하여 순서를 매겨 불렀습니다. 이것을 '십간'이라고 합니다.

중국에서는 은나라 시대부터 이 십간과 십이지를 합쳐서 하루나 해를 셌습니다. 십간과 십이지에서 하나씩 따서 조합하여 만들면 10과 12의 최소공배수는 60이므로 60쌍이 생기지요. 십이지와 십간을 순서대로 합쳐 60가지로 늘어 놓은 것은 '육십갑자'라고 부릅니다. 중국의 영향을 받아 우리나라에서도 육십갑자를 사용합니다.

| 십이지 | 자 축 인 묘 진 사 오 미 신 유 술 해 |
| 십간 | 갑 을 병 정 무 기 경 신 임 계 |

육십갑자

갑자	을축	병인	정묘	무진	기사
1	2	3	4	5	6
경오	신미	임신	계유	갑술	을해
7	8	9	10	11	12
병자	정축	무인	기묘	경진	신사
13	14	15	16	17	18
임오	계미	갑신	을유	병술	정해
19	20	21	22	23	24
무자	기축	경인	신묘	임진	계사
25	26	27	28	29	30
갑오	을미	병신	정유	무술	기해
31	32	33	34	35	36
경자	신축	임인	계묘	갑진	을사
37	38	39	40	41	42
병오	정미	무신	기유	경술	신해
43	44	45	46	47	48
임자	계축	갑인	을묘	병진	정사
49	50	51	52	53	54
무오	기미	경신	신유	임술	계해
55	56	57	58	59	60

 육십갑자는 60년이 지나면 한 바퀴 돕니다. 그래서 61세가 되면 환갑이라고 해서 축하하는 풍습이 있어요.

평행일까요? 아닐까요?

교과서 4학년 2학기 2단원 수직과 평행

오차노미즈여자대학 부속초등학교 | 구가야 아키라

같은 폭으로 나열된 직선이?

지금까지 눈의 착각을 일으키는 것들을 몇 가지 소개했습니다. 오늘은 눈의 착각 마지막 이야기입니다.(126쪽, 146쪽, 173쪽 참조) 신기한 세계를 꼭 체험해 보세요. 먼저 그림 1에 나온 ㉮ ㉯의 두 직선들을 볼까요.

㉮의 두 직선 폭은 모두 같기 때문에 아무리 길게 늘려도 두 직선이 만나는 일은 없습니다. 이렇게 나란히 놓인 직선의 관계를 '평행'이라고 해요. ㉯의 두 직선은 평행이 아닙니다.

비뚤게 보이는 이유는 착각 때문?

다음으로 그림 2, 3, 4를 보세요. 옆으로 그어진 선이 어떻게 보이나요? 모두 평행을 이루는 직선입니다. 그런데 그림 2나 그림 3은 직선이 오른쪽이나 왼쪽으로 기울어진 것처럼 보이고, 그림 4는 중앙 부분이 넓어져서 바깥쪽으로 부푼 것처럼 보이지 않나요? 이것도 눈의 착각입니다. 정말 평행인지 확인해 보세요.

이 책에서는 눈의 착각을 일으키는 것들을 몇 가지 소개했습니다. 그런데 소개한 것보다 착시 문제는 훨씬 더 많이 있으니 직접 찾아보세요.

그림 2

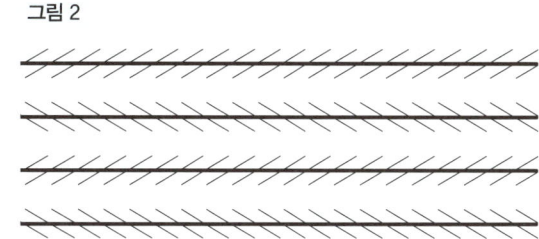

그림 3

그림 4

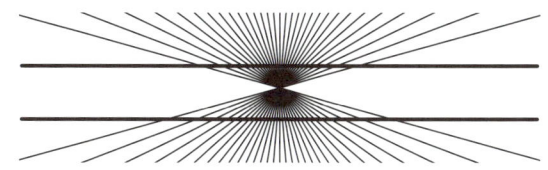

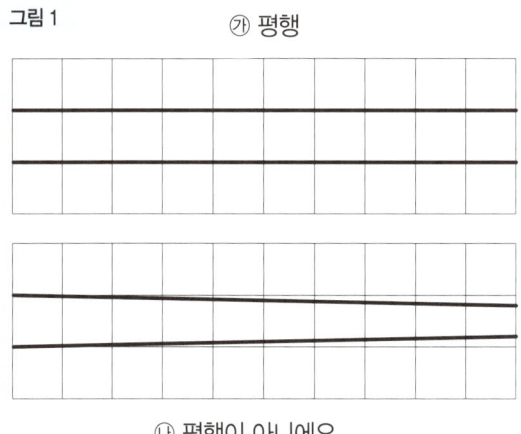

그림 1　㉮ 평행

㉯ 평행이 아니에요.

 그림 2는 '체르나 착시', 그림 3은 '카페월 착시', 그림 4는 '헤링 착시'라고 부릅니다. 그림 2, 그림 4는 발견한 사람의 이름에서 따왔지만, 그림 3의 카페월은 카페의 벽이라는 뜻이에요.

100원 동전을 빙 돌리면?

교과서 4학년 1학기 2단원 각도

홋카이도교육대학부속 삿포로초등학교 | 다키가 히라유시

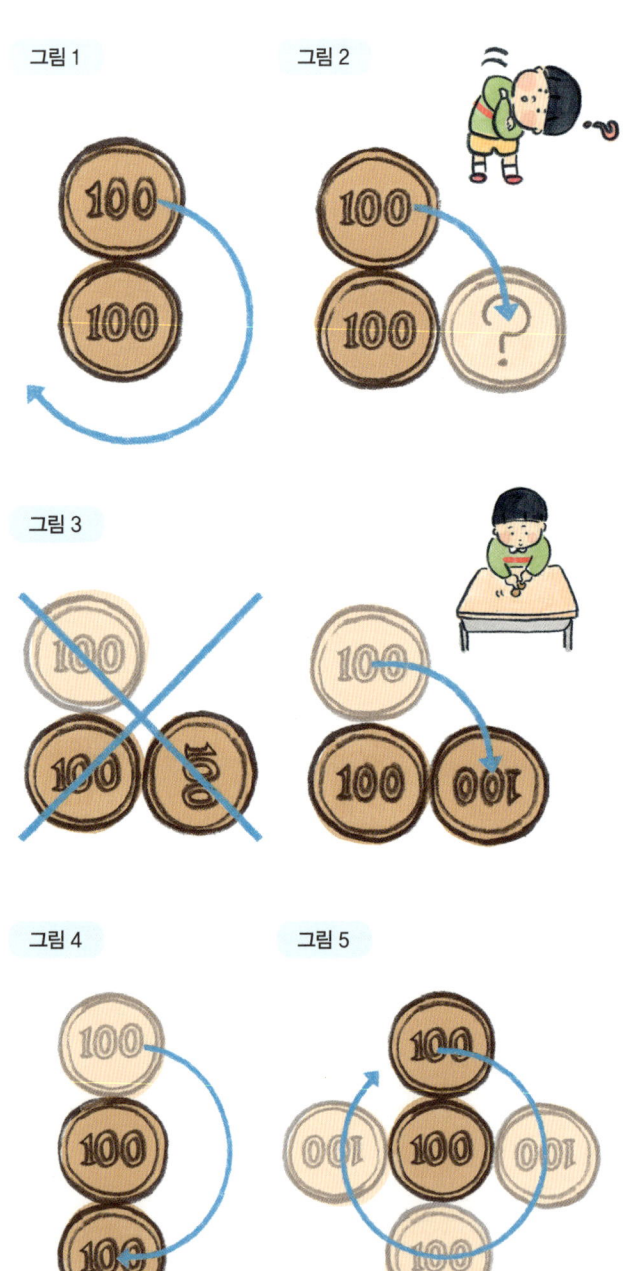

그림 1 · 그림 2 · 그림 3 · 그림 4 · 그림 5

100원 동전은 어느 방향을 볼까요?

여러분 집에도 100원 동전이 있겠지요? 100원 동전을 2개 준비해서 그림 1과 같이 놓아 보세요.

아래에 놓인 100원 동전을 손가락으로 누른 채 위에 있는 100원 동전으로 아래 100원 동전의 둘레를 따라 한 바퀴 빙 돌려보세요. 미끄러지지 않도록 둘레를 따라 돌려야 합니다. 그럼 이때 위에 있던 100원 동전은 몇 회전을 할까요?

먼저 그림 2와 같이 위의 100원 동전이 3시 방향에 왔을 때 어떻게 될지 생각해 보세요. 한 바퀴의 $\frac{1}{4}$을 돌기 때문에 위의 100원 동전이 옆으로 눕지 않을까 하는 생각이 들지요. 그런데 실제로 해 보면 100원 동전은 거꾸로 옵니다.(그림 3)

한 바퀴 돌리면?

이어서 해 보세요. 위에 있던 100원 동전이 아래에 있던 100원 동전 바로 아래에 오면 어떻게 될까요? 이번에는 한 번 회전해서 원래 방향으로 돌아옵니다.(그림 4)

즉 절반까지 왔을 때 한 번 회전합니다. 그렇다면 동전 둘레를 한 바퀴 돌았을 때는? 두 번 회전할 거라고 예상할 수 있겠지요? 실제로 해 보면 정말 두 번 회전한다는 사실을 알 수 있어요.(그림 5)

 돌리는 원을 100원 동전 대신 지름이 2배인 원으로 하면 한 바퀴 돌 때 몇 회전할까요? 알아보면 재미있어요.

숫자 3개 중 신기한 가운데 수

12월 19일

교과서 4학년 1학기 3단원 곱셈과 나눗셈

구마모토현 구마모토시립 이케노우에초등학교 | 후지모토 구니아키

합계를 구해요

규칙적으로 수가 나열된 표 안의 수를 3개 연결해서 묶어 보세요. 예를 들어 1, 2, 3… 이렇게 나열된 수 배열표(그림 1)에서 14, 15, 16을 묶어 보겠습니다. 더한 값은 14+15+16=45입니다.

그런데 숫자 3개 중 가운데 수는 '15'이지요. 이 수에 3을 곱해 보세요. 그러면 15×3=45입니다. 아까 세 수를 더한 값과 똑같네요. 우연일까요?

이번에는 대각선으로 놓인 숫자 3개를 묶어 보세요. 예를 들어 20, 31, 42를 모두 더한 값은 93입니다. 이번에도 마찬가지로 가운데 있는 수인 31에 3을 곱해 볼까요? 그러면 31×3=93으로 세 수의 합과 같네요.

그림 1

달력으로 해 보세요

이번에는 그림 2에서 세로로 놓인 숫자 3개를 골랐어요. 이때 숫자 3개를 더하면 3+10+17=30입니다. 가운데 있는 수는 '10'이므로 10×3=30. 역시 3개를 더한 합계와 같네요. 이렇게 달력이라도 상관없이 표에서는 가로, 세로, 대각선으로 놓인 숫자 3개의 합계를 '가운데 수×3'으로 구할 수 있어요. 만약 3개가 아니라 숫자 5개일 때는 어떨까요? 이번에는 가운데 수에 5를 곱하면 될까요? 직접 해 보세요.

그림 2

 가운데 수는 세 숫자의 '평균값'입니다. 따라서 그 '평균값'을 더하는 숫자의 개수만큼 더하면 '합'을 구할 수 있어요.

겨울철 밤하늘에 떠 있는 다이아몬드

12월 20일

교과서 4학년 2학기 3단원 다각형

시마네현 이이난초립 시시초등학교 | 무라카미 유키토

겨울에는 밝은 별이 많이 떠요

앞에서 밤하늘에 떠 있는 계절별 삼각형이나 사각형을 찾았지요.(22쪽, 109쪽 참조) 그럼 겨울에는 어떤 모양을 볼 수 있을까요? 맑게 갠 날 밤하늘을 올려다보세요.

겨울에는 밝은 일등성이 많아서 정말 아름다워요. 남동쪽 방향을 보면 밝은 별 3개가 눈에 띕니다. 이 별들을 연결하면 정삼각형에 가까운 커다란 삼각형이 만들어져요. 이것을 '겨울철 대삼각형'이라고 부릅니다.

겨울철 대삼각형은 잘 알려져 있는 오리온자리의 왼쪽 위에 있는 붉은 베텔게우스, 그 왼쪽 아래에 있는 밤하늘에서 가장 밝은 별(행성 제외)인 큰개자리의 시리우스, 작은개자리의 프로키온으로 이루어져 있어요.

별 6개로 만든 다이아몬드

겨울에는 삼각형만 있는 것이 아닙니다. 방금 나온 붉은 베텔게우스를 중심으로 작은개자리의 프로키온, 큰개자리의 시리우스, 오리온자리의 오른쪽 아래에 있는 리겔, 황소자리의 알데바란, 마차부자리의 카펠라, 쌍둥이자리의 폴룩스, 그리고 다시 작은개자리의 프로키온을 연결해 보세요.

이렇게 생긴 모양은 육각형이에요. 이것을 '겨울철 다이아몬드'라고 부릅니다. 일등성만 연결해 만든 육각형은 다이아몬드처럼 반짝반짝 빛나 보여요.

 밤하늘의 별을 점으로 봤을 때, 두 점을 연결하면 직선, 세 점을 연결하면 삼각형으로 보여요. 밤하늘에서 여러 가지 모양의 도형을 찾을 수 있겠지요.

짝수와 홀수 중 어느 쪽이 더 많을까요?

12 / 21 일

교과서 4학년 2학기 6단원 규칙과 대응

오차노미즈여자대학 부속초등학교 | 오카다 히로코

나비와 꽃 중 누가 더 많나요?

그림 1을 보세요. 나비와 꽃 중 어느 쪽이 더 많나요? 나비와 꽃을 선으로 연결해서 남은 쪽이 더 많겠지요. 이 그림에서는 꽃이 더 많다는 사실을 그림 2를 보면 알 수 있어요. 개수가 같을 때는 모두 선으로 연결할 수 있습니다. 그림 3에서는 나비와 꽃을 연결하니 개수가 같다는 사실을 알 수 있어요.

나머지가 없다는 것은 어떤 뜻일까요?

개수가 더 많은 것을 세 볼까요? 2, 4, 6, 8 이렇게 2로 나누어떨어지는 '짝수'와 1, 3, 5, 7 이렇게 2로 나누어떨어지지 않는 '홀수' 중에서는 어느 쪽이 더 많을까요? 그림 4와 같이 선으로 연결하면 계속 연결할 수 있어요. 짝수도 홀수도 끝이 없지요. 계속 이어지는 수이지만 반드시 선으로 연결할 수 있습니다. 나비와 동그란 꽃처럼 선으로 연결했을 때 나머지가 나오지 않기 때문에 짝수와 홀수는 개수가 같다는 뜻이 됩니다.

그림 1

그림 2

그림 3

그림 4

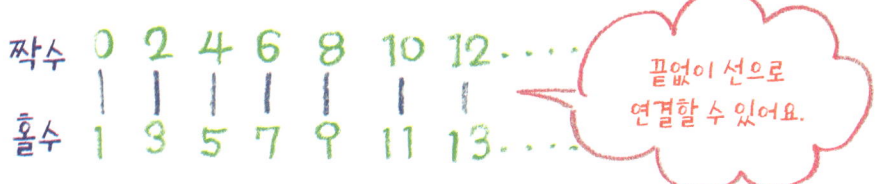

끝없이 선으로 연결할 수 있어요.

짝수와 자연수(1, 2, 3, 4, 5…) 중에서 어느 쪽이 크냐고 하면 사실 나머지가 나오지 않기 때문에 개수가 같다고 할 수 있어요. 수의 세계는 신기하지요?

변의 길이를 2배로 늘리면?

교과서 5학년 1학기 5단원 다각형의 넓이

구마모토현 구마모토시립 이케노우에초등학교 | 후지모토 구니아키

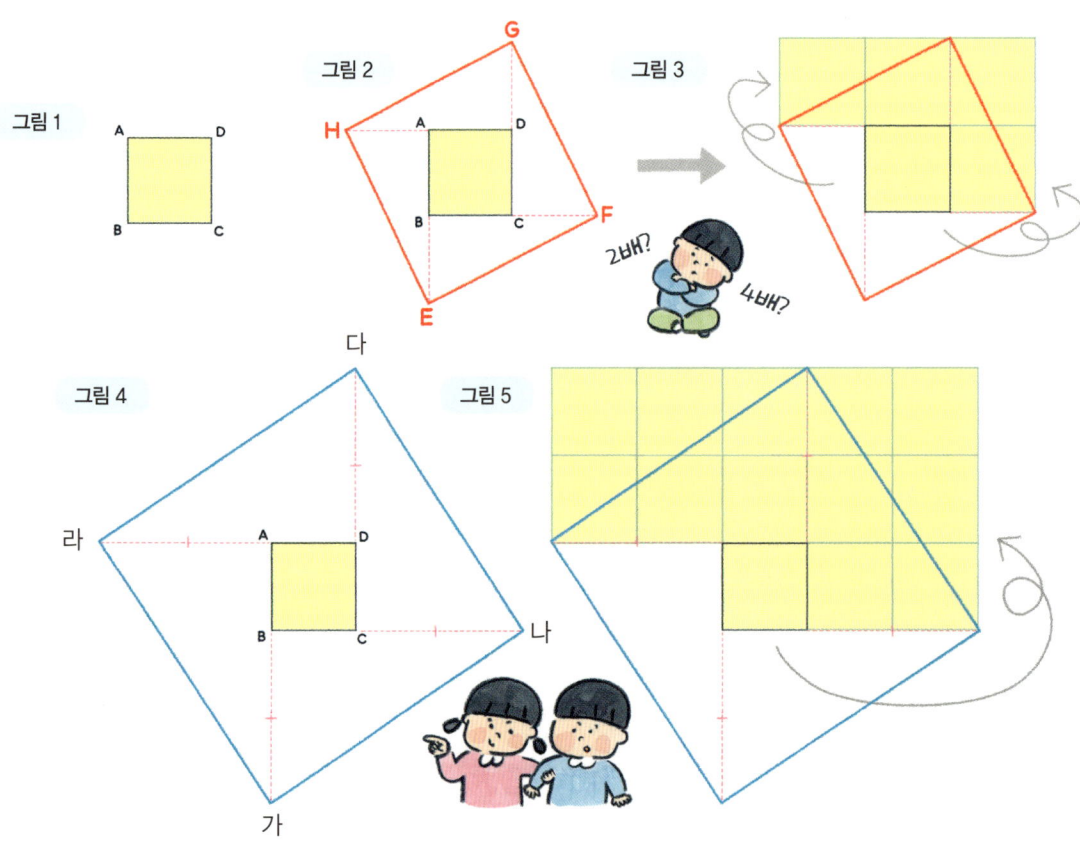

변이 2배로 길어지면 넓이는?

정사각형 ABCD가 있습니다.(그림 1) 이 정사각형의 변을 같은 방향으로 각각 2배 늘릴게요.(그림 2) 이렇게 생긴 점을 연결해서 만든 정사각형 EFGH의 넓이는 원래 정사각형 ABCD보다 몇 배 더 넓을까요? 변의 길이를 2배로 늘렸으니까 2배? 더 커 보이니까 4배?

실제로는 5배입니다. 왜 그럴까요? 그림 3과 같이 직각삼각형을 움직여서 직사각형으로 만들면 이유를 알 수 있어요.

간격을 더 늘려 봐요

그림 4와 같이 정사각형의 변을 3배로 늘린 정사각형 가나다라를 만들어 보겠습니다. 그랬더니 원래 정사각형 ABCD보다 13배 더 커졌습니다.

어떻게 13배라는 사실을 알았을까요? 여기에서도 그림 5와 같이 직각삼각형을 움직여서 직사각형으로 만들면 알 수 있어요.

 직각삼각형 4개로 정사각형을 만드는 이야기(101쪽 참조)를 읽어 보세요.

나라마다 써서 계산하는 방법이 달라요

12월 23일

교과서 3학년 2학기 2단원 나눗셈

도쿄도 도시마구립 다카마쓰초등학교 | 호소가야 유코

세계 공통인 수학은 편리해요

평소에 우리가 쓰는 1, 2, 3…과 같은 아라비아 숫자는 많은 나라에서 함께 사용하고 있습니다. 한자를 쓰는 나라에는 一, 二, 三…이라는 한자가 있지만, 평소에는 아라비아 숫자를 사용하지요. 다른 나라도 마찬가지로 그 나라만의 숫자가 있지만 아라비아 숫자를 사용합니다. 세계 공통으로 쓸 수 있는 숫자는 아주 편리하답니다.

숫자는 공통이지만 계산 방법이나 순서 등은 나라에 따라 차이가 있어요. 우리나라에서 쓰는 법칙이 다른 나라와 반드시 똑같지는 않아요.

계산 방법은 각양각색

나눗셈을 어떻게 써서 계산하는지 볼까요? 우리나라에서는 제일 위의 왼쪽 그림처럼 써서 계산하지요. 다른 나라에서는 그림에서 보듯이 여러 가지 방법으로 계산해요. 한국과 비슷한 방법을 쓰는 나라도 있네요. 여러 계산 방법으로 써서 계산해 보세요.

 나라마다 '나누어지는 수', '나누는 수', '몫', '나머지'를 쓰는 위치와 방법이 달라요.

케이크의 크기 '~호'가 뭘까요?

12월 24일

교과서 6학년 1학기 5단원 원의 넓이

도쿄도 스기나미구립 다카이도 제3초등학교 | 요시다 에이코

1호나 2호 케이크란?

생일이나 크리스마스에 커다랗고 둥그런 케이크로 축하한 적 있지요?

이런 케이크를 빵집에서 보면, '1호 20,000원'처럼 안내판에 호수와 가격이 함께 적혀 있어요. 20,000원은 가격이지요. 그러면 '1호'는 무엇을 뜻할까요? 이것은 케이크의 크기를 나타냅니다. 케이크 크기를 나타내는 지름은 1호가 15cm입니다. 케이크가 커지면 '○호'의 숫자도 커져요. 한 호마다 3cm 커진다고 합니다.

옛날 단위 촌(寸)과 관련 있어요

빵집에서는 왜 1호가 올라갈 때마다 지름을 3cm씩 크게 만들었을까요? 이것은 옛날 길이 단위와 관련이 있어요. 옛날 길이 단위 중에 '촌'(寸)이라는 단위가 있습니다. 케이크 반죽을 굽는 틀의 크기는 원래 촌을 써서 나타냈어요. 1촌은 3cm입니다. 그래서 옛날에는 지름 5촌이라고 해서 넣었던 틀이 지금은 지름 15cm짜리 틀입니다. 이 틀로 구운 케이크가 '1호 케이크'이지요.

조금 더 큰 2호 케이크를 만들고 싶을 때는 6촌이라고 했던 틀을 사용하는데, 지름이 1촌 커지니까 지름 18cm짜리 케이크를 만들 수 있어요. 케이크를 살 때 참고하세요.

나도 수학자

크림이나 장식에 따라 더 커져요

○호는 구울 때 틀의 크기이기 때문에 둘레에 크림을 많이 바르면 케이크의 크기가 달라 보여요. 또한 위에 과일이나 장식이 많이 올라가 있으면 부피도 달라져요.

냄비 크기도 마찬가지로 '촌' 단위를 기준으로 하는 '호' 단위로 나타내기도 해요.

2 크리스마스는 무슨 날일까요?

12 / 25일

교과서 3학년 1학기 5단원 길이와 시간

/ / /

학습원 초등과 | 오오사와 다카유키

예수 그리스도의 탄신일?

12월 25일은 크리스마스입니다. 예수 그리스도의 탄신일이지요. 몇 년의 12월 25일일까요? 세계사 연표를 보면 '그리스도 탄신은 기원전 4년경'이라고 되어 있습니다. 서양에서 처음 쓰기 시작해 전 세계에서 쓰는 '기원전'과 '기원후'라는 해를 세는 표현은 예수 그리스도가 태어난 해를 기원으로 합니다. 태어난 후가 '기원후'인 거예요.

기원후 1년은 '예수 그리스도의 탄신' 이듬해가 되겠지요. 아니? 뭔가 이상하네요.

이럴 수가, 잘못 셌다고요?

예수 그리스도가 태어났을 때 유럽에서는 로마력이라는 달력을 사용했습니다. 그리스도의 탄생은 로마력 753년 12월 25일로 되어 있어요. 그런데 약 500년 후, 신학자 디오니시우스가 달력을 예수 탄신부터 세자고 제안해 그리스도의 탄신 이듬해를 기원 1년으로 정했습니다. 그런데 그때 수를 잘못 세고 말았습니다. 시간이 지난 후 사실 예수 그리스도는 그보다 4년 더 전에 태어났다는 사실이 밝혀졌습니다. 따라서 그리스도 탄신은 '기원전 4년경'이라고 해요.

나도 수학자

연표를 만들어 보세요

연표를 만들어 보세요. 기원후 1년의 1년 전은 몇 년일까요? 0년? 아쉽게도 0년은 없습니다. 마찬가지로 기원후 1세기는 있지만, 0세기는 없습니다. 수직선과는 다르네요.

예수의 탄신에는 여러 가지 이야기가 있습니다. 12월 25일은 어떤 신의 탄생일이어서 그날로 했다든가, 특별한 별빛이 있었던 계절을 계산하면 4월이다, 6월이다, 9월이다 등등 여러 가지가 있어요.

승차율이 뭘까요?

교과서 6학년 1학기 4단원 비와 비율

12월 26일

오차노미즈여자대학 부속초등학교 | 구가야 아키라

승차율(인원 수) 기준

100% — 좌석에 모두 앉고, 손잡이를 모두 잡은 상태예요. 출입문 쪽에도 서 있어요.

150% — 사람들의 어깨가 서로 부딪히거나 밀려요.

180% — 사람들과 몸이 닿아 책을 읽기 힘들어요.

200% — 서로 몸과 얼굴이 가까워 숨이 막히고, 발이 밟혀 비명 소리가 나기도 해요.

250% — 전철이 흔들릴 때마다 몸이 기울어져 제대로 움직이지 못하고 손도 움직이지 못해요.

뉴스에서 듣는 승차율

추석이나 설날이 되면 꼭 이런 뉴스가 나와요.

'명절을 맞이하여 고향에서 보내려는 사람들의 귀성길 교통 혼잡도가 30일에 최고조에 이르면서 각 도시의 역이나 공항이 매우 붐볐다. 부산행 KTX의 좌석 승차율은 오전 6시에 200%에 이르렀다. 목포행 KTX도 150% ⋯.'

여기에서 쓴 승차율 200%나 승차율 150%란 무슨 뜻일까요? 승차율은 혼잡도라고도 하는데, 전철이 얼마나 붐비는지 나타내는 수치로 사용합니다. 승차율은 열차 1량을 기준으로 160명이 탔을 때 100%로 여깁니다. 수치에 따라 대략 위 그림처럼 느껴요. 승차율 200%일 때 서 있는 것도 힘들지만, 250%일 때는 더 힘들겠네요.

어떻게 결정할까요?

'이 전철은 승차율 100%'나 '승차율 150%'라는 수치는 어떻게 판단해서 결정할까요? 철도 회사 직원에게 물었더니, 기본적으로는 눈으로 전철 안 상황(얼마나 붐비는지)을 보고 '음, 이 정도면 120%군' 하고 판단한대요.

지하철 한 량, 즉 한 칸에는 7인용이 6개, 경로석 3인용이 4개이고, 손잡이 12개짜리가 6개, 5개짜리가 4개 있으므로 좌석과 손잡이를 이용하는 사람은 모두 $(7 \times 6)+(3 \times 4)+(12 \times 6)+(5 \times 4)=42+12+72+20=146$입니다.

80% 느긋하게 승차할 수 있어요.

승차율에 사용되는 '퍼센트'(%)는 비율을 나타내는 단위입니다. '백분율'이라고도 해요.

자르고 붙이기 퍼즐

12 / 27일

교과서 5학년 1학기 5단원 다각형의 넓이

도쿄도 스기나미구립 다카이도 제3초등학교 | 요시다 에이코

자르기에 따라 모양이 달라져요

같은 크기의 직사각형도 잘라서 다시 붙이면 변신할 수 있어요. 어떻게 붙이면 될지 다음 문제를 풀며 알아보세요.

■ 문제

아래 그림과 같은 직사각형을 자르고 합쳐 정사각형으로 만드세요.

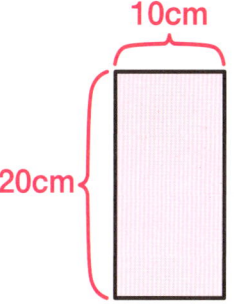

■ 정답

예를 들어 왼쪽 점선 부분을 잘라 오른쪽에 붙이면 정사각형이 됩니다. 다른 방법도 있는지 생각해 보세요.

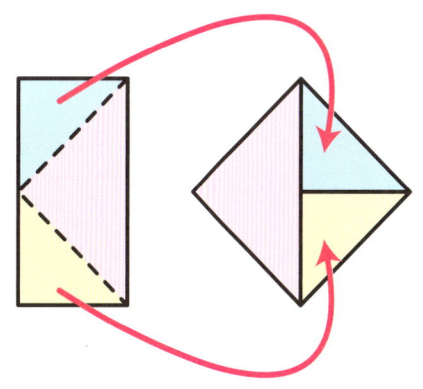

나도 수학자

직사각형으로 정사각형을 만들어요

그림의 직사각형을 같은 모양 2개로 자른 다음 합쳐서 정사각형을 만드세요. 그림과 같이 계단 모양으로 잘라서 오른쪽에 붙이면 정사각형이 돼. 이것은 세로 16cm, 가로 25cm인 직사각형으로도 똑같이 하면 만들 수 있어요.

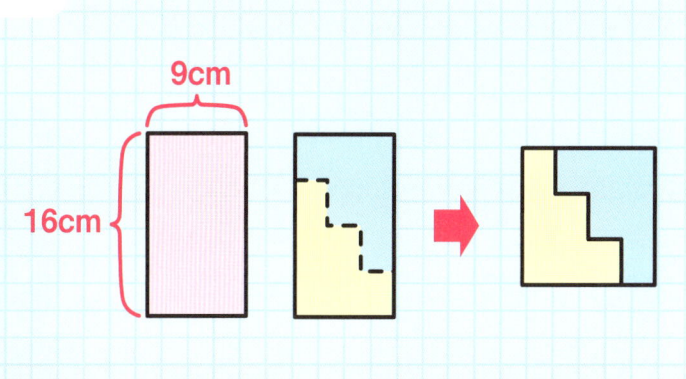

도형을 여러 개의 도형으로 나누어 다시 합치는 방법에 따라 여러 도형을 만들 수 있습니다.

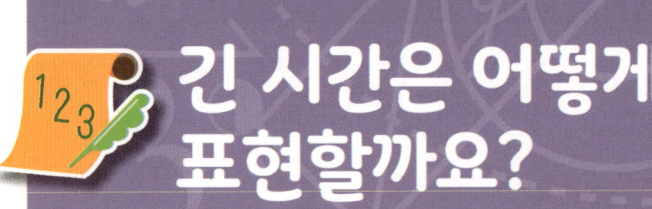

긴 시간은 어떻게 표현할까요?

12월 28일

교과서 3학년 1학기 5단원 길이와 시간

리쓰메이칸초등학교 | 다카하시 마사히데

불교 세계에서 '겁'(劫)이란?

영원한 세월을 가리키는 '영겁'이라는 말을 들어 본 적 있나요? 이 말은 불교에서 유래했어요. 불교 세계에는 '겁'이라는 아주 긴 시간의 단위가 있다고 합니다. '겁'에는 두 가지 설화가 있어요. 하나는 '반석겁'(盤石劫)이라고 하여 '3천 년에 한 번 선녀가 내려와서 날개옷으로 한 변이 15km인 육면체 모양 바위를 쓰다듬었을 때 바위가 닳아 없어질 때까지 걸리는 시간'을 말합니다.

다른 하나는 '개자겁'(芥子劫)이라고 하여 한 변이 15km인 육면체 상자에 겨자를 채우고 100년에 한 번씩 한 톨 가지러 가서 모두 꺼낼 때까지 걸리는 시간'을 말합니다. 두 이야기에서 모두 상상도 못할 만큼 긴 시간이 나오네요.

동물이지요. '삼천갑자 동박삭'은 18만 년이나 오래 산 사람을 일컬어요. 뜻을 아니까 등장인물의 마음이나 이야기의 재미도 더 깊게 다가오지요.

유명한 수한무 안에도?

'수한무' 이야기를 들은 적 있나요? 아이가 오래오래 살길 바라는 간절한 염원을 담아서 부모가 아주 긴 이름을 붙인다는 이야기입니다. 그 안에도 긴 시간을 나타내는 말이 나와요. 어디에 나오냐 하면 바로 아이의 긴 이름 안에 들어 있어요.

놀라지 마세요. 아이 이름은 '김 수한무, 거북이와 두루미, 삼천갑자 동방삭 ….' 하고 길게 이어져요.

여기서 '김'은 성이고, '수한무'는 목숨이 무한하다는 뜻이에요. '거북이와 두루미'는 대표적인 장수

김 수한무, 거북이와 두루미, 삼천갑자 동방삭~

'무한한 미래'를 뜻하는 '미래영겁'이라는 말도 '겁'에서 유래했습니다. 그 밖에도 어떤 말에 사용되는지 찾아보세요.

나라마다 시간이 달라서 생기는 시차

12 / 29일

교과서 3학년 1학기 5단원 길이와 시간

도쿄도 도시마구립 다카마쓰초등학교 | 호소가야 유코

우리나라에서는 낮이지만 다른 나라는?

해외에서 열리는 올림픽이나 월드컵 등의 시합을 생중계로 본 적이 있나요? 우리나라는 밤인데 화면에 나오는 나라는 낮인 경우도 있고, 시합을 보려고 했더니 시작 시각이 한밤중인 경우도 있어요.

나라마다 시각이 다르지요. 그 시각의 차이를 '시차'라고 합니다. 예를 들어 우리나라와 하와이를 비교해 볼까요? 하와이는 우리나라보다 19시간 늦기 때문에 우리나라에서 20시(오후 8시)일 때 하와이는 20−19=1이므로 1시(새벽 1시)입니다.

호주의 시드니는 어떨까요? 시드니는 우리나라보다 2시간 빠르기 때문에 20+2=22, 즉 22시(오후 10시)입니다. 브라질은 우리나라보다 11시간 늦으므로 20−11=9, 즉 9시(오전 9시)입니다.

각 지역의 시각은 어떻게 정할까요?

세계에는 표준시라고 해서 세계 기준이 되는 시각이 있는데, 영국의 그리니치 천문대를 지나는 경도 0도의 자오선을 기준으로 정해져 있어요. 경도 0도를 기준으로 15도마다 구분해서 표준시 시간대가 정해져 있지요.

동서로 넓은 러시아에서는 시간대를 9개 쓰고 있어요. 우리나라는 경도차가 6도로 그리 크지 않기 때문에 동경 135°선을 기준으로 한 표준시를 쓰고 있습니다. 그래서 우리나라에서는 어딜 가든 모두 시각이 같아요.

나도 수학자

지구의 날짜 변경선

하루(24시간) 이상 어긋나지 않도록 날짜를 원래로 돌리는 날짜 변경선이라는 경계선이 정해져 있어요. 세계에서 가장 시각이 빠른 곳은 날짜 변경선 바로 서쪽에 자리한 키리바시라는 나라입니다.

 '서머타임' 제도를 도입한 나라가 있습니다. 여름에 태양이 비치는 시간이 긴 시기에만 시계를 1시간 빨리 돌려서 시간을 효과적으로 활용하자는 제도이지요. 에너지를 절약하고, 햇빛을 더 많이 쬐어 건강이 좋아지는 효과가 있대요.

1층부터 6층까지 몇 분?

12 30일

교과서 5학년 2학기 6단원 자료의 표현

학습원 초등과 | 오오사와 다카유키

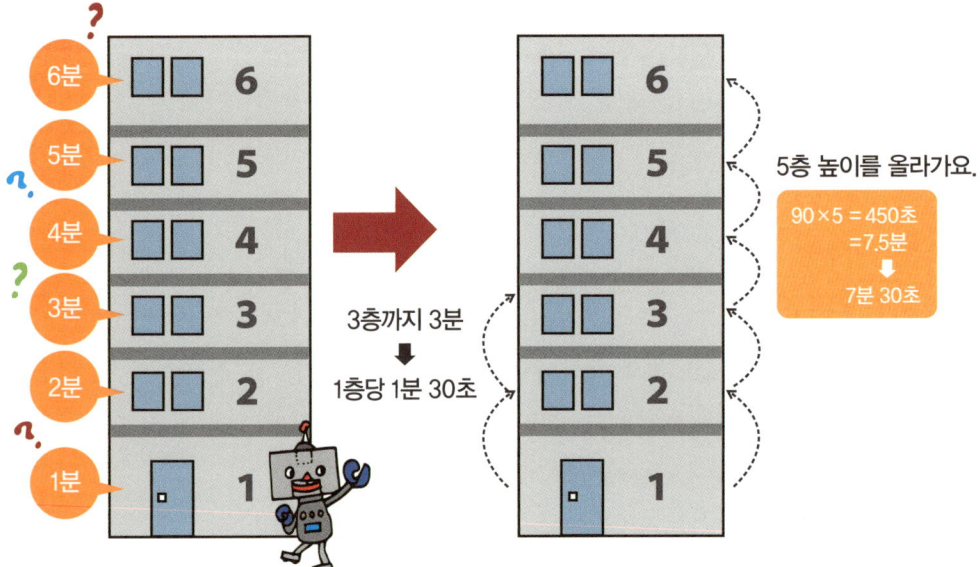

그림으로 그려서 생각해 봐요

로봇이 계단을 올라갑니다. 1층부터 3층까지는 3분 걸립니다. 1층부터 6층까지 같은 속도로 올라가면 몇 분 걸릴까요?

　3층까지 3분이니까 6층까지는 6분일까요? 그러나 실제로는 7분 30초 걸린다는 계산이 나옵니다. 왜일까요?(그림 1)

　1층부터 3층까지는 2층 높이를 3분 만에 올라갑니다. 즉, 1층 올라가는 데 1분 30초 걸리지요. 1층부터 6층까지는 5층 높이를 올라가야 하니까 1분 30초의 5배, 계산하면 7분 30초가 나옵니다. 그림으로 그리지 않으면 이해하기 어렵지요.

 **나도 수학자**

100m를 재려면?

100m를 재야 하니까 10m마다 깃발을 세우겠습니다. 마지막 깃발은 10번이지요. 출발 지점에서 100m가 됐을까요? 아쉽지만 90m입니다. 1번 깃발에서 2번 깃발까지가 10m, 3번 깃발까지 20m, 4번 깃발까지 30m … 10번 깃발까지 90m입니다. 이것도 그림을 그리면 알기 쉬워요.

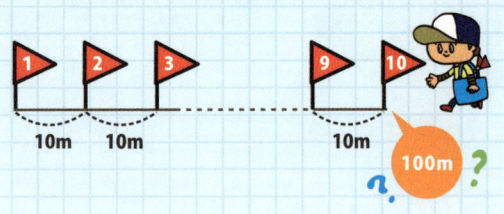

 간격 개수는 표시한 수보다 한 개가 적기 때문에 이런 착각이 일어난답니다. 수를 간단히 만들어서 그림을 그리면 확실히 알 수 있어요.

제야의 종은 원래 108번 쳤대요

12월 31일

교과서 5학년 1학기 1단원 약수와 배수

메이세이대학 객원교수 | 호소미즈 야스히로

12월 31일, 섣달 그믐날

그믐날은 '三十日'(삼십일)이라고도 씁니다. '삼십일'은 십일, 이십일과 똑같이 읽으며 달의 마지막 날을 나타내는 말입니다. 또한 달의 마지막 날을 뜻하는 그믐날은 '월말'이라고도 합니다. 특별히 12월 31일은 달의 마지막이자 1년의 마지막 날이기 때문에 '섣달 그믐날'이라고 부르지요.

불교 행사에서 유래한 제야의 종

또한 섣달 그믐날은 그 해를 제하는(마치는) 날이라는 뜻에서 '제일'(除日)이라고도 불렀습니다. '제야의 종'은 섣달 그믐날 밤에 치는 종이라는 뜻에서 붙여졌다고 하지요.

절에서는 제야의 종소리를 들으며 한 해의 죄를 참회하고 번뇌를 없앤 깨끗한 마음으로 새해를 맞이하고자 108번 종을 울렸대요. 제야의 종은 이런 불교 행사에서 유래했습니다. 다만 지금은 종을 33번 친답니다.

나도 수학자

'108'이라는 수는 정말 신기해요

108이라는 수를 나누어 볼까요? 108은 많은 수로 나눌 수 있어요.

108÷1=108	108÷2=54
108÷3=36	108÷4=27
108÷6=18	108÷9=12
108÷12=9	108÷18=6
108÷27=4	108÷36=3
108÷54=2	108÷108=1

어떤 수를 나눌 수 있는 수를 그 수의 '약수'라고 합니다. 108의 약수는 아주 많아서 12개나 있어요.

108 외에도 120 안에서 약수를 12개 가지는 수는 60, 72, 84, 90, 96, 이렇게 5개 있어요.

찾아보기

숫자

60진법 35

ㄱ

가우스 93
갈루아 176
걸음짐작 38
겨울철 대삼각형 202
결부속파법 86
결정률 61
곡선 183
공전 주기 112
구거법 84
규정 타석수 61
근삿값 74
꼭짓점 169

ㄴ

네이피어의 뼈 71

ㄷ

대각선 122, 123, 140, 169, 171
도량형 86
등분 91
등호 19, 145

ㄹ

뢸로 삼각형 68

리터 129

ㅁ

마방진 122, 148
만유인력의 법칙 24
몬티 홀 문제 80
밀도 46, 48

ㅂ

반지름 25
방진산 87
백분율 208
벤포드의 법칙 135
부력 46

##

사다리꼴 91, 119
사이클로이드 곡선 29
삼수법 154
시각 136
시차 211
십이지 198
십진법 75, 81

ㅇ

아르 151
약수 213
어림 38
어림수 74
여름철 대삼각형 22
원 25

원둘레 104
윤년 184
이진법 75
인치 182

ㅈ

정규분포 147
정다각형 102, 185
정사각형 50, 72, 89, 91, 101, 109, 111
정사면체 28, 63, 65
정삼각형 28, 50
정오각형 169
정육각형 50, 171
정육면체 53, 111, 130, 140, 164
제곱수 105
중앙값 96
지혜의 판 76
직사각형 72
직선 183
직육면체 53
짝수 66, 203

ㅊ

착시 126, 146, 173, 199
참값 74

ㅋ

카프리카수 79
컴퍼스 29, 68, 93, 95, 97, 187

ㅌ

타율 61
탈레스 18
탱그램 76
테트라 팩 28
테트라포드 28
토너먼트 56

ㅍ

퍼센트 208
페가수스의 사각형 109
펜로즈의 삼각형 126
편평률 182
평 86
평균 96
평균값 201
평행 199
평행사변형 91, 119
피보나치수열 168, 197

ㅎ

합동 106
한붓그리기 169
헥타르 151
홀수 51, 66, 203
화성 행차 138
황금 법칙 154
회문 수 120

초등학생을 위한 수학실험 365 2학기
개념과 원리를 바로잡는 수학 사전

1판 4쇄 펴낸 날 2021년 10월 15일

지은이 | 수학교육학회연구부
감　수 | 천성훈
옮긴이 | 김소영

펴낸이 | 박윤태
펴낸곳 | 보누스
등　록 | 2001년 8월 17일 제313-2002-179호
주　소 | 서울시 마포구 동교로12안길 31 보누스 4층
전　화 | 02-333-3114
팩　스 | 02-3143-3254
E-mail | viking@bonusbook.co.kr
블로그 | http://blog.naver.com/vikingbook

ISBN 978-89-6494-327-4 74410

바이킹은 보누스출판사의 어린이책 브랜드입니다.

• 책값은 뒤표지에 있습니다.

근대 수학의 창시자는 바로 나란다.

선생님도 깜짝 놀라게 한 계산 천재 가우스 • 93쪽

고깔모자를 만들어요 • 187쪽

$$\frac{1}{\square} + \frac{1}{\square} + \frac{1}{\square} = 1$$

더해서 1이 되는 분수 계산 • 152쪽

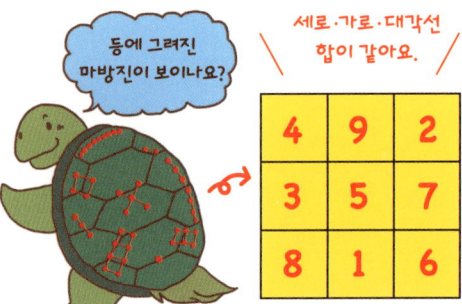

등에 그려진 마방진이 보이나요?

세로·가로·대각선 합이 같아요.

4	9	2
3	5	7
8	1	6

마방진에는 신비로운 힘이 있다고요? • 122쪽

한붓그리기로 모든 칸을 지나요 • 195쪽

나라마다 써서 계산하는 방법이 달라요 • 205쪽

그래프를 그리면 여러 가지 사실이 보여요 • 147쪽

무게를 잴 수 있을까요? • 90쪽

상자 안에 들어갈 물의 양은? • 155쪽

신기한 16번째 수 • 132쪽

가을철 밤하늘에 빛나는 페가수스의 사각형 • 109쪽

어떤 순서로 줄을 섰는지 맞혀 보세요 • 134쪽

똑똑하게 장도 보고 거스름돈도 받아요 • 139쪽

정육면체는 모두 몇 개일까요? • 111쪽

솔방울과 나뭇가지 수에 숨은 피보나치수열 • 197쪽

교과서 잡는 바이킹 시리즈

초등 교과 연계 도서 **초등학생 필독서** **어린이 베스트셀러**

교과서가 재밌어진다!
공부가 쉬워진다!

**초등학생을 위한
개념 과학 150**

정윤선 지음 | 정주현 감수

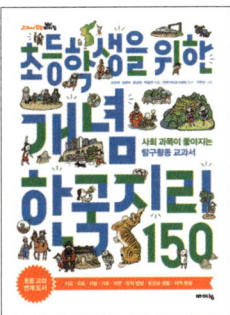

**초등학생을 위한
개념 한국지리 150**

고은애 외 지음
전국지리교사모임 감수

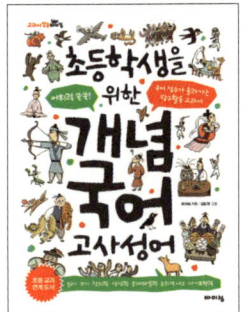

**초등학생을 위한
개념 국어 고사성어**

최지희 지음 | 김도연 그림

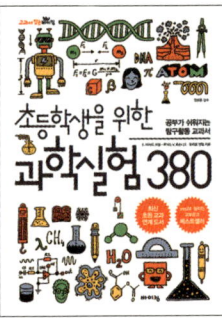

**초등학생을 위한
과학실험 380**

E. 리처드 처칠 외 지음
천성훈 감수

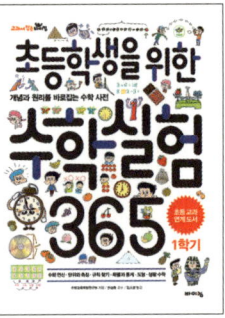

**초등학생을 위한
수학실험 365 1학기**

수학교육학회연구부 지음
천성훈 감수

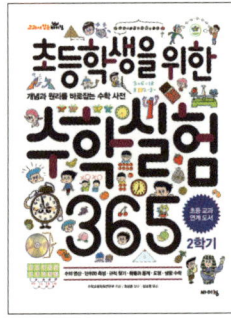

**초등학생을 위한
수학실험 365 2학기**

수학교육학회연구부 지음
천성훈 감수

**초등학생을 위한
요리 과학실험 365**

주부와 생활사 지음 | 천성훈 감수

**초등학생을 위한
요리 과학실험실**

정주현, 달달샘 김해진 감수

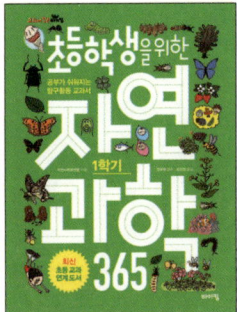

**초등학생을 위한
자연과학 365 1학기**

자연사학회연합 지음 | 정주현 감수

**초등학생을 위한
자연과학 365 2학기**

자연사학회연합 지음 | 정주현 감수

체험하는 바이킹 시리즈

DK 체스 바이블
클레어 서머스케일 지음
이은경 옮김

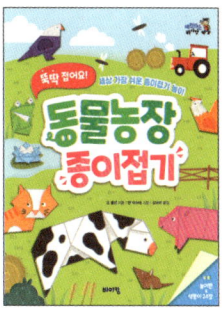
뚝딱 접어요! 동물농장 종이접기
조 풀먼 글 | 앤 파쉬에 그림

뚝딱 접어요! 사파리 종이접기
조 풀먼 글 | 앤 파쉬에 그림

정브르가 알려주는 곤충 체험 백과
정브르 지음

정브르가 알려주는 파충류 체험 백과
정브르 지음

창의력 뿜뿜! 어린이 셰프 요리책
디에나 F. 쿡 지음 | 달달샘 김해진 감수

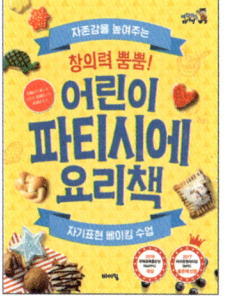
창의력 뿜뿜! 어린이 파티시에 요리책
디에나 F. 쿡 지음 | 달달샘 김해진 감수

초등학생 수영 교과서
모리 겐이치로, 류기연 감수

바이킹 어린이 도감 시리즈

어린이 비행기 대백과
손봉희 지음 | 구연산 그림

어린이 비행기 조종 도감
닉 버나드 지음 | 마대우 감수

어린이 비행기 엠블럼 대백과
감 글·그림

어린이 비행기 구조 대백과
이경윤 지음 | 남지우 그림

Mensa KIDS
멘사 어린이 시리즈

**멘사 미로 찾기 :
머리가 똑똑! 집중력이 쑥쑥!**
브리티시 멘사 지음
멘사코리아 감수

**멘사 수학 놀이 1 :
수학이랑 친해져요**
해럴드 게일 외 지음
멘사코리아 감수

**멘사 수학 놀이 2 :
수학 실력이 좋아져요**
해럴드 게일 외 지음
멘사코리아 감수

**멘사 수학 놀이 3 :
수학 점수가 올라가요**
해럴드 게일 외 지음
멘사코리아 감수

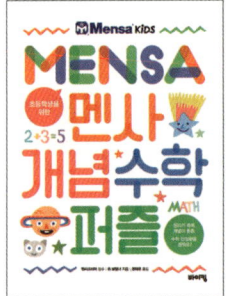

멘사 개념 수학 퍼즐
존 브렘너 지음
멘사코리아 감수

멘사 수학 퍼즐
해럴드 게일 외 지음
멘사코리아 감수

멘사 영어 단어 퍼즐
로버트 앨런 지음
멘사코리아 감수

멘사 추리 퍼즐
로버트 앨런 지음
멘사코리아 감수

초등학생을 위한 인도수학 시리즈

**계산이 빨라지는
인도 베다수학**
마키노 다케후미 지음 | 고선윤 옮김

**도형이 쉬워지는
인도 베다수학**
마키노 다케후미 지음 | 고선윤 옮김

**암산이 빨라지는
인도 베다수학**
인도수학연구회 지음 | 라니 산쿠 감수